Armin Pongs

In welcher Gesellschaft
leben wir eigentlich?

Martin Albrow

Ulrich Beck

Daniel Bell

Ralf Dahrendorf

Peter Gross

Wilhelm Heitmeyer

Claus Leggewie

Armin Nassehi

Claus Offe

Gerhard Schulze

Wolfgang Welsch

Helmut Willke

Die Welt-gesellschaft	Die Risiko-gesellschaft	Die post-industrielle Gesellschaft	Die Bürger-gesellschaft
Martin Albrow	Ulrich Beck	Daniel Bell	Ralf Dahrendorf
Die Multi-optionsgesellschaft	Die desinte-grierende Gesellschaft	Die multi-kulturelle Gesellschaft	Die funktional differenzierte Gesellschaft
Peter Gross	Wilhelm Heitmeyer	Claus Leggewie	Armin Nassehi
Die Arbeits-gesellschaft	Die Erlebnis-gesellschaft	Die trans-kulturelle Gesellschaft	Die Wissens-gesellschaft
Claus Offe	Gerhard Schulze	Wolfgang Welsch	Helmut Willke

Armin Pongs

In welcher Gesellschaft
leben wir eigentlich?

Gesellschaftskonzepte im Vergleich
Band 1

Aus der Reihe »Gesellschaft X«
herausgegeben von Armin Pongs

DILEMMA
VERLAG

Die Deutsche Bibliothek – CIP-Einheitsaufnahme

In welcher Gesellschaft leben wir eigentlich? : Gesellschaftskonzepte im Vergleich / Armin Pongs. – München : Dilemma-Verl., 1999
(Aus der Reihe „Gesellschaft X")
ISBN 3-9805822-4-8

© 1999 by Dilemma Verlag, Montgelasstraße 8, 81679 München
Fon/Fax: 089/99 75 07 23
Internet: http://www.dilemma-verlag.de
E-Mail: kontakt@dilemma-verlag.de

Herausgeber, Autor, Interviewleiter und Photograph: Armin Pongs
Textdokumentation und Übersetzungen: Rainer Kellers
Gestaltung/Layout: Martin Schellmoser
Gesamtherstellung: dm druckmedien GmbH, München
Printed in Italy

in memoriam
Niklas Luhmann (1927–1998),

einem der wichtigsten Vertreter der Disziplin,
die die Gesellschaft zum Hauptgegenstand
ihrer wissenschaftlichen Analyse erhoben hat –
mit Dank für eine Gesellschaftstheorie,
an der sich die Geister scheiden

»Alles Ständische und Stehende verdampft, alles Heilige wird entweiht, und die Menschen sind endlich gezwungen, ihre Lebensstellung, ihre gegenseitigen Beziehungen mit nüchternen Augen anzusehen.«

Karl Marx, 1848

»Die zunehmende Intellektualisierung und Rationalisierung bedeutet nicht eine zunehmende allgemeine Kenntnis der Lebensbedingungen, unter denen man steht. Sondern sie bedeutet etwas anderes: das Wissen davon oder den Glauben daran: daß man, wenn man nur wollte, es jederzeit erfahren könnte, daß es also prinzipiell keine geheimnisvollen unberechenbaren Mächte gebe, die da hineinspielen, daß man vielmehr alle Dinge – im Prinzip – durch Berechnen beherrschen könne. Das aber bedeutet: die Entzauberung der Welt.«

Max Weber, 1919

»Wir können nur sicher sein, daß wir nicht sicher sein können, ob irgendetwas von dem, was wir als vergangen erinnern, in der Zukunft so bleiben wird wie es war.«

Niklas Luhmann, 1992

Inhaltsverzeichnis

Vorwort zur Buchreihe »Gesellschaft X«

Die zentrale Frage des vorliegenden Buches lautet: »In welcher Gesellschaft leben wir eigentlich?« Diese Frage hat sich vielleicht jeder schon einmal gestellt. Das Problem ist, daß jeder zu jeder Zeit und an jedem Ort zu einer anderen Antwort kommen wird. Die diesem Vorwort vorangestellten Zitate sind Zeitdiagnosen von Karl Marx, Max Weber und Niklas Luhmann, die jeweils zu unterschiedlichen Ergebnissen gekommen sind, da jeder von ihnen in einer anderen Epoche gelebt hat. Das erste Zitat stammt aus dem von Karl Marx und Friedrich Engels 1848 verfaßten »Kommunistischen Manifest«, das zweite Zitat ist dem Vortrag »Wissenschaft als Beruf« entnommen, den Max Weber 1919 in der Münchener Universität gehalten hat, das dritte Zitat findet sich in dem 1992 erschienenen Buch »Beobachtungen der Moderne« von Niklas Luhmann. Letzterer definierte die »Gesellschaft« als »das jeweils umfassendste System menschlichen Zusammenlebens. Über weitere einschränkende Merkmale besteht kein Einvernehmen.« Luhmann hat sich der Herausforderung gestellt, die Funktionszusammenhänge der Gesellschaft zu erfassen. Ihm, der aufgrund einer langen, schweren Krankheit zur zentralen Frage dieses Buches nicht befragt werden konnte, und der im November 1998 gestorben ist, widme ich den vorliegenden erste Band der Reihe »Gesellschaft X«.

Wir können nur das beschreiben, was wir sehen und nur dann etwas sehen, wenn wir unseren Blick darauf richten. Um die Gesellschaft zu beschreiben, in der wir leben, ist es notwendig, sie erst einmal näher zu betrachten. Deshalb thematisiert die Buchreihe »Gesellschaft X« Gesellschaftsbegriffe, hinter denen ökonomische und soziale Austauschbeziehungen, Arbeitsverhältnisse, Beschäftigungsstrukturen und Ausbildungswege stehen. Die unterschiedlichen Formen des Zusammenlebens und die verschiedenen Verhaltensmuster, die das Alltagsleben bestimmen, werden aufgezeigt und hinterfragt. Einwände mögen folgen wie: Was hat das alles mit Gesellschaft zu tun? Macht es überhaupt Sinn, von Gesellschaft zu sprechen? Für viele ist die Gesellschaft aus dem Blickfeld geraten. Das liegt sicherlich daran, daß sich die Gesellschaft in den letzten Jahren radikal verändert hat. Es scheint so, als verliere die heutige Gesellschaft an Zusammenhalt. Dauerhafte soziale Bindungen zwischen den Menschen werden nicht mehr eingegangen oder ohne Verbindlichkeiten geschlossen. Der einzelne Mensch ist aufgefordert, sein Leben auf eigene Faust zu meistern. Trotz alledem bleibt Gesellschaft bestehen, nicht unter den Gegebenheiten von gestern, aber unter den Bedingungen von heute. Wie es morgen wird, bleibt immer wieder abzuwarten. Daß wir in einer wie auch immer gearteten Gesellschaft leben, ist noch lange keine Unterstellung. Daß es gerade verschiedene Ebenen, Perspektiven, Fragestellungen gibt, unter denen gesellschaftliche Zusammenhänge betrachten werden können, und daß man dabei zu unterschiedlichen Antworten, Konzepten und Begriffen kommen kann, soll gerade durch die Buchreihe »Gesellschaft X« deutlich werden.

Keinem Buch wird es gelingen, dem Anspruch gerecht zu werden, nichts und niemanden auszulassen. In diesem Band kommen überwiegend deutschsprachige Sozialwissenschaftler zu Wort. Dies mag als Schwachpunkt gedeutet werden, trägt aber – mehr oder weniger unfreiwillig – der Tatsache Rechnung, daß »Gesellschaft« immer noch im nationalen Kontext untersucht und dem Nationalstaat gleichgesetzt wird. Die folgenden Bände der Reihe »Gesellschaft X« werden gleichsam Aufforderung an die Sozialwissenschaften sein, über den »Tellerrand hinauszuschauen«. Ein weiteres Problem ist, daß Frauen in der sozialwissenschaftlichen Diskussion nur eine untergeordnete Rolle spielen; das erklärt, warum keine einzige Frau in diesem Band zu Wort kommt. Auch diesem Problemfeld wird sich der zweite Band der Reihe »Gesellschaft X« stellen.

Ich danke allen »Gesellschaftsexperten« dieses Buches für ihre Bereitschaft und ihre Unterstützung, ohne die die inhaltliche Konzeption des Buches nicht zu verwirklichen gewesen wäre. Ebenfalls danke ich Anil Jain, Elmar Koenen und Frank Eßers für die hilfreichen Anregungen. Danken möchte ich auch Ralph Greiner und Hans Weidhofer für die Gestaltung der Homepage (http://www.dilemma-verlag.de), auf der u.a. ein Diskussionsforum zum Thema eingerichtet ist. Ein besonderer Dank gilt meinen Mitarbeitern Rainer Kellers und Martin Schellmoser für den unermüdlichen Einsatz und die gelungene Fertigstellung des Buches. Ich danke ganz besonders meiner Frau Ethel und meinem Sohn Alejandro, die mir in allen Lebenslagen zur Seite stehen. Euch beiden danke ich vor allem für die »Schafsgeduld«, die uns im Dilemma zusammengehalten hat.

Armin Pongs, München – 6.12.1998

Einleitende Betrachtung

In welcher Gesellschaft leben wir eigentlich? An der Schwelle zum 21. Jahrhundert läßt sich diese Frage weit schwerer beantworten, als es den Anschein hat. Durch fortschreitende Individualisierungs- und Globalisierungsprozesse werden die nachindustriellen, hochtechnisierten, ausdifferenzierten Gesellschaften – und diese liegen im Zentrum der vorliegenden Betrachtung – einem tiefgreifenden Strukturwandel unterworfen. Wir sind an einem Scheideweg angelangt und werden Zeugen einer gesellschaftsgeschichtlichen Zäsur, in deren Folge sich die Lebensbedingungen aller Menschen gravierend verändern. Die Sicherheit zu wissen, wo wir stehen und wohin wir gehen, sowie das Vertrauen auf Ausbildung, Arbeitsplatz und gesellschaftliche Position ist abhanden gekommen.

Einen vergleichbaren gesellschaftlichen Umbruch gab es zuletzt im 19. Jahrhundert, als Modernisierungsschübe zur Auflösung der ständisch organisierten Agrargesellschaft und zum Ausbau der Industriegesellschaft führten. Die letzten Jahrzehnte des 20. Jahrhunderts haben bereits erahnen lassen, was sich spätestens jetzt offenbart. Die Fortschritte auf dem Gebiet der Informationstechnologie, die Verbreitung kommunikativer Massenmedien, das Aufkommen des Massenverkehrs sowie die Zunahme internationaler Verpflechtungen und die Herausbildung globaler Märkte, haben einschneidende gesellschaftliche Transformationen in Gang gesetzt, die die Konturen der Industriegesellschaft und die Grenzen des Nationalstaates verschwimmen lassen. Die weltweiten Modernisierungsprozesse verlaufen nicht geradlinig, kennen kein eindeutiges Ziel, sondern verstricken sich in Widersprüchen. Völlig offen ist letztendlich, wohin sich die Gesellschaft entwickeln wird.

Die Suche nach halbwegs haltbaren Antworten könnte Bücher füllen. Es liegt eine verwirrende Vielzahl gesellschaftswissenschaftlicher Theorieentwürfe und Erklärungsansätze vor. Das liegt daran, daß sich soziale Wirklichkeit nie mit einem einzigen Gesellschaftskonzept erschöpfend erfassen läßt. Das vorliegende Buch befragt international renommierte Gesellschaftsexperten (Soziologen, Politologen, Philosophen), die in der Vergangenheit auf gänzlich unterschiedliche Weise versucht haben, ihren Forschungsgegenstand theoretisch einzukreisen. Kurz und prägnant werden die verschiedenen Gesellschaftsanalysen beschrieben, ihre theoretische Grundlage verdeutlicht und kritisch hinterfragt. Das Ergebnis ist ein Überblick über die vorherrschenden Theorien und Konzepte, die den Mechanismen der Gesellschaft nachspüren, indem sie einzelne Aspekte hervorheben, beobachtbare Tendenzen herausarbeiten und die Veränderungen aufzeigen. In den divergierenden Bestandsaufnahmen zur Gesellschaft zeigt sich sowohl das ganze Dilemma, als auch das Energiepotential der heutigen Gesellschaft. »Was nicht kontrovers ist, ist nicht der Rede wert«. Nur im Dialog sind durch neue Sichtweisen neue Möglichkeiten für menschliches Leben zu öffnen. Das Buch hat nicht die Absicht, eine Revolution zu entfachen, eine Utopie in die Welt zu setzen oder Therapievorschläge zu machen. Es ist vom Anliegen getragen, den vernachlässigten Forschungsgegenstand »Gesellschaft« zu thematisieren, zu problematisieren und ins öffentliche Bewußtsein zu heben. In der Hoffnung, daß das vorliegende Buch »In welcher Gesellschaft leben wir eigentlich?« diesem Anliegen gerecht wird und eine Kontroverse innerhalb der Sozialwissenschaft und in der Öffentlichkeit auslöst,

Armin Pongs, München im Januar 1999

Martin Albrow
Die Weltgesellschaft

»Willkommen im Globalen Zeitalter«

M artin Albrow, geboren 1937, ist Professor für Sozialwissenschaften am »Roehampton Institute London« (RIL) und Gastprofessor an der »London School of Economics« (LSE). Seine Themenschwerpunkte sind Globalisierung und Soziologische Theorie.

»Ein alles überwölbender Baldachin entgeht der Aufmerksamkeit nur allzu leicht«, schreibt Martin Albrow, ein gewissenhafter Denker und Schreiber, für den die Globalisierung das für die Gesellschaftstheorie bedeutendste Phänomen der Gegenwart darstellt, auch wenn er einräumt, daß es bislang unmöglich sei, ihre Auswirkungen vollständig zu erfassen.

Albrow zählt zu den Intellektuellen, die sich nicht mehr an den Perspektiven und Kategorien der Moderne orientieren. Er versucht auf den Punkt zu bringen, was er als gesellschaftliche Wirklichkeit wahrzunehmen und zu erkennen glaubt: das Globale Zeitalter. Albrow ist nicht der erste, der diesen Terminus benutzt. Dennoch steht seiner Meinung nach eine wissenschaftlich fundierte Definition des Begriffs noch aus. Er hat den ersten Schritt in dieser Richtung getan.

Albrow ist, wie er sagt, vor dem erstickenden Einfluß der Moderne und der schlechten Luft Londons mit seiner Familie nach Balham geflohen, einer globalen Vorstadt der britischen Metropole. Das Leben im »globalen Dorf« wird er bald gegen das Leben in der »globalen Stadt« umtauschen, wenn er von Balham nach Washington D.C. zieht, um seine Forschung weiterzuführen und weitere Belege für seine Thesen zu entdecken.

Ausgewählte Buchveröffentlichungen:

Martin Albrow: Abschied vom Nationalstaat. Staat und Gesellschaft im Globalen Zeitalter. Suhrkamp Verlag, Frankfurt/M. 1998
Originalausgabe: The Global Age. State and Society Beyond Modernity. Polity Press, London 1996

1. Konzept

Bis heute wird Gesellschaft national definiert. Die meisten Sozialwissenschaftler bezeichnen die gesellschaftliche Epoche, in der wir leben, als Moderne, einige auch als Postmoderne. Diese beiden Vorstellungen sind nach Martin Albrow überholt. In Anbetracht der neuen globalen Wirklichkeit postuliert er ein neues Verständnis von Gesellschaft.

Den stichhaltigsten Beweis einer veränderten globalen Lage lieferte für Albrow 1995 die UN-Weltklimakonferenz. Die dort vorgestellten Untersuchungsergebnisse, die offenlegten, daß sich das Klima global erwärmt, gaben den Befürchtungen eines möglichen Treibhauseffektes recht, der – wie Albrow betont – »auf der ganzen Welt Folgen haben wird, nicht nur in den Regionen, in denen Kohlenwasserstoffe freigesetzt werden«. Die Erwärmung der Erde führe indirekt zur Transformation der national verfaßten Gesellschaften in eine einzige Weltgesellschaft und zum Ende des Zeitalters der Moderne. Ein neuer Zeitabschnitt sei damit angebrochen: Das Globale Zeitalter.

Das Globale Zeitalter zeichnet sich nach Albrow im wesentlichen durch fünf Faktoren aus, die jeweils auf ganz spezifische Weise zur radikalen Umgestaltung menschlichen Lebens und Handelns beigetragen haben. Als ersten Faktor nennt Albrow die vom Menschen hervorgerufenen Umweltprobleme. Weitere Faktoren seien zweitens der Verlust jeglicher Sicherheit angesichts der atomaren Bedrohung, drittens die durch globale Vernetzung ermöglichten neuen Kommunikationswege, welche zeitliche wie räumliche Grenzen überwinden, viertens die weltweiten Handelsbeziehungen und fünftens das Bewußtsein, angesichts grenzübergreifender sozialer Interaktionen in einer globalen Gesellschaft zu leben.

Diese formgebenden Aspekte hätten dazu geführt, daß durch die erweiterten Kommunikations- und Handlungsmöglichkeiten beispielsweise der Lebensort nicht mehr unbedingt identisch sei mit dem Lebensmittelpunkt des einzelnen. Über nationale Grenzen hinweg werden, so Albrow, soziale und wirtschaftliche Kontakte geknüpft, denen Waren, Dienstleistungen und Unternehmenszusammenschlüsse folgen würden. Der wachsende Einfluß globaler Praktiken und Risiken auf das menschliche Leben markiert jenen zeitlichen Wendepunkt, den Albrow als Übergang von der Moderne zum Globalen Zeitalter bezeichnet.

Der Wunsch, Natur und Menschen zu beherrschen, war, so sieht es Albrow, Triebfeder der Moderne. Menschliche Aktivität sei auf Ziele ausgerichtet gewesen, die eng an die Interessen und den Ordnungsrahmen des

Nationalstaates gebunden waren. Die Idee der Nation hätte Staat und Volk verbunden und zur Rechtfertigung einer oftmals willkürlichen Rechtsprechung und Grenzziehung gedient. Die Gesellschaft wurde nach staatlichen Vorstellungen geformt. Die technischen Erneuerungen, die Ausdifferenzierung von Arbeits- und Lebensbereichen etc. hätten dem Staat jedoch keine Möglichkeit gelassen, die gesellschaftlichen Kräfte im Zaum zu halten. So habe sich der wirtschaftliche und soziale Austausch unbeabsichtigt zu einem grenzübergreifenden Prozeß entwickelt, der dem Nationalstaat immer mehr die Souveränität entzogen habe. Der Staat sei nicht mehr in der Lage, die vielfältigen neuen Formen sozialer Organisation zu bändigen. Ihm seien die Hände gebunden, da die Regeln des sozialen Austausches nicht mehr von einem Zentrum aus verwaltet, sondern vielerorts kontrolliert würden.

Die neuen Formen sozialer und wirtschaftlicher Kontakte führten auf lange Sicht zur Relativierung alter Gruppenzugehörigkeiten und ermutigten zu neuen Formen der Identität, die über einen nationalen Kontext hinausreichen und sich beispielsweise im Globalismus entfalten, in der Verpflichtung der Menschen gegenüber der Welt als Gesamtheit. Es gelte der kategorische Imperativ: »Was auch immer du tust, tue es unter Berücksichtigung der Bedürfnisse der gesamten Welt«. Seinen deutlichsten, wenn auch nicht einzigen Ausdruck finde der Globalismus in der Umweltbewegung. Die weltweite Verknüpfung menschlicher Aktivität bewirkt nach Albrow ein globales Bewußtsein und ermöglicht die Entstehung ungeahnter Machtkonstellationen sowie neuer Handlungs-, Lebens- und Wahrnehmungsräume im sozialen Bereich.

Dieser dynamische Prozeß, der weder eindimensional noch zielgerichtet verlaufe, erschüttert, so Albrow, die Vorstellung einer Weltordnung, die aus Nationalstaaten besteht, und trägt zu einer Umformung des Sozialen mit ungewissem Ausgang bei. Unmißverständlich beschreibt Albrow den Nationalstaat als historisch begrenzt: »Der Nationalstaat der Moderne ist weder die einzige mögliche Staatsform noch die größte politische Errungenschaft der menschlichen Geschichte«.

Im Zuge der Globalisierungsprozesse bilde sich letztlich die Weltgesellschaft heraus, unter der Albrow »die Summe aller sozialen Beziehungen« versteht, die sich über die ganze Welt erstrecken und den Globus als Bezugsrahmen haben. Es sei nicht absehbar, welche Organisationsformen des Sozialen sich im Laufe der Zeit, des Globalen Zeitalters, durchsetzen werden. Albrow ist sich aber sicher, daß die veränderte soziale Wirklichkeit ein neues Denken erfordert, das Gesellschaft als Weltgesellschaft versteht.

2. Fragebogen

1. Sehen Sie sich selber als Gesellschaftstheoretiker, Gesellschaftskritiker, Gesellschaftsarchitekt oder lediglich als geselliger Zeitgenosse?

Ich bin ein Theoretiker, motiviert durch ein intellektuelles Interesse, die Funktionsweise der Gesellschaft zu verstehen, zu verstehen wie Gesellschaft auf einzelne Menschen wirkt und wie Politiker auf gesellschaftliche Begebenheiten reagieren. Alle guten Theorien setzen Kritik voraus und zwar in dem Sinne, daß sie versuchen, die verborgene Realität hinter gesellschaftlichen Erscheinungen aufzudecken. Sie versuchen, Richtungen, Trends und Auswirkungen zu identifizieren. Wir haben immer den Gegensatz von Schein und Wirklichkeit vor uns, und sobald man das erkennt und aufzulösen versucht, ist man kritisch. Es ist unvermeidlich, kritisch zu sein.

2. In welcher Gesellschaft leben wir eigentlich?

Wir leben in der menschlichen Gesellschaft, die eine ganz besondere Gesellschaft ist, und wir leben in der Gegenwart. Wie wir diese Gesellschaft näher bestimmen, hängt davon ab, wie wir selbst sie sehen. Das »wir« ist die noch nicht analysierte Voraussetzung für alle Diskussionen über die Art unserer Gesellschaft. Wer sind »wir«? Meiner Meinung nach ist die menschliche Gesellschaft das »wir«.

3. Worin sehen Sie die Stärken und Schwächen dieser Gesellschaft?

In bezug auf die menschliche Gesellschaft als ganzes, ist das eine schwierige Frage. Das schwerwiegendste Problem besteht darin, sicherzustellen, daß die menschliche Gesellschaft menschlich bleibt. Zwischen Menschlichkeit und Gesellschaft gibt es immer Spannungen und das schwächste Glied in der Kette ist logischerweise dort zu suchen, wo der technische und rationale Fortschritt auf jene Werte trifft, die wir als besonders menschlich ansehen.

Um die starken und schwachen Punkte in unterschiedlichen Gesellschaften zu benennen, müssen wir zunächst »die« Gesellschaft begrifflich aufspalten in die menschliche Gesellschaft an sich und in die speziellen Gesellschaften. Nehmen Sie zum Beispiel die britische Gesellschaft, die westliche Gesellschaft oder die zeitgenössische postmoderne Gesellschaft. All diese Gesellschaftsformen haben starke und schwache Seiten, einerseits in bezug auf menschliche Werte und andererseits auf die grundlegende Fähigkeit zu überleben.

Wie es mir scheint, wird der Begriff »Gesellschaft« im allgemeinen nicht richtig verstanden. Wir verwenden ihn als eine Art Sammelbegriff für alles mögliche, und das ist eines der größten Probleme, wenn es darum geht, die heutige Gesellschaft zu untersuchen. Wir haben den Blick für die spezifische Bedeutung des Begriffs »Gesellschaft« verloren. Ich setze Gesellschaft nicht mit Kultur gleich, oder mit Wirtschaft. Gesellschaft ist etwas ganz anderes, sie steht nicht für die ganze soziale Wirklichkeit.

4. Welche Rolle spielen Sie in der Gesellschaft?

Augenfällig spiele ich in meiner eigenen speziellen Gesellschaft eine Rolle: in meiner Familie, meinem Beruf, meinem Land. Ich versuche, den Menschen die Natur der Gesellschaft bewußt zu machen. Genau das ist die intellektuelle Aufgabe eines Soziologen und deshalb ist es wichtig, zu verstehen, wie Gesellschaft funktioniert. Ansonsten würde man schwerwiegende Fehler machen, wenn es darum geht, sich politisch, wirtschaftlich oder privat zu organisieren. Die Gesellschaft ist eine Art von Realität, der man als Soziologe größte Beachtung schenken muß. Es wäre mehr als unklug, sie zu mißachten.

5. Welche Gesellschaftsromane haben Sie fasziniert?

Ich denke da konkret an zwei kürzlich erschienene Romane. Der erste, von einem jungen Autor namens Hanif Kureishi, trägt den Titel »Der Buddha aus der Vorstadt« und hat in Großbritannien viel Furore gemacht. Außerdem habe ich mich sehr für den phantastischen Roman »Generation X« des Kanadiers Douglas Coupland begeistern können. Diese beiden Bücher fand ich extrem spannend, und ich habe sie mit großer Freude gelesen. Beide Romane handeln von den gesellschaftlichen Umwälzungen unserer Zeit und versuchen herauszuarbeiten, was im Denken der Gegenwart anders ist, verglichen mit den vorgefaßten Meinungen und Auffassungen früherer Generationen. Wenn man so will, stellen diese Bücher all die Denkweisen, mit denen ich aufgewachsen bin, in Frage, und das finde ich sehr spannend.

6. Welchem Gesellschaftsspiel gehen Sie gerne nach?

Ich mag »Scharaden«, jenes Spiel, bei dem einer etwas vorspielt, was die anderen erraten sollen. Ich vermute, Menschen tendieren dazu, etwas zu verkörpern, das sie selbst nicht sind. Und das kommt bei Scharaden zum Ausdruck. Man spielt sozusagen Gesellschaft. Auch im wirklichen Leben spielen wir Scharaden, es macht Spaß, die gesellschaftliche Wirklichkeit als Spiel zu betrachten.

7. In wessen Gesellschaft halten Sie sich bevorzugt auf?

Wohl fühle ich mich in der Gesellschaft meiner Familie, meiner Freunde und bei der Arbeit. Ich genieße soziale Kontakte, weil ich einen Großteil meiner Zeit alleine in kleinen Räumen, z.B. meinem Arbeitszimmer, verbringe. Aber ich brauche auch meine Ruhe. Menschen, mit denen ich Umgang pflege, sollten gelassen und glücklich sein, weil ich mich in Gesellschaft entspannen möchte. Wenn Menschen in meiner Gegenwart unglücklich sind, versuche ich, ihnen zu helfen, aber es gibt Grenzen.

8. Welcher Gesellschaftsgruppe fühlen Sie sich zugehörig?

Ich gehöre der Gruppe der Intellektuellen an. Das ist in Großbritannien keine sehr große Gruppe, denn im allgemeinen spricht man in der britischen Gesellschaft nicht von Intellektuellen, sondern von Akademikern, Lehrern oder Journalisten. Dennoch würde ich mich zu der Gruppe der Intellektuellen zählen, ich sehe mich nämlich eher als Europäer, weniger als Brite. In Deutschland oder Frankreich gibt es ja eine Klasse der Intellektuellen.

Das britische intellektuelle Leben ist sehr eng mit der britischen Klassenstruktur verwoben. Allerdings finden zur Zeit einige interessante Veränderungen in Großbritannien statt. Menschen, die in den 80er und 90er Jahren den Durchbruch geschafft haben, die Menschen, die jetzt mit Blair und Thatcher assoziiert werden, repräsentieren eine neue Klasse. Sie sind nicht Teil des alten Geldadels. Es hat in den letzten 20 Jahren einige Neuerungen innerhalb der britischen Gesellschaft gegeben, die zum größten Teil aus der massiven Steigerung des Bildungsniveaus in den 60er Jahren resultieren. Menschen, die ursprünglich aus der Arbeiterschicht kamen, haben Universitäten besucht. In den letzten 50 Jahren, seit 1945, hat sich viel verändert.

9. Welche Person(en) von gesellschaftlicher Größe schätzen Sie?

Es gibt sogenannte Weltfiguren, denen, entweder aufgrund ihrer Macht oder weil sie für viele Vorbildfunktion haben, große Bedeutung zukommt. Ich bin der Meinung, daß der Präsident der Vereinigten Staaten eine in jeder Hinsicht bedeutende Figur ist. Wenn er einen Fehler macht, leidet die ganze Welt. Bill Gates ist eine andere wichtige Persönlichkeit, mit viel zu viel Kapital. Sein Vermögen addiert sich umgerechnet auf etwa 40 % des Gesamthaushaltes der USA. Wenn Bill Gates beschließen würde, einen Teil seines Vermögens dem Staat für die Verbesserung des Bildungssystems zur Verfügung zu stellen, anstatt es in die Expansion von Microsoft zu investieren, wäre vielen Menschen geholfen. Es gibt eine ganze Reihe von Menschen, die eine ähnlich große Bedeutung haben, deren Namen aber nie in den Schlagzeilen auftauchen.

10. Wie sieht für Sie die ideale Gesellschaft aus?

Ich habe kein Bild von der idealen Gesellschaft. Aber ich habe ein Bild von der Welt, wie sie sich heute darstellt. Wenn man so will, leben wir heute in einer empirischen sozialen Wirklichkeit, und ich habe eine ganze Reihe von Ideen in bezug auf Instrumente, die mir anzeigen können, wo Dinge falsch oder richtig laufen, wo wir als Soziologen korrigierend eingreifen oder wo wir uns erheben müssen, um darauf aufmerksam zu machen, daß wir uns in die falsche Richtung bewegen. Wenn wir Soziologen auf diese Weise eingreifen, führt das selbstverständlich nicht automatisch zu einer perfekten Gesellschaft. Wir können die Gesellschaft lediglich von extremen Positionen fernhalten. Es ist einfach, Fehler zu erkennen. Die positiven Aspekte übersieht man nur allzu leicht. Wenn wir Soziologen intervenieren, versuchen wir eigentlich nur, die gesellschaftlichen Umstände ein wenig nachzubessern.

Ich habe kein Modell einer idealen Gesellschaft. In der Vergangenheit haben Modelle einer idealen Gesellschaft immer katastrophale Folgen gehabt. Es liegt außerhalb der menschlichen Vorstellungskraft, die sozialen Beziehungen einer Gesellschaft in ihrer Gesamtheit zu begreifen. Alles was wir tun können, ist einen Beitrag in Form von Worten, Bildern und Texten zu leisten, die wir diskutieren, und die wir anwenden können, um mit unserem Leben besser zurecht zu kommen.

11. Wollen Sie die Gesellschaft verändern?

Ja, es gibt einiges, was ich sehr gerne ändern würde. Auf jeden Fall würde ich es begrüßen, wenn auf die Bedürfnisse von Kindern mehr geachtet werden würde. Einer der schlimmsten Charakterzüge unserer Gesellschaft – und damit beziehe ich mich in erster Linie auf die heutige Gesellschaft, wie wir sie in Europa erleben, und im besonderen denke ich an Großbritannien – ist die Marginalisierung von Kindern. Wenn man Kinder vernachlässigt, vernachlässigt man die Zukunft. Die einzige Möglichkeit für eine Gesellschaft, weiterzubestehen, liegt darin, Kinder zu haben und zu fördern. Die Fürsorge, Sorgfalt und Aufmerksamkeit, die wir Kindern schenken, ist die wichtigste Investition in die Zukunft, die wir machen können. Wir haben das aus allen möglichen Gründen immer wieder aus den Augen verloren, hauptsächlich aber deswegen, weil in der heutigen Gesellschaft materieller Reichtum als viel zu wichtig erachtet wird.

12. Wie sieht die Gesellschaft von morgen aus?

Das ist sehr schwer zu sagen. Das hängt davon ab, wie man morgen definiert. Wir können uns ganz sicher vorstellen, daß sich die Informationstechnologie noch sehr viel weiter entwickeln wird. Was wir nicht so einfach vorhersagen können, sind die Auswirkungen der ökonomischen und politischen Veränderungen im Laufe der nächsten zehn oder 20 Jahre. Vor zwei Jahrzehnten hätten wir uns unsere heutige Situation, all unsere Fortschritte auf den verschiedenen Gebieten, niemals vorstellen können. Eine der bedeutendsten Veränderungen, die in jüngerer Zeit stattgefunden, und die mich vollkommen überrascht hat, war der Zusammenbruch der Sowjetunion. Es hat einige Leute gegeben, die vorhergesagt haben, die Sowjetunion werde in ihrer damaligen Form nicht mehr lange bestehen können, aber niemand hat diesen Stimmen viel Beachtung geschenkt. Ich glaube nicht, daß Soziologen oder Politologen zu denen gehörten, die den Zusammenbruch des Ostblocks vorausgesagt haben. Deswegen bin ich sehr vorsichtig damit, Prognosen für die Zukunft aufzustellen.

Im alltäglichen Leben jedoch können wir meiner Meinung nach eine ganze Menge vorhersagen. Und ich bin sicher, daß die Entwicklungen in der Informationstechnologie uns immer neue Möglichkeiten bieten werden. Wir werden unser Leben viel intensiver erleben. Das standardisierte Leben, das bis jetzt durch unseren sozialen Hintergrund und durch die Umstände unserer Geburt bestimmt war, wird in zunehmendem Maße durch eine Vielschichtigkeit der Lebensgewohnheiten abgelöst werden. Auf einer globalen politischen Ebene werden die Beziehungen zwischen westlichen und östlichen Ländern wohl schon sehr bald an eine kritische Schwelle geraten. Was mit China passiert, ist dabei von fundamentaler Bedeutung. Wenn wir zum Beispiel eine weltweite Rezession erleben, was ich in den nächsten paar Jahren für recht wahrscheinlich halte, könnten die politischen Auswirkungen in China und dem Nahen Osten sehr viele Veränderungen mit sich bringen.

3. Interview

Von der modernen zur globalen Gesellschaft

Der Soziologe Ulrich Beck spricht von der »Zweiten Moderne«, Anthony Giddens von den »Konsequenzen der Moderne«. Sie hingegen beschwören ein neues Zeitalter herauf: Das Globale Zeitalter. Inwieweit grenzen sich Ihre Thesen von denen Ihrer Fachkollegen ab?

Wir leben in einer globalen Ära. Meiner Meinung nach ist die »Postmoderne« nur ein Begriff des Übergangs. Es bietet sich an, einen Zeitpunkt oder eine Periode mit dem Präfix »post« auszustatten, wenn man nicht in der Lage ist, den gegenwärtigen Seinszustand zu benennen. Es ist einfach zu sagen, wir leben in der Periode »nach« dieser und jenen Zeit. Unsere Ära ist nicht nur postmodern, sie hat ihre eigene spezielle Qualität, und diese ist globaler Natur. In meinem Buch »The Global Age« gehe ich präzise gesagt noch einen Schritt weiter. Ich postuliere das Ende der Moderne.

Das heißt nicht, daß wir in eine Zeit des postmodernen Chaos stürzen. Die große Mehrheit der Menschen hat verstanden, sich mit dem Chaos zu arrangieren, den globalen Impetus in ihrem alltäglichen Leben für sich zu nutzen. Globalität ist nicht der Zustand, der auf Modernität folgt, sie ist auch keine logische Konsequenz der Moderne, sondern eine treffende Beschreibung der Gegenwart. Es ist wichtig für das Selbstvertrauen der Menschen, zu wissen, daß sie das beste aus ihrer Lebenssituation machen, genau wie die Generationen vor ihnen.

Wie Sie richtig sagen, interpretiert Anthony Giddens die gesellschaftlichen Mechanismen der Gegenwart als »Konsequenzen der Moderne« und Ulrich Beck spricht von der »Zweiten Moderne«. Das sind jeweils sehr unterschiedliche Gewichtungen, die völlig verschiedene theoretische Sichtweisen zur Folge haben. Daran läßt sich deutlich erkennen, daß Theorie so eminent wichtig ist, man sollte stets verantwortungsvoll damit umgehen.

Von Daniel Bell stammt die Aussage: »All jenen Versuchen, die Konturen des neuen Zeitalters zu umreißen, ist eins gemein. Sie haben einen Schimmer von Wahrheit, aber die Schatten der Komplexität widerlegen ihre Prognose.« Welche Beweise gibt es für die These, daß wir im globalen Zeitalter leben?

Jede soziologische Theorie ist geprägt von den realen sozialen Erfahrungen desjenigen, der sie formuliert, selbst wenn es sich dabei um einen völlig abstrakt denkenden Theoretiker handelt.

Daß ich in Balham, diesem speziellen Teil von London lebe, hat viel dazu beigetragen, daß sich meine Sicht der Welt verändert hat. Meine Aufgabe als Soziologe sehe ich darin, herauszubekommen, inwieweit diese persönliche Erfahrung auf andere Teile der Welt übertragen werden kann. Das ist möglich, sowohl auf theoretischem Wege, als auch auf empirischem. Die Untersuchungen sind freilich noch nicht abgeschlossen, denn die empirische Forschungsarbeit, die nötig ist, um zu beweisen, daß wir in einer globalisierten Welt leben, unterscheidet sich grundlegend von den Methoden der klassischen Soziologie. Die Soziologie der alten Schule beschäftigte sich meist mit Gesellschaften des jeweiligen Umfelds und separierte diese vom Rest der Welt. Die neue Art wissenschaftlicher Arbeit muß die Menschen in bezug auf weltweite soziale Ereignisse hin studieren.

Ich nenne ein Beispiel aus meiner unmittelbaren Umgebung. Mein Nachbar fliegt fünf oder sechs Mal im Monat nach Übersee, sein Job als Manager einer Ölfirma erfordert das. Die Frau, die bei uns den Haushalt in Ordnung bringt, stammt aus Portugal. Sie lebt in einem Teil Londons, in dem eine große Zahl Portugiesen wohnt. Ihr Englisch ist weniger gut, weil sie die meiste Zeit mit ihren Landsleuten portugiesisch spricht. Auf der anderen Straßenseite lebt eine griechische Familie. Sie ist seit über 35 Jahren in London, besucht regelmäßig Zypern, versteht sich aber dennoch als »einheimisch«. Neben ihnen lebt ein britisch-polnisches Ehepaar. Der Mann kam 1945 von Polen nach London und heiratete hier. Die Familie besucht die polnische Kirche auf der anderen Seite der Balham Highroad und seine polnische Zeitung findet der Mann im Geschäft um die Ecke, welches von einem Pakistani betrieben wird. So sieht die Straße aus, in der ich lebe. All diese Leute mit ihren grundverschiedenen Lebensweisen kennen sich und fühlen sich als Nachbarn.

Was ich damit ausdrücken möchte ist, daß wir ein Netzwerk von sozialen Beziehungen haben, das den Globus umspannt. Wir haben eine Untersuchung hier in Wandsworth, einem großen Stadtteil von Süd-London, unternommen und herausgefunden, daß ein Drittel der Menschen in den letzten sechs Monaten außer Landes gewesen ist. Ich war ehrlich gesagt überrascht, daß es letztlich nur so wenige waren. Wir fanden aber zusätzlich heraus, daß ein weiteres Drittel im Laufe von einer Woche mit Menschen außerhalb von Großbritannien telefoniert hat. Ähnlich viele Leute können außerdem von Familienmitgliedern berichten, die irgendwo in der Welt leben. Die Lebensweisen, mit denen wir neuerdings zu tun haben, sind nicht länger national, sondern global bestimmt.

Können Sie ein Datum oder ein Ereignis benennen, das den Beginn des globalen Zeitalters markiert?

Man kann kein einzelnes Datum, sondern eine Reihe von Ereignissen nennen, die allesamt einen wichtigen Übergang repräsentieren. Der erste dramatische Schritt vom modernen zum globalen Zeitalter geschah, als Atombomben über Hiroshima und Nagasaki abgeworfen wurden. Hier verlor die Moderne den letzten Rest an Vertrauen. Das tatsächliche Ende der modernen Ära datiere ich auf den Tag als die Berliner Mauer fiel. Die Periode von 1945 bis 1989 nenne ich die Übergangsperiode, in der sich das moderne und globale Zeitalter überlappen. Man könnte diese Zeit auch die postmoderne Periode und die Periode der Verwirrung nennen. Ein anderes markantes Ereignis war die erste Mondlandung der Amerikaner: Die Menschheit außerhalb des Planeten sah auf die Erde hinab! Weiterhin die steigenden Ölpreise 1972, als klar wurde, daß ungebremstes wirtschaftliches Wachstum zur schnellen Erschöpfung der natürlichen Ressourcen führen würde. An diesem kritischen Punkt trafen sich Ökonomie und Ökologie.

Wie wird das neue Zeitalter aussehen?

Es gibt gute theoretische Gründe, weswegen man die Zukunft nicht voraussehen kann. Mitte des Jahrhunderts nannte Karl Popper seine Gründe dafür. Er sagte, wir könnten die Zukunft nicht voraussagen, weil wir nicht wissen, wie unser Wissen die Zukunft beeinflussen wird. Wir können heute nicht wissen, was wir morgen wissen werden. Meine Gedanken über die Zukunft sind zugegebenermaßen von Ulrich Beck beeinflußt. Sein enorm wichtiges Buch über die Risikogesellschaft hat unsere Aufmerksamkeit darauf gelenkt, daß wir viele Dinge nicht überschauen können. Er ist aber mit der »Risikogesellschaft« nicht weit genug gegangen.

Die ganze moderne Gesellschaft basiert auf der Annahme, daß wir immer mehr wissen werden, und unsere Unwissenheit dadurch immer geringer wird. Aber dem ist nicht so. Je mehr wir wissen, desto mehr neue Fragen ergeben sich. Wir verschieben die Grenzen der Unwissenheit, indem wir sie erweitern. Bildlich gesprochen: Wenn man in einem sehr kleinen Raum lebt, kann man alles um sich herum ohne Probleme überblicken. Vergrößert man diesen Raum, erweitert man seinen Horizont, aber gleichzeitig verschwimmen auch die Grenzen der Wahrnehmung. Beck war meiner Meinung nach einer der ersten, der diese Zusammenhänge aufgezeigt hat.

Wenn wir von einer Weltgesellschaft sprechen, meinen wir dann nicht ein Zusammenrücken von sagen wir Europa und Nordamerika? Was passiert mit Ländern wie China und Indien?

Das ist eine grundlegende Frage. Ich habe keinen Zweifel, daß einfache Menschen beispielsweise in einem indischen Dorf, die globalen Transformationen sehr wohl wahrnehmen. Das Problem ist, wenn ich mit solchen Menschen rede – wie ich das schon getan habe -, und sie zu diesem Thema befrage, repräsentiere ich in diesem Moment selbst einen Teil der globalen Transformationen. Man sollte versuchen, auf die Erfahrungen unabhängiger Beobachter zurückzugreifen, zum Beispiel von Soziologen, die in den entsprechenden Ländern arbeiten.

Eine der wichtigsten Entwicklungen der nicht-westlichen Soziologie war die Emanzipation von den Sichtweisen des Westens. Besonders mit Soziologen aus Lateinamerika, Leuten wie dem derzeitigen Präsidenten von Brasilien Fernando Cardoso, begann ein fruchtbarer Dialog, der für mich ein Beweis für die globalisierte Welt ist. Nämlich in dem Sinne, daß die sogenannte »Dritte Welt« so selbstbewußt geworden ist, zu sagen: »Wir gehen unseren eigenen Weg in die Zukunft«. Das ist für mich eine Reaktion auf die Globalisierung. Es ist sehr schwierig, einen Erdteil zu finden, der nicht in irgendeiner Form auf einen anderen Teil der Erde reagiert.

Welche Auswirkungen hat die von Ihnen beschriebene Globalisierung konkret auf das alltägliche Leben?

Viele Menschen haben versucht, die globale Bewegung als »Verwestlichung« zu verunglimpfen. Und es wäre in der Tat ein schrecklicher Alptraum, wenn die ganze Welt in einer einzigen homogenen Kultur aufgehen würde. Wenn man die Sache aber realistischer betrachtet, wird man feststellen, daß eine außergewöhnliche Vervielfältigung von Kultur stattfindet. Es spielt sich ein kontinuierlicher kaleidoskopischer Transformationsprozeß ab, weltweit kommen erneuerte Kulturen in gegenseitigen Kontakt. Man muß sich nur einmal vorstellen, was passieren würde, wenn jede Kultur eine Beziehung zu jeder anderen Kultur aufbauen würde, um sich ein Bild von den vielfältigen Diversifikationen zu machen. Natürlich sieht die Wirklichkeit nicht derart absurd aus. Aber sie ist irgendwo zwischen diesem Extrem und jenem der vollständig homogenisierten globalen Kultur anzusiedeln.

Was denken Sie im Zuge eines postnationalen Zeitalters über einen Weltstaat und eine Weltgesellschaft? Was könnte in Zukunft die Rolle von transnationalen Unternehmen sein? Glauben Sie, diese könnten die Aufgaben der Nationalstaaten und der Politik übernehmen?

Ohne Zweifel dringen internationale Unternehmen in Bereiche vor, die in der Vergangenheit als Hoheitsgebiet von Staaten angesehen wurden. Ich beobachte einen Korporatismus, der zu einer Verquickung von Staat und Geschäftswelt geführt hat. Diese Zusammenarbeit hat sich vorher auf nationaler Ebene abgespielt, jetzt ist sie global geworden. Globaler Korporatismus läßt sich beispielsweise an Zusammenschlüssen großer Finanzgesellschaften, wie der Weltbank, beobachten. Wir haben also ein System von Finanzregierungen, die ich durchaus als Teil eines globalen Staates ansehe. Viele Kritiker tun sich mit dieser Auffassung schwer, weil sie sich nicht davon lösen können, einen Staat lediglich als Nationalstaat zu sehen.

Der Nationalstaat ist ein Phänomen jüngeren Datums, er ist historisch bedingt und wird als souveränes und unabhängiges Staatsgebilde bald ein Ende finden. Wir werden einerseits relativ kleine lokale Staatsformen haben, die für Dinge wie Straßenbau verantwortlich sind. Andererseits wird es weiterhin nationale Staaten geben, die jedoch einem globalen

Staat untergeordnet sind. Im globalen Staat handeln Volksvertreter aus den einzelnen Staaten, beziehen aber die ganze Weltkugel in ihre Überlegungen und Entscheidungen mit ein.

Daniel Bell schreibt in seinem 1987 erschienenen Essay »The World and the United States in 2013«: »Der Nationalstaat ist zu klein geworden für die großen Probleme des Lebens und zu groß für die kleinen Probleme des Lebens.« Wird der globale Staat künftig die globale Gesellschaft regieren?

Die Weltgesellschaft ist die Summe aller sozialer Beziehungen auf der Weltkugel. Sie hat kein Zentrum und wird von niemandem kontrolliert. Wenn wir dieses abstrakte Gebilde eine globale Gesellschaft nennen, verschiebt sich die Bedeutung ein wenig. Eine globale Gesellschaft ist nämlich auf einer weltweiten Basis organisiert. Meine These lautet nun, wir bewegen uns von einer Weltgesellschaft, die wir immer schon hatten, hin zu einer globalen Gesellschaft. Wenn wir uns diese Unterscheidungen bewußt machen, können wir eine Vorstellung von den Transformationen bekommen, die wir derzeit durchlaufen.

Egal wie weit man in der Geschichte zurückgeht, es ist unmöglich, eine Zeit ausfindig zu machen, in der die Menschen völlig isoliert voneinander existiert haben. Es gab immer Beziehungen zwischen Völkern, Ländern und Kontinenten. Diese Verbindungen haben die Form eines Netzwerkes. Die Weltgesellschaft war dahingehend organisiert, daß Zivilisationen als ganzes aufeinander trafen. In der globalen Gesellschaft hat sich die Natur der sozialen Beziehungen verändert. Nach Giddens' Zeit-Raum-Kompression ist es für Individuen möglich, an jedem Punkt der Erde zu leben, und dennoch Kontakt zu jedem beliebigen Zeitgenossen zu unterhalten.

Wie läßt sich angesichts dieser Umwälzungen Gesellschaft beschreiben und erklären?

Man muß Gesellschaft in den Kategorien von sozialen Beziehungen wahrnehmen. Denn wenn man die Gesellschaft lediglich als Summe des sozialen Lebens, der Kultur, Ökonomie, Politik und wahrgenommenen Wirklichkeit begreift, besitzt man keine analytische Methode, um Transformationen zu verstehen.

Eine der auffälligsten Anzeichen von Transformation in unserer Zeit ist gerade die Trennung von Kultur, Ökonomie, Technologie und Politik. All diese Bereiche haben ihre eigene Logik. Sie haben aber nichts mit dem Sozialen zu tun. Und in diesem Punkt sehe ich mich selber als ein professioneller Soziologe in einem scharf abgegrenzten Sinne. Ich unterscheide mich von einem Ökonomen, sogar von einem Spezialisten für kulturelle Studien. Ich bin ein Soziologe, der sich auf das Gebiet der sozialen Beziehungen konzentriert.

Worauf kommt es Ihnen bei der Ausformulierung einer Gesellschaftstheorie an? Was ist konkret zu berücksichtigen?

Wichtig sind die Veränderungen der sozialen Beziehungen. Aber darüber hinaus betrifft das globale Zeitalter nicht nur das Soziale, sondern auch die Ökonomie, Technologie und Kultur. Was sich nämlich heute verändert hat, ist die Vielfalt der möglichen sozialen Beziehungen und die Art und Weise, wie diese mit Technologie und neuen ökonomischen Gegebenheiten verbunden werden können. Das Verständnis von sozialen Beziehungen allein hat sich nicht besonders weiterentwickelt. Wir verstehen soziale Beziehungen heute nicht besser als es die Menschen im 16. Jahrhundert oder in der Zeit der griechischen Antike taten. In diesem Bereich haben wir in den letzten dreitausend Jahren keine sonderlich neuen Erkenntnisse gesammelt. Möglicherweise gibt es auch gute Gründe dafür. Jedenfalls ist es essentiell für uns, das Verständnis der Erfahrungen menschlicher Gesellschaften der Vergangenheit zu bewahren, um zu verstehen, wo wir jetzt angelangt sind. Die historische Analyse ist wichtig, da ansonsten die Menschlichkeit an sich auf der Strecke bleibt. Eine der größten Tragödien der modernen Ära war der Irrtum, daß Gesellschaft und Menschlichkeit ein und dasselbe sind und daß, wenn man die perfekte Gesellschaft schafft, der perfekte Mensch das Resultat ist.

Ulrich Beck
Die Risikogesellschaft

»Auf dem Weg in eine andere Moderne«

Ulrich Beck, geboren 1944, ist Professor für Soziologie an der Universität München (LMU) und »Distinguished Professor« an der »London School of Economics« (LSE). Im Mittelpunkt seiner Forschungsarbeit stehen neben den Bereichen Arbeit, Technik und Ökologie die Analyse sozialer Ungleichheit und die Untersuchung von Modernisierungsprozessen. Darüber hinaus ist er verantwortlicher Herausgeber der soziologischen Fachzeitschrift »Soziale Welt« und Sprecher des für 1999 geplanten Sonderforschungsbereichs »Reflexive Modernisierung«.

Der große Blonde mit der stürmischen Frisur versteht sich als soziologischer Experimentator, der in seiner Versuchsanordnung, wie er selber sagt, »immer wieder um neue Argumente bemüht ist«. In seinen zahlreichen Büchern, Essays, Streitschriften und Artikeln – die meisten sind mit Blick auf den Starnberger See entstanden – bedient er sich einer metaphernreichen, anschaulichen und leicht verständlichen Sprache. Viele machen ihm seine regelrechte Veröffentlichungswut zum Vorwurf. Bezeichnend ist die Feststellung: »Herr Beck schreibt einfach schneller, als wir lesen können.« Seine Kreativität kennt keine Grenzen, er geizt nicht mit provokanten Thesen, bricht mit Denkgewohnheiten, auch wenn er dafür oft Verwunderung und Argwohn erntet. Ulrich Beck ist mit der Soziologin Elisabeth Beck-Gernsheim verheiratet. Gemeinsam schrieben sie das viel beachtete Werk »Das ganz normale Chaos der Liebe«.

Ausgewählte Buchveröffentlichungen:

Ulrich Beck: Risikogesellschaft. Auf dem Weg in eine andere Moderne.
Suhrkamp Verlag, Frankfurt/M. 1986

Ulrich Beck: Gegengifte. Die organisierte Unverantwortlichkeit.
Suhrkamp Verlag, Frankfurt/M. 1988

Ulrich Beck: Die Erfindung des Politischen.
Zu einer Theorie reflexiver Modernisierung.
Suhrkamp Verlag, Frankfurt/M. 1993

Ulrich Beck: Was ist Globalisierung?
Irrtümer des Globalismus – Antworten auf Globalisierung.
Suhrkamp Verlag, Frankfurt/M. 1997

1. Konzept

Heutige Risiken unterscheiden sich in Art und Ausmaß von Risiken aus vergangenen Tagen. Durch ihr Gefährdungspotential sind sie zum prägenden Merkmal unserer Gesellschaft geworden. Damit sei ein neuer Typus von Gesellschaft hervorgebracht, den Ulrich Beck folgerichtig als die Gesellschaft im Angesicht des Risikos beschreibt.

Sein ökologisch aufklärerisches Buch »Risikogesellschaft« erschien im Jahr 1986. Beck rückte die Technisierung der Welt und die damit verbundenen industriell erzeugten Risiken ins Zentrum seiner Beobachtung, und es gelang ihm, den Schritt von der klassischen Industriegesellschaft zur Risikogesellschaft theoretisch nachzuvollziehen. Seine Thesen bestätigten sich durch das Menetekel von Tschernobyl im selben Jahr, das die Gefahren hochentwickelter Technologien drastisch vor Augen führte.

Der Begriff der Risikogesellschaft wurde zu einer Chiffre für das Entstehen und Anwachsen »zivilisatorischer Selbstgefährdungspotentiale«, die die menschliche Existenz bedrohen und imstande sind, dem Leben auf der Erde in all seinen Erscheinungsformen ein Ende zu bereiten. Mit der ungehemmten Produktion von »weltweit verzahnten Modernisierungsrisiken« sei die Verschmutzung der Luft, die Verunreinigung des Wassers und die Verseuchung des Bodens forciert worden.

Zur »ökologischen Gefahrenlage« komme die Angst vor einem atomaren Supergau, dem alle Menschen zum Opfer fallen könnten, egal ob sie reich oder arm sind und egal wo sie leben. Das wachsende »Risikopotential«, verdeutlicht am Beispiel der radioaktiven Wolke, die nicht vor nationalstaatlichen Grenzen halt macht, ließe »die Weltgesellschaft zur Gefahrengemeinde schrumpfen«. Nationen- und Schichtzugehörigkeit, Klassenlage, Berufsstand, Geschlecht oder Alter spielten angesichts der unkalkulierbaren Folgen der Nuklear-, Chemie- oder Gentechnologie, der unabsehbaren Konjunkturschwankungen und selbstgeschaffenen Selbstvernichtungsmöglichkeiten wenn überhaupt eine untergeordnete Rolle. In den Vordergrund tritt dagegen, so Beck, das »Bewußtwerden der globalen Gefährdungslage«, die Freund und Feind, Täter und Opfer an einen Tisch zwinge, um Problemlösungen für die Entschärfungen der Gefahren zu suchen.

»Die Risikogesellschaft wird reflexiv«, indem sie sich selbst als Problem erkenne, Konventionen überprüfe und vorherrschende Denkstrukturen, Handlungsweisen und Lebensformen hinterfrage, formuliert Beck. Entscheidend sei allerdings, wie effektiv das öffentliche Bewußtsein auf die »globale Bedrohungsspirale« reagiert. Einen erheblichen Anteil am Erfolg öffentlicher Wahrnehmung von Risiken hätten Bürgerinitiativen und die unter dem Begriff der »neuen sozialen Bewegungen« zusammengefaßten Gruppen, die sich vehement für Menschenrechte und gegen den Einsatz von Massenvernichtungswaffen oder gegen Kernkraftwerke, Atomtests etc. stark machen. Es fehlt nicht an Beispielen. Die Protestaktionen der unterschiedlichen Gruppen halten, wie Beck betont, das öffentliche Bewußtsein wach und schaffen es, Handlungsdruck auf die Schaltstellen von Wirtschaft und Politik auszuüben.

In dieser Risikogesellschaft »bestimmt das Bewußtsein das Sein«. Nur mit einem geschärften öffentlichen Risikobewußtsein, durch die Wahrnehmung der Gefahren als »gemeinsames Schicksal« und durch internationale Regelungen könne etwas gegen Umweltverschmutzung, wachsende Selbstvernichtungspotentiale und Zivilisationskrankheiten unternommen werden. Letztlich ginge es darum, die Überlebensfähigkeit von Natur und Menschheit aufrechtzuerhalten. Um dieses Ziel zu erreichen, muß die Risikogesellschaft, wie Beck sie versteht, den Energieverbrauch senken, mit Ressourcen sparsamer umgehen, die sozialen und wirtschaftlichen Ungleichheiten abbauen, von veralteten Großtechnologien Abschied nehmen, die Forschung an ethischen Grundsätzen ausrichten, Umweltrisiken eindämmen und die irreversible Zerstörung der Lebensgrundlagen aufhalten. Technischer Fortschritt könne sich nicht ausschließlich dem Primat des Weltmarktes unterwerfen, sondern sollte globale Konsequenzen berücksichtigen. Die Folgen von Fehlentwicklungen könne niemand bezahlen und sie ließen sich auch nicht korrigieren.

Globale Gefahren sind die eine Seite. Beck sieht aber auch das Phänomen der Individualisierung immer deutlicher hervortreten. Individualisierung manifestiere sich innerhalb des Wandels von der Industrie- zur Risikogesellschaft dadurch, daß das Individuum aus den vormals »traditionell festgeschriebenen Lebenszusammenhängen freigesetzt wird« und sich ungeahnten Freiheits- und Entfaltungsmöglichkeiten eigenverantwortlicher Lebensgestaltung gegenübersieht. Die Kehrseite der Medaille seien die Risiken, die dieser neue Freiraum schafft. Wurden die Probleme des Individuums in der traditionellen Gesellschaft noch vom Familienverband gelöst, ist das Individuum nun verstärkt auf sich allein gestellt, sagt Beck. Entscheidungen zum Thema Wohnort, Beruf, Arbeitsplatz, Familie, Freizeit etc. habe jeder selbst zu fällen. Viele seien allerdings den Anforderungen der individuellen Lebensgestaltung nicht gewachsen und fänden sich in den unübersichtlichen Erfahrungszusammenhängen der Risikogesellschaft nicht zurecht. Becks Thesen laufen darauf hinaus, daß die neuen Unsicherheiten und Risiken, die »potentiell alle betreffen« und uns zur Risikogesellschaft zusammenschweißen, den Lauf der Welt auch über das 20. Jahrhundert hinaus bestimmen werden.

2. Fragebogen

1. Sehen Sie sich selber als Gesellschaftstheoretiker, Gesellschaftskritiker, Gesellschaftsarchitekt oder lediglich als geselliger Zeitgenosse?

Ich bin weder gesellig noch Architekt – die Fassade täuscht. Aber es ist schon richtig: Ich versuche, das Wegbrechen des Vertrauten und das Hervorbrechen des Unerwarteten im Raum des Sozialen und Politischen beim Namen zu nennen, dabei nicht nur wissenschaftliche Erwartungen zu erfüllen, sondern auch die der Öffentlichkeit. Soziologie ist und bleibt ein Ärgernis. Dafür muß sie aber faszinieren – durch Einsichten und Sprache, wissenschaftlich und öffentlich.

2. In welcher Gesellschaft leben wir eigentlich?

Wir leben in einer begriffslosen Gesellschaft, deren Schlüsselbegriffe neu ausgelotet werden müssen. Ich glaube also immer noch, daß der Begriff der »Weltrisikogesellschaft« ein Schlüssel zu mehr Verständnis sein kann. Spuren sind »Individualisierung«, »Globalisierung«, »abnehmende Erwerbsarbeit« und »reflexive Modernisierung«. Überall wird Sicherheit und Risiko durch »Risiko« ersetzt.

3. Worin sehen Sie die Stärken und Schwächen dieser Gesellschaft?

Für mich ist der Grad der politischen Freiheit, die diese Gesellschaft bietet, ein Faszinosum. Das gilt sowohl im globalen Vergleich, als auch gerade vor dem geschichtlichen Hintergrund Deutschlands. Allerdings wird der notwendige politische Wandel unterschätzt. Alles, was uns Deutschen heilig ist – Sozialstaat, soziale Marktwirtschaft, die Vollbeschäftigungsgesellschaft, die Renten, nicht zuletzt das Staatsbürgerschaftsrecht – muß umgedacht und umgebaut werden. Wer soll das alles ändern?

4. Welche Rolle spielen Sie in der Gesellschaft?

Ich bin ein Soziologe, der bewußt die Öffentlichkeit sucht, um für die Soziologie Interesse zu wecken. Dabei balanciere ich meist auf dem schmalen Grad zwischen fachlichem Diskurs und öffentlicher Auseinandersetzung, immer auf die Gefahr hin, dabei abzustürzen.

5. Welche Gesellschaftsromane haben Sie fasziniert?

Nach wie vor faszinieren mich »Der Mann ohne Eigenschaften« von Robert Musil, »Doktor Faustus« von Thomas Mann und Rainer Maria Rilkes »Die Aufzeichnungen des Malte Laurids Brigge«. Gottfried Benn hat bei mir die Liebe zur Sprache geweckt, seine Prosa zwingt zur Radikalität. Auch der Soziologe hat ja nur die Sprache, um zu wirken.

6. Welchem Gesellschaftsspiel gehen Sie gerne nach?

Einer meiner verdeckten Fähigkeiten sind Zaubertricks. Meine unzähligen Nichten und Neffen vermag ich damit zu unterhalten.

7. In wessen Gesellschaft halten Sie sich bevorzugt auf?

Anonym, ruhig, wo ich beobachten kann. Gern bin ich an mir unbekannten Plätzen und plaudere mit Menschen, die mir unbekannt sind. Leider kenne ich nur wenig Menschen mit ganz anderen Erfahrungshorizonten.

8. Welcher Gesellschaftsgruppe fühlen Sie sich zugehörig?

Ich bin ein langsam seiner Selbst bewußt werdender Weltbürger deutscher Provenienz.

9. Welche Person(en) von gesellschaftlicher Größe schätzen Sie?

Jürgen Habermas ist für mich ein Vorbild, auch deswegen, weil er sich in den letzten Jahren wieder verstärkt mit den neuen gesellschaftlichen Problemen befaßt hat.

10. Wie sieht für Sie die ideale Gesellschaft aus?

Ich kenne keine ideale Gesellschaft. Aber es gibt einige unverzichtbare Prinzipien: Schutz gegen willkürliche Verhaftung und Verfolgung – also Grundrechte – eine materielle Basissicherung, ein Dach über dem Kopf und eine Zukunftsperspektive.

11. Wollen Sie die Gesellschaft verändern?

Ja. Solange man davon ausgehen konnte, daß das vorhandene Institutionensystem trägt, war es nicht notwendig, über andere Institutionen nachzudenken. In einer Phase, die ich als »Zweite Moderne« bezeichne, muß die Soziologie, ohne ihre Neutralität aufzugeben, einen Beitrag zum Aufbau möglicher neuer Institutionen leisten. Das ist vor dem Hintergrund zu sehen, daß Gesellschaft anfängt, über grundlegende Reformen nachzudenken, und daß darüber in allen gesellschaftlichen Handlungsfeldern Konflikte entbrennen. Ich habe Vorschläge am Beispiel der Bürgerarbeit unterbreitet.

12. Wie sieht die Gesellschaft von morgen aus?

Das kann niemand sagen. Aber wir werden mit weniger Arbeit mehr materiellen Reichtum erzeugen. Das heißt wir müssen aus dem Elend des Arbeitsmangels die Konturen einer neuen Gesellschaft entwickeln, in der ein Recht auf diskontinuierliche Erwerbsarbeit neue Freiheitsräume für Selbstarbeit, Muße, politische Beteiligung, Familienarbeit für alle – also auch Männer – eröffnet. Andere Probleme sind zu lösen: Antworten auf ökologische Krisen sind durchzusetzen und angesichts von Individualisierung kollektiv bindende politische Entscheidungen zu ermöglichen. Ob das alles gelingt? Jedenfalls stehen wir vor der Alternative: Verfall oder politische Erneuerung. Wahrscheinlich erleben wir beides zugleich.

3. Interview

Von der Industrie- zur Risikogesellschaft

In der »Risikogesellschaft« sagten Sie: »Die treibende Kraft der Klassengesellschaft läßt sich in dem Satz fassen: Ich habe Hunger! Die Bewegung, die mit der Risikogesellschaft in Gang gesetzt wird, kommt demgegenüber in der Aussage zum Ausdruck: Ich habe Angst! An der Stelle der Gemeinsamkeit der Not tritt die Gemeinsamkeit der Angst. Der Typus der Risikogesellschaft markiert in diesem Sinne eine gesellschaftliche Epoche, in der die Solidarität aus Angst entsteht und zu einer politischen Kraft wird.« Ist Ihre Konzeption der »Risikogesellschaft« nach dem Ende des Ost-West-Konflikts und der nuklearen Bedrohung noch relevant? Und: Läßt sich die Gesellschaft auf den Aspekt der Angst reduzieren?

Die Perspektive der Risikogesellschaft hat zahlreiche Dimensionen. Meistens werden mit der Risikogesellschaft die sogenannten Großgefahren oder globalen Risiken assoziiert. Die Debatte läuft weiterhin auch international auf vollen Touren. Es gibt immer mehr Wissenschaftler, gerade auch im angelsächsischen Bereich, die auf die Konzeption der Risikogesellschaft zurückgreifen. Inzwischen deuten sich aber Schwächen des Begriffs an, die ich in meinem Buch ausräumen wollte.

Inwiefern?

Der Risikobegriff ist ein alter Begriff. Er stammt interessanterweise aus der interkontinentalen Handelsschiffahrt und erlangte im Zusammenhang mit Versicherungen an Bedeutung. Risiko bezog man aber schon recht früh auf durch zivilisatorische und technisch ökonomische Prozesse ausgelöste Probleme, die kontrolliert werden müssen. Man kann den Industrialisierungsprozeß dahin deuten, daß Risiken und Versicherungen aufeinander bezogen werden. Ich bin ein Stück weitergegangen, indem ich gezeigt habe, daß die institutionellen Antworten von modernen Gesellschaften auf die Folgen selbsterzeugter Risiken und Gefahren in einem problematischen Verhältnis stehen können.

Was sich gerade durch den Reaktorunfall von Tschernobyl bewahrheitete.

Tschernobyl bestätigte meine These. Wir hatten es mit einer globalen, nicht berechenbaren Gefahr zu tun, für die die nationalstaatlich institutionalisierten Regelungsmechanismen untauglich geworden waren. Nicht nur in Deutschland wußte man nicht, was man tun sollte. Die Katastrophe hatte sich in einem anderen Land ereignet, aber die radioaktive Wolke hat natürlich nicht vor Staatsgrenzen halt gemacht. In den Verwaltungsvorschriften des deutschen Katastrophenschutzes war ein derartiger Fall nicht berücksichtigt. Risiken und Gefahren gibt es aber nicht nur bei der Kernenergie, man denke nur an die drohende Klimakatastrophe oder an die Gentechnologie, niemand hat da einen Versicherungsschutz. Wir sind in einer Weltrisikogesellschaft, die mit globalen Folgen zu tun hat, welche in einem nationalstaatlichen Rahmen nicht bewältigt werden können. Über den schlimmsten Fall kann man eigentlich nicht mehr rational nachdenken.

Gibt es überhaupt Möglichkeiten auf globale Katastrophen zu reagieren? Können Sie sich zum Beispiel eine übergeordnete Institution vorstellen, die globale Sicherheit garantieren kann? Oder ist die Risikogesellschaft eine pessimistische Untergangsvision?

Mir wird ja inzwischen oft eher der Gegenvorwurf gemacht, ich sei ein unrettbarer Optimist. Das hängt damit zusammen, daß Risiken, wenn sie wahrgenommen werden, die Gesellschaft in Bewegung setzen, fast unfreiwillig. Märkte brechen zusammen, Unternehmen müssen sich rechtfertigen, Politiker Rede und Antwort stehen. In gewisser Weise ist die Risikogesellschaft sogar eine kritische, selbstkritische Gesellschaft. Auch wenn nichts geschieht. Es ist eine Gesellschaft des schlechten Gewissens.

Ist es richtig, daß die Risiken für das menschliche Leben am Ende dieses Milleniums im Vergleich zu früheren Gesellschaftsepochen gestiegen sind?

Ich glaube nicht, daß wir heute in einem objektiven Sinn riskanter leben als früher. Viele Dinge können wir besser kontrollieren, die Lebenserwartung hat sich beispielsweise stark erhöht. Das Risiko hat eine andere Dimension, eine andere Bedeutung für den Alltag angenommen. Denken und Handeln ist nicht mehr jenseits von Risiken möglich, da wir globalen Gefahren ausgesetzt sind, die das gesamte Leben auf diesem Planeten auslöschen können. Risiko bezeichnet eine drohende Möglichkeit, eine Selbstkonfrontation mit den Folgen unseres Handelns, die politisch Druck erzeugt.

Was bleibt uns als »ökologischen Spätkonvertiten« denn noch übrig? Sind wir angesichts der schleichenden Einsicht in die Notwendigkeit ökologischen Handelns noch zu retten, um einen Buchtitel des Journalisten Heribert Prantl zu zitieren?

Zukunftsoptimisten oder -skeptiker, wir alle wandern bei der Suche nach einer Antwort im Nebel. Standortdebatten unter rein ökonomischer Betrachtungsweise führen auf keinen Fall aus der Krise. Wer sich die Frage stellt, sind wir noch zu retten, hat eine politische Absicht, die Rettung, wenn möglich, heute noch zu beginnen. Das halte ich für wichtig. Die letztlich wichtigere Frage ist aber, wie die Rettung aussieht.

Welche Vorstellungen schweben Ihnen denn vor?

Mir geht es um eine verantwortliche Moderne: Wie können wir die »Niemandsherrschaft« überwinden, die organisierte Unverantwortlichkeit. In meinen Büchern zeige ich Wege auf, wie dieses Ziel erreicht werden kann.

Ulrich Beck · Die Risikogesellschaft

59

Welche Folgen hat die permanente Bedrohung für die Gesellschaft? Sie schreiben, mit dem Grad des Risikos steigt die Bereitschaft zur Demokratie. Wie ist das zu verstehen und welche Beispiele können Sie anführen?

Zunächst einmal ist festzuhalten, daß durch die zunehmende Wahrnehmung von Risiken die vorhandenen Autoritäten einer Gesellschaft unter Zugzwang geraten. Das Management eines Konzerns ist plötzlich dazu gezwungen, Rechenschaft über Produktionsmethoden und Produkte abzulegen. Die Öffentlichkeit interessiert sich dafür, was zum Beispiel in Lebensmitteln enthalten ist oder wie Abfälle entsorgt werden. Risiken haben eine eigentümliche Logik. Risiko ist wie eine Peitsche, die die Gesellschaft antreibt, etwas zu tun, was sie sonst möglicherweise nicht getan hätte. Risiko gibt aber keine Richtlinie oder Perspektive vor. Ich meine sogar, die Gesellschaft nur unter dem Aspekt des Risikos zu sehen, würde jegliches Handeln blockieren. Denn Risiko ist ja ein negativer Begriff. Er sagt nur, was nicht getan werde soll, nicht aber, was getan werden soll.

Wie verändert sich das Gesicht der Industriegesellschaft im Zuge reflexiver Modernisierung? Wie sehen die Netzwerke, Beziehungskreise, Konfliktlinien und politischen Bündnisformen aus?

Die Konflikte werden zugleich hautnah, spalten möglicherweise Familien, sind aber auch transnational grenzübergreifend.

Die Besonderheit der sozialstrukturellen Entwicklung in der Bundesrepublik Deutschland, so sagten Sie in der »Risikogesellschaft«, sei der »Fahrstuhl-Effekt«. Damit wollten Sie verdeutlichen, daß mit der Anhebung des Lebensstandards der soziale Klassencharakter der Lebensbedingungen auf der Strecke bleibt. Können wir unter dem Druck des angespannten Arbeitsmarktes und der wachsenden Arbeitslosenzahlen, im Zuge des Abbaus von Sozialleistungen und der Umgestaltung des Wohlfahrtsstaates davon ausgehen, daß der Fahrstuhl wieder eine Etage tiefer gefahren ist, zurück zur Klassengesellschaft?

Die These vom »Fahrstuhl-Effekt nach unten« hat ihre Berechtigung. Eine ganze Reihe von selbstverständlichen sozialen Sicherheiten, die wir in der wohlfahrtsstaatlichen Phase mit Vollbeschäftigung in den 60er und 70er Jahren hatten, werden jetzt abgebaut. Ich gehe davon aus, daß sich eine erhebliche Radikalisierung von Ungleichheit abzeichnet und daß wir in gewisser Weise stärker als bisher zwischen verschiedenen Gruppen differenzieren müssen. Allerdings würde ich nicht ohne weiteres von Klassen sprechen. Ich sehe drei Gruppen. Als erstes die Globalisierungsgewinner, denen sich extreme Profitmöglichkeiten eröffnen. Dann gibt es eine Leistungselite, die den Globalisierungsgewinnern zuarbeitet, die zwischen Beschäftigung, Nicht-Beschäftigung oder Unterbeschäftigung wechselt, aber wahrscheinlich immer noch relativ gut zurechtkommt. Und schließlich eine wachsende Gruppe derjenigen, die nicht mehr gebraucht werden. Es ist absehbar, daß die Arbeitsplätze für relativ Unqualifizierte wegfallen, wegrationalisiert oder in andere Länder exportiert werden. So stehen erhebliche Einbrüche in der Sozialstruktur bevor. Diese Phänomene sind im Lichte der Individualisierung zu sehen, die Selbstzuschreibung verbindlich macht. Ein Klassenbewußtsein im alten Sinne kann deshalb kaum entstehen.

Die postindustrielle Gesellschaft sollte sich – wie das auch der Soziologe Daniel Bell beschrieben hat – dadurch auszeichnen, daß die im Industriesektor wegrationalisierten Arbeitsplätze in den Dienstleistungsbereich umgelagert werden. Die steigenden Arbeitslosenzahlen sprechen eine andere Sprache. Wie erklären Sie sich das?

Ich habe mich mit diesem Thema ausgiebig beschäftigt und Vergleichsstudien angestellt. Dabei bin ich immer skeptischer geworden gegenüber der Prognose, daß Arbeitsplätze, die in der Industrie wegfallen, im Dienstleistungsbereich neu entstehen. Wo bitte genau sollten die Plätze entstehen? Sieht man genau hin, stellt man fest, daß gerade im Dienstleistungsbereich radikal Arbeitsplätze zerstört werden. Beispielsweise in Banken, einem der zentralen Bereiche des Dienstleistungssektors, fallen Arbeitsplätze der Automatisierung zum Opfer. Der Dienstleistungsbereich bringt keine Entlastung auf dem Arbeitsmarkt, im Gegenteil. In den USA und in Großbritannien, wo angeblich Vollbeschäftigung herrscht, besteht der Dienstleistungssektor vornehmlich aus kleinen Dienstleistungen, das sind Haushaltstätigkeiten, die in Deutschland nebenher gemacht werden. Ich kann mir nicht vorstellen, daß eine, zugespitzt gesagt, neofeudale Dienstbotengesellschaft, wo sich wenige Reiche viele Dienstboten leisten, eine Perspektive für Deutschland sein kann.

Welche Perspektive gibt es Ihrer Meinung nach?

Die ernüchternde Wahrheit lautet, daß ein sehr großer Teil der Bevölkerung aus ihrem Arbeitsverhältnis herausfällt. Besonders diejenigen wird es treffen, die dem Hochleistungsdruck dieser Turbogesellschaft nicht gewachsen sind. Wir stehen erst am Anfang einer Entwicklung, in der Arbeitsplätze durch technische Neuerungen ersetzt werden. Das verfügbare Arbeitsvolumen, verstanden als Arbeitszeit pro Person, schrumpft in allen nachindustriellen Ländern der Welt seit Mitte der 70er Jahre rapide. Wir laufen auf einen Kapitalismus ohne Arbeit zu. Das gilt auch für die USA und für Großbritannien, wo die Arbeitslosigkeit durch wachsende Unterbeschäftigungsformen verdeckt wird. Dies ist keine Lösung. Was nutzt es, wenn ein Arbeiter drei Jobs hat, aber damit seine Familie nicht ernähren kann.

Es gibt also keine Perspektive? Oder kann das von Ihnen in der »Bayerisch-Sächsischen Zukunftskommission« vorgestellte Konzept der »Bürgerarbeit« einen Ausweg aus dem Problem der Massenarbeitslosigkeit zeigen?

Wir müssen das Phänomen der Massenarbeitslosigkeit auch einmal anders interpretieren, nämlich nicht immer nur als Katastrophe, sondern als mögliche Entfaltungschance. Unsere Gesellschaft sollte sich nicht ausschließlich über Erwerbsarbeit definieren. Schließlich ist das aus historischer Perspektive eine Umkehrung aller Werte. Vor der Industrialisierung stand die Lebensqualität jenseits der Arbeit. Wir brauchen andere Formen der Aktivität, die die durch den Verfall der Erwerbsarbeit gefährdete demokratische Ordnung weiterhin garantieren. Man muß die materielle Sicherheit vom Monopol der Erwerbsarbeit lösen und den Blick für die Vielfalt alternativer Tätigkeiten öffnen. Ich nenne nur einige zentrale Punkte: Familienarbeit, Selbstarbeit und darüber hinaus auch das, was ich als Bürgerarbeit bezeichne.

Können Sie das Konzept der Bürgerarbeit konkreter beschreiben?

Ich stelle mir vor, daß die Existenzsicherung nicht alleine über Erwerbsarbeit gewährleistet ist, sondern daß man einen Gesellschaftsvertrag aushandelt, in dem sowohl Familienarbeit als auch Bürgerarbeit in die existentielle Grundsicherung eingebunden ist. Für Aktivitäten und Arbeiten, die dem Wohl der Gesellschaft zuträglich sind, könnte es ein Bürgereinkommen oder Bürgergeld geben. Das wäre eine Reform des Wohlfahrtsstaates, die möglicherweise gar nicht kostenintensiv wäre. Je nach Lebensphase, je nach Interesse kann der Bürger zwischen den verschiedenen Tätigkeitsbereichen wechseln. Man sollte in Erinnerung rufen, daß die Erwerbsarbeit ein Zwang ist, der die Tradition der Sklavenarbeit hat. Auch Karl Marx hat Arbeit nicht nur als »Menschwerdung« gesehen, sondern auch als »ein aufgefülltes Nichts«. Eine Gesellschaft ohne den Zwang zur Erwerbsarbeit würde Freiheit ein Stück weiter definieren. Dabei sollte es eine Spaltung zwischen Erwerbstätigen und Bürgerarbeitern nicht geben. Es müßte die Möglichkeit geben, zwischen den verschiedenen Bereichen zu wechseln. Grundlegend wäre eine radikale Arbeitszeitverkürzung für alle. Der Job kann nicht das einzige Lebensziel sein.

Der Schlüssel der Lebenssicherung liegt aber doch weiterhin im Arbeitsmarkt. Meinen Sie wirklich, daß man an diesem rigiden System etwas ändern kann? Welche Chance räumen Sie der Möglichkeit ein, die Bürgerarbeit im großen Stil zu verwirklichen?

Den ersten Schritt müßten die Betriebe gehen. Sie sollten nicht nur eine wirtschaftliche Rolle spielen, sondern sich als gesellschaftliche und politische Akteure in die Verantwortung stellen. Das bedeutet, daß sie Menschen Beschäftigungsverträge bieten, die diesen eine größere Arbeitszeitsouveränität einräumen. Die Arbeitszeit sollte auf verschiedene Weise abgeleistet werden können, so daß die Möglichkeit besteht, auch etwas ganz anderes zu tun. Das setzt voraus, daß das soziale Sicherungssystem modifiziert wird. Man könnte zum Beispiel die Rentenvorsorge vom Erwerbsarbeitsverhältnis ablösen oder Bürgerarbeit für Renten- und Krankheitsversicherungen anerkennen. Das halte ich gar nicht für so utopisch. Vollbeschäftigung ist für mich dagegen eine Fiktion der Politik.

Ist Bürgerarbeit als Arbeitsbeschaffungs- oder Übergangsmaßnahme zu verstehen?

ABM-Stellen sind ja auf Erwerbsarbeit bezogen. Die Bürgerarbeit soll eine eigene Attraktivität haben. Das Konzept zielt ja gerade darauf ab, aus der Erwerbsarbeit auszubrechen. Unter Umständen können notorisch Überbeschäftigte auch freiwillig aus der Erwerbsarbeit ausscheren und ein oder zwei Jahre lang Bürgerarbeit betreiben. Eine andere Gruppe, die in das Konzept einbezogen werden müßte, sind Frührentner mit umfangreichem Wissen und großer Erfahrung.

In Ihrem Buch »Die Erfindung des Politischen« wie auch in dem Aufsatz »Die Renaissance des Politischen« schreiben Sie: »Das Politische bricht neu aus.« Eine optimistische Feststellung. Wie sieht die »neue Politik« aus?

Entscheidend ist meiner Meinung nach, daß sich mit dem Sieg des Neoliberalismus, also mit der Befreiung der Weltmärkte von allen Zwängen, überall Folgeprobleme abzeichnen, die eine neuerliche Stimulierung des Politischen bewirken. Lassen Sie mich ein Beispiel nennen. Wenn man der Frage nachgeht, was die asiatischen Finanzkrisen mit dem Rinderwahnsinn zu tun haben, würde ich antworten: Beide Phänomene sind ein Beweis dafür, daß Märkte, insbesondere deregulierte Weltmärkte, politisch-rechtliche Rahmenbedingungen brauchen. Da diese Bedingungen fehlen, wird es im Zuge der neoliberalen Politik massive Abstimmungsprobleme in den nächsten Jahren geben. Die Folge wäre, daß sich die Perspektive der neoliberalen Politik um 180 Grad dreht. Der Staat würde minimalisiert, fast abgeschafft. Doch das ist ein falscher Weg. Was wir brauchen, und was ich mit »neuer Politik« meinte, ist ein starker Staat, und zwar in dem Sinne, daß er nicht mehr ausschließlich Nationalstaat ist, sondern transnational agiert.

Die Inkompetenz des Nationalen ist ein fauler Apfel, schreiben Sie. Das nationalstaatliche Denken habe jegliche Handlungskompetenz eingebüßt.

Ja. Es bedarf der Abstimmung zwischen den verschiedenen Teilmärkten der Welt. Die Deregulierung erzwingt Reregulierung. Gebraucht werden weltweite Regulationsinstanzen, transnationale Steuerungsinstanzen und Normierungsinstanzen.

Wie können diese Instanzen aussehen und wer soll sie schaffen?

Nach meiner Einschätzung gibt es drei mögliche Szenarien. Amerikanisierung heißt das erste Szenario, obwohl ich nicht glaube, daß alles, was in Amerika Aussicht auf Erfolg hat, sich auch auf Europa übertragen ließe. Eine andere Regulationsmöglichkeit könnten starke transnationale Organisationen, wie etwa die Weltwirtschaftshandelsorganisation, bieten. Das Problem hierbei ist die Legitimationsfrage. Man gäbe solchen Organisationen zu viel Macht in die Hand. Es gibt aber noch eine weitere Möglichkeit, nämlich eine kosmopolitische Erweiterung der Demokratie. Also eine Demokratie, die nicht mehr nationalstaatlich orientiert ist, sondern transnational. Ich plädiere ausdrücklich für diese dritte Möglichkeit, für kosmopolitische Parteien, die internationale Prozesse thematisieren und verständlich machen. Parteien, strukturiert wie transnationale Unternehmen, die in mehreren Staaten tätig sind.

Das würde auf ein Ende der nationalstaatlichen Parlamente hinauslaufen?

Es ist ja kein Weltparlament, das hier entstehen soll. Die nationalstaatlichen Parlamente bleiben, sie sollen nicht auf die historische Müllkippe geworfen, sondern kosmopolitisch neu begründet werden. Es gibt dann keine Nationalstaaten mehr, sondern Provinzen innerhalb einer Weltgesellschaft, Staaten also, die sich nicht mehr über die Nationen definieren. Jeder Mensch hätte ein und dasselbe Vaterland: die Erde. Wir müssen aufhören, nationalstaatlich zu denken. Das gilt auch im übertragenen Sinne. Es wird keinen Nationalstaat Europa geben. Aus dem Gegeneinander der europäischen Nationen kann kein Nationalstaat entstehen. Die Alternative ist »citizenship«, ein europäisches Bürgerrecht, das die verschiedenen nationalen Identitäten politisch zusammenfaßt. Den Unterschieden, Differenzierungen und Gegensätzen wird »citizenship« und politische Freiheit gegenübergestellt. Politische Identifikation wäre den Menschen innerhalb der Weltprovinz Europa oder, wenn man globaler denkt, der Weltgesellschaft möglich, ohne daß sie ihre nationale Identität aufgeben müßten. Noch einmal: Ich spreche von einer Weltbürgerschaft, die allen Menschen die selben universellen Grundrechte zubilligt, in der aber die kulturelle und territoriale Vielfalt beibehalten wird. Mein Konzept ist ein Weltbürgermanifest.

Was sind die Rechte und Pflichten eines Weltbürgers?

Die Exklusivität von Rechten ist bisher eine Sache von Nationalstaaten, diese Strukturen müßten aufgebrochen werden. Wir brauchen andere und gestaffeltere Arten von Einschluß- und Ausschlußkriterien, der Status des Weltbürgers muß größtes Gewicht haben. Das ist deswegen so wichtig, weil im Verlauf der Modernisierungsprozesse zweifellos sehr viele Konflikte ausbrechen werden. Die Weltgesellschaft wird zunächst in ihr Gegenteil umschlagen. Es wird Fremdenhaß geben und blutige Verteilungskämpfe, wenn die Grenzen aufbrechen. Die einzige Möglichkeit, diese Konflikte zu lösen, egal ob das in kurzer Zeit gelingt oder erst in hundert Jahren, ist die Definition der Menschheit als Weltgesellschaft, die allen gleiche Rechte einräumt. Wir müssen aufhören, über nationale und ethnische Differenzierungen zu diskutieren. Gleiche Bürgerrechte und damit politische Freiheiten müssen die Menschen zusammenführen, ansonsten drohen wir im Chaos zu versinken. Aus meiner Sicht gibt es keinen anderen Weg, die erst jetzt allmählich beginnenden Verteilungskämpfe aufzuhalten. Es ist wichtig, frühzeitig das Ziel Weltgemeinschaft anzuvisieren und zu definieren, damit sich die Politik in diese Richtung öffnet.

Daniel Bell

Die postindustrielle Gesellschaft

»Zeit ist Geld«

D aniel Bell, geboren 1919, war Professor für Soziologie an der »Columbia University« in New York und an der »Harvard University« in Cambridge, Massachusetts, und übte in leitender Position publizistische Tätigkeiten aus. Er war Vorsitzender der von der »American Academy of Arts & Sciences« gegründeten »Kommission für das Jahr 2000« und ist seit 1992 Präsident der »Tocqueville Gesellschaft«.

»Der Soziologe fühlt sich stets versucht, den Propheten zu spielen – und wenn nicht den Propheten, so doch den Seher«, warnt Daniel Bell, einer »der sensibelsten und brillantesten Sozialanalytiker« der 70er Jahre, wie ihn sein Kollege Ralf Dahrendorf rühmt. Seine wissenschaftliche Beschlagenheit befähigte ihn dazu, eine makrosoziologisch angelegte Prognose für die zukünftige Entwicklung der westlichen Gesellschaft zu stellen, auch wenn er selbstkritisch hinzufügt, daß es sich dabei um eine »Sozialfiktion« handelt. Da er mit seinen Thesen heftige Diskussionen über wirtschaftliche, politische und kulturelle Strukturen der Gesellschaft entfacht hat, konnte er einen beträchtlichen Anteil an der von ihm bestrebten »nüchternen Konstruktion der gesellschaftlichen Wirklichkeit« für sich verbuchen.

»Wer schreibt und liest«, sagt er, »ist mit dem Text und seinem Verstand alleine. Deshalb bin ich oft alleine.« Seine »soziologischen Reisen«, wie er eine Essaysammlung betitelte, führen ihn während der Sommermonate auf »Martha's Vineyard Island«, wo er ein Haus am Meer besitzt. In Cambridge, seinem Wohnsitz seit seiner Lehrtätigkeit an der Harvard Universität, setzt er seine Wissensarbeit fort. Sein Arbeitszimmer ist mit Porträts ausgestattet, die der Kunstsammler Bell und seine Frau auf den Kunstmärkten der Welt erworben haben.

Ausgewählte Buchveröffentlichungen:

Daniel Bell: Die nachindustrielle Gesellschaft.
Campus Verlag, Frankfurt/M. 1975
Originalausgabe: The Coming of Post-Industrial Society: A Venture in Social Forecasting. Basic Books Inc., New York 1973

Daniel Bell: Die Zukunft der westlichen Welt. Kultur und Technologie im Widerstreit. S. Fischer Verlag, Frankfurt/M. 1979
Originalausgabe: The Cultural Contradictions of Capitalism.
Basic Books Inc., New York 1976

1. Konzept

In seinem empirisch und theoretisch fundierten Buch »The Coming of Post-
Industrial Society: A Venture in Social Forecasting« (dt. Übersetzung: »Die
nachindustrielle Gesellschaft«) wagte Daniel Bell 1973 die Gesellschafts-
entwicklung zu prognostizieren.

Seine Hauptthese besagt, daß die heraufziehende Gesellschaftsordnung,
die er als postindustrielle Gesellschaft bezeichnet, nicht mehr durch die
industrielle Produktion von Gütern bestimmt sei, sondern vielmehr durch
die zentrale Bedeutung von Wissen und Dienstleistungen.

Die vorindustrielle Gesellschaft, so Bell, war durch ein hohes Maß an
körperlicher Arbeit und der Notwendigkeit zur Rohstoffgewinnung geprägt.
In der Industriegesellschaft kam den Maschinen, die zur Herstellung von
Gütern eingesetzt wurden, große Bedeutung zu. Die nachindustrielle Gesellschaft schließlich zeichne sich aus durch eine veränderte Arbeitsweise
der Menschen, durch »die zentrale Stellung des theoretischen Wissens und
das zunehmende Übergewicht der Dienstleistungswirtschaft über die pro-
duzierende Wirtschaft«.

Bells Prognose nach befindet sich die Gesellschaft, die in eine nachindustrielle Phase eintritt, in einem unumkehrbaren Übergang von einer Wa-
ren- zu einer Dienstleistungsgesellschaft, was zu einem Wandel in der Be-
rufsstruktur führe: die Verringerung industrieller Berufe bei gleichzeitiger
Ausweitung von Dienstleistungsberufen. Weitere Struktureigentümlichkei-
ten seien die zunehmende Bedeutung theoretischen Wissens, das in Universitäten, Forschungsorganisationen und wissenschaftlichen Institutionen
zusammengetragen und ausgebaut werde, sowie die zielgerichtete Planung
und Steuerung des technologischen Wachstums. Außerdem würden verstärkt Kapazitäten zur Erforschung und Nutzbarmachung neuer Technologien eingesetzt.

Den Motor dieser Entwicklung sieht Bell in den durch die Technologie
bewirkten umwälzenden Neuerungen im Transport- und Kommunikations-
sektor, die die gesteigerte Aktivierung der Kontakte und zwischenmenschlicher Beziehungen überhaupt erst ermöglichten. Das theoretische Wissen
sei die Achse, auf die sich die neuen Technologien, das Wirtschaftswachstum und die Schichtung der Gesellschaft stützten. Die Universität sieht Bell
als wichtigste Institution, den Akademiker als Archetyp der postindustriellen Gesellschaft.

In der verwissenschaftlichten, postindustriellen Gesellschaft etablieren sich nach Bell drei Klassen. Erstens eine technisch-akademische Klasse, die von der »schöpferischen Elite der Wissenschaftler und akademisch geschulten Spitzenbeamten« gebildet wird, und die die Führung der Gesellschaft übernimmt. Zweitens die Klasse der Ingenieure und Professoren, drittens die Klasse der Techniker, des akademischen Mittelbaus und der Assistenten. Für den Aufstieg in der Gesellschaft sei eine umfassende Schul- und Hochschulbildung zwingend notwendig, da Bildung die Hauptvoraussetzung sozialer Mobilität und praktisch wirksamer Macht darstelle. Die Folge sei eine »Verschiebung im Machtgefälle«, da der Nachweis fachlicher Kompetenz den Ausschlag gebe für die Erlangung hoher sozialer Stellungen.

Die postindustrielle Gesellschaft, so Bell weiter, verursache jedoch erhebliche Kosten: Informations-, Koordinations- und Zeitkosten. Informationskosten entstünden vornehmlich durch die Aufarbeitung und Vermittlung der hoch komplexen und schwer überschaubaren Informationsmenge. Die Koordinationskosten stiegen andererseits durch die Vielzahl zwischenmenschlicher Beziehungen und durch das immens gewachsene Kontaktnetz. Dies erfordere eine ausgetüftelte Planung und Organisation. Aber auch die Zeit sei zum Kostenfaktor geworden. Eine an den Überfluß gewöhnte Wirtschaft sei durch Zeitknappheit gekennzeichnet. Da sich Zeit nicht wie andere wirtschaftliche Ressourcen akkumulieren lasse, der Vorrat an Zeit also begrenzt sei, habe das knappe Gut Zeit seinen Preis. Dies lasse sich gerade am Dienstleistungssektor belegen, den Bell untergliedert in die unmittelbar der Industrie zuarbeitenden Transport- und Versorgungsdienste, in die Branchen der sich um Verteilung und Handel, Finanz- und Versicherungswesen kümmernden Anbieter, in die fachliche und geschäftliche Dienstleistungen ausführenden Bereiche wie Datenverarbeitung, in den Bereich, der die Freizeitbedürfnisse der Bevölkerung (Reisen, Unterhaltung, Sport und Erholung) befriedigt und schließlich in die gemeinschaftsbezogenen Dienstleistungen wie Gesundheitswesen, Bildung und Verwaltung. Die nachindustrielle Gesellschaft, die sich durch eine Vielzahl von Gütern und Dienstleistungen und durch steigende Kosten für ihre Verwaltung auszeichne, habe sich mit steigenden Informationskosten und einem Mehraufwand an Zeit abzufinden, da beides für das Aushandeln von Interessenkonflikten erforderlich ist, sagt Bell.

Darin liege auch die Hauptaufgabe der Politik, die Bell als das Management der Gesellschaftsstruktur betrachtet. Politik werde zum Mechanismus, der den Wandel regelt. Kreativität und Innovation aber gehe von den Wissenschaftlern aus, die wissensschaffende und wissensverarbeitende Prozesse in Gang setzen, den Weg zu neuen Erfindungen weisen, neue Methoden der Analyse entwickeln, die Kosten und Folgen eines bestimmten Verfahrens kalkulieren und damit die postindustrielle Gesellschaft auf ihren Weg bringen.

2. Fragebogen

1. Sehen Sie sich selber als Gesellschaftstheoretiker, Gesellschaftskritiker, Gesellschaftsarchitekt oder lediglich als geselliger Zeitgenosse?

In erster Linie als Theoretiker und Kritiker. In der Vergangenheit, als ich noch jünger und ambitionierter war, und verschiedene Ämter innehatte, sah ich mich auch als Architekt. Natürlich liebe ich auch Gesellschaft. Als Theoretiker versuche ich soziale Strukturen und sozialen Wandel, in der Tradition von Karl Marx, Max Weber und anderer großer Theoretiker, zu verstehen. Als Kritiker habe ich bestimmte Wertvorstellungen, die ich meiner Kritik und Beurteilung sozialer Politik zugrunde lege. Ich bin also in gewisser Weise gleichzeitig Theoretiker und Kritiker. Ich verbrachte einen großen Teil meines Lebens damit, zu lehren, war aber auch für Zeitungen und Magazine als Gesellschaftskritiker tätig.

2. In welcher Gesellschaft leben wir eigentlich?

Ich lebe in der amerikanischen Gesellschaft, andere Menschen leben in anderen nationalen Gesellschaften, einige Menschen in Stammesgesellschaften. Um über Gesellschaft reden zu können, muß man den Ausdruck spezifizieren. Im westlichen Teil der Welt haben wir es mit einer größtenteils kapitalistischen Gesellschaft zu tun. Insofern ist der Hauptteil aller Aktivitäten von einer kapitalistischen Klasse bestimmt und auf kapitalistische Ziele hin ausgerichtet. Das gilt natürlich nicht für kommunistische Gesellschaften. Einer der Fehler des Marxismus war, anzunehmen, daß der Kapitalismus die ganze Gesellschaft durchdringt. Karl Marx schloß daraus, daß die Demokratie lediglich ein Tumor der kapitalistischen Klasse sei.

Wir wissen heute, daß Demokratie ein authentisches und autonomes Faktum ist, in bezug auf das Trachten und die Sehnsüchte der Menschen und in bezug auf die Art zu leben. Wir leben also mehr oder weniger in einer demokratischen, kapitalistischen Gesellschaft. Im ökonomischen Sinne bewegen wir uns von einer herstellenden Ökonomie hin zu einer, wie ich sie nenne, postindustriellen Ökonomie. Das Wort »Gesellschaft« hat so viele verschiedene Kontexte, daß man es in jedem Fall spezifizieren muß.

3. Worin sehen Sie die Stärken und Schwächen dieser Gesellschaft?

Die Stärke der amerikanischen Gesellschaft liegt darin, daß sie in der Lage ist, technologische Innovationen hervorzubringen, daß sie das nötige Kapital hat, um diese Innovationen zu unterstützen und daß sie gewillt ist, Risiken einzugehen. Die US-Gesellschaft ist die einzige Gesellschaft, die revolutionär neue Produkte auf den Markt bringt, man betrachte nur die Entwicklungen im Bereich der Biotechnologie, der Telekommunikation und der Computertechnik. Andere Gesellschaften wie Japan konnten sich dadurch profilieren, daß sie Produkte anderer Gesellschaften verbessert haben. Aber Japan verliert derzeit seine vorteilhafte Stellung. Deutschland tut sich besonders durch die Herstellung industrieller Standardprodukte hervor. Aber nur die USA hat jene starke Innovationskraft.
Die generelle Schwäche von Gesellschaften sind Probleme hervorgerufen durch Rassendiskriminierungen oder schlechte Ausbildungsmöglichkeiten.

4. Welche Rolle spielen Sie in der Gesellschaft?

Meine Rolle ist die eines Lehrers, Theoretikers und Kritikers. Eine gewisse Rolle spiele ich darüber hinaus als Professor an einer bedeutenden Universität. Havard hat einen enormen Einfluß, da nur die besten Studenten aufgenommen werden, Studenten, die später leitende Funktionen in Regierung, Finanzwelt und Industrie einnehmen werden. Weiterhin spielte ich durch meine Mitwirkung in verschiedenen Regierungskommissionen eine gesellschaftliche Rolle. Heute würde ich mich als öffentlichen Intellektuellen bezeichnen, mit gewissen Einschränkungen – ich bin 79 Jahre alt.

5. Welche Gesellschaftsromane haben Sie fasziniert?

In welcher meiner Lebensabschnitte? Ich gebe einige spezielle Beispiele. Mit 13 Jahren wurde ich Sozialist. In dieser Zeit las ich ein Buch, das mich ganz enorm beeindruckte: Ein Buch von Uptone Sinclair mit dem Titel »Der Sumpf«, einem Exposé über die Schlachthöfe von Chicago vor dem 2. Weltkrieg. Was den Roman so außergewöhnlich macht, ist seine Wirkung. Er endet mit der Rede von Eugene Victor Debs, dem Führer der Sozialistischen Partei, der die Ausbeutung der Arbeiter anprangert.

In der Zeit, als ich erwachsen wurde, gab es eine ganze Reihe von Romanen, die ich las, weil sie mir die Welt vor Augen führten. Darunter waren auch einige Bücher deutscher Schriftsteller, deren Namen ich aber vergessen habe. Als ich kürzlich in Berlin war, entdeckte ich Jakob Wassermanns »Christian Wahnschaffe« und »Der Fall Maurizius«.

Ein weiteres faszinierendes Buch ist »Three Cities« von dem jüdischen Autor Shalem Asch, das von der Russischen Revolution handelt. In jüngerer Zeit waren die wichtigsten Romane, die ich gelesen habe, »Brot und Wein« sowie »Fontamara« des italienischen Schriftstellers Ignazio Silone und Arthur Koestlers »Sonnenfinsternis«.

6. Welchem Gesellschaftsspiel gehen Sie gerne nach?

Bei dieser Frage denke ich an das famose Buch »Das Glasperlenspiel« von Hermann Hesse, das thematisiert wie Spiele gespielt werden. Ich habe immer sehr gerne mit meinem Sohn das Spiel »B for Boticelli« gespielt. Einer gibt einen Buchstaben vor, der der Anfangsbuchstabe einer bestimmten Person aus Gesellschaft, Kunst oder Politik ist. Der andere versucht, diese Person zu erraten, indem er Fragen stellt, die nur mit ja und nein beantwortet werden können. Es ist ein Spiel, mit dem man sich während einer längeren Autofahrt gut die Zeit vertreiben kann.

7. In wessen Gesellschaft halten Sie sich bevorzugt auf?

Normalerweise in Gesellschaft von Intellektuellen. Leute, mit denen ich reden kann, ohne sie ständig richtigstellen zu müssen. Unter jüdischen Intellektuellen erzählt man sich häufig Witze. Wenn man jemandem einen Witz erzählt, gibt es drei Ebenen. Zuerst erzählt man, dann erklärt man bis schließlich das Gegenüber den Witz versteht. Wenn man einem jüdischen Intellektuellen einen Witz erzählt, lacht er meist nicht. Erstens weil er den Witz schon kennt und zweitens weil er den Witz besser erzählen kann als man selbst.

8. Welcher Gesellschaftsgruppe fühlen Sie sich zugehörig?

Der Gruppe der Intellektuellen. Ich würde mich nicht als Akademiker bezeichnen, diese haben einen zu spezialisierten und engen Horizont. Die meisten Akademiker sind nicht intellektuell, weil sie kein übergreifendes Interesse entwickeln.
Es gibt einen Dokumentarfilm »Arguing the World«, der Anfang 1998 in den Kinos zu sehen war. Der Film handelt von vier Intellektuellen, die aus den gleichen ärmlichen Verhältnissen in New York stammen, die in den 30er Jahren das »City College of New York« besuchten, einer Schule für jüdische Einwanderer, und die nie aufgehört haben, sich einzumischen und Position zu beziehen, zu Themen wie der Verfolgung von Kommunisten während der McCarthy Ära oder anderen Ereignissen wie die Studentenrevolte, der Vietnam Krieg, der Kalte Krieg oder der Fall der Mauer. Die vier, die in diesem Film über die Veränderungen in der Welt argumentieren, sind Nathan Glazer, Irving Howe, Irving Kristol und ich. Wir gehörten in den 30er Jahren alle marxistischen Organisationen an, bewegten uns aber im Laufe unseres Lebens in sehr unterschiedliche Richtungen.

9. Welche Person(en) von gesellschaftlicher Größe schätzen Sie?

Da gibt es keine einzelne Person in politischer oder öffentlicher Funktion. Eher denke ich an meine Freunde. Einer davon ist der Anthropologe Clifford Geertz, vielleicht der beste Akademiker in den USA, der an der Princeton Universität lehrt. Ein anderer ist Daniel Patrick Moynihan, als Senator von New York im amerikanischen Kongreß. Ein dritter Michael Walzer, ein sehr guter politischer Theoretiker. Er ist Professor für Sozialwissenschaften, ebenfalls in Princeton. Sehr wichtig ist für mich Integrität, also an seine Vorstellungen zu glauben, nicht opportunistisch zu sein, nicht zu versuchen, andere zu übervorteilen und seine Grundsätze auszudrücken.

10. Wie sieht für Sie die ideale Gesellschaft aus?

Es gibt verschiedene Sichtweisen. Eine ideale Gesellschaft bietet die sozialen Grundlagen, die jedem ermöglichen, mit einer gewissen Selbstachtung an der Gesellschaft zu partizipieren. Andererseits muß auch jeder das Recht haben, allein gelassen zu werden.
Vor vielen Jahren sagte ich etwas, das auch heute noch Geltung hat: Ich bin ein Sozialist in ökonomischen Fragen, ein Liberaler im Politischen und ein Konservativer bezüglich der Kultur. Sozialist in Fragen der Ökonomie deshalb, weil ich davon überzeugt bin, daß die Ökonomie verpflichtet ist, jedem einzelnen in der Gesellschaft die Chance zu geben, effektiv zu funktionieren. Ein politisch Liberaler, weil ich an individuelle Leistungen und an Meritokratie glaube. Ich stehe für eine konservative Kultur, weil ich an klassische Werte, an eine gewisse Hochkultur glaube. Ich verabscheue »Schmierkunst«, zum Beispiel die Werke eines Andy Warhol.

11. Wollen Sie die Gesellschaft verändern?

In gewisser Weise ja; wenn Mangel an Fairneß oder Gleichheit festzustellen ist. Aber ich muß noch ein wenig ausholen, weil die Frage nach der Gesellschaft zu abstrakt ist. Wir haben die leidvolle Erfahrung gemacht, daß der Versuch, ideale Gesellschaften, Utopien, zu etablieren, immer mit einem Desaster endete. Menschen, die eine Utopie verwirklichen wollten, vereinigen so viel Macht auf ihre Person, daß sie kaum zu stoppen sind. Statt einer idealen Gesellschaft, schaffen sie die Hölle auf Erden und beseitigen jede Opposition. Utopien sind dennoch nötig, als Standard, um zu beurteilen, was richtig und was falsch ist. Insofern glaube ich an eine ideale Gesellschaft, aber deren Verwirklichung ist ein schwieriger Prozeß.

12. Wie sieht die Gesellschaft von morgen aus?

Gesellschaft ist kein monolithischer Block, kein strukturell verknüpftes Ganzes, darum gibt es auch so etwas wie gesellschaftliche Zukunft nicht. Denn Zukunft meint immer Zukunft von etwas. Eine Prognose ist nur möglich, wenn wir genaue Kenntnisse von dem haben, für das wir eine Vorhersage treffen, wenn sich beispielsweise bestimmte Regelmäßigkeiten wiederholen, wenn wir den zentralen Untersuchungsgegenstand in Zeit und Raum eingrenzen können. In bezug auf Gesellschaft fehlt uns eine präzise Erfassung der Zusammenhänge. Es gibt nur wenig verläßliche Anhaltspunkte, auf deren Grundlage wir die Gesellschaft von morgen beschreiben könnten.

3. Interview

Von der industriellen Produktions- zur postindustriellen Dienstleistungsgesellschaft

In Ihrem Buch »Die nachindustrielle Gesellschaft« wagten Sie 1973 eine Prognose. Was hat sich von dem, was sie vorhergesagt haben, verwirklicht?

Zunächst möchte ich klarstellen, daß ich keine Vorhersage und auch nicht den Versuch einer Prognose unternommen habe. Ich habe versucht, die Vergangenheit zu interpretieren und, als nächsten Schritt, die mögliche Zukunft zu erfassen. Wenn dann der anvisierte Zeitpunkt erreicht ist, ist man als Wissenschaftler gehalten, die Unterschiede zum Vorhergesagten festzustellen. So funktioniert soziale Empirie.

Ich spreche jetzt hauptsächlich vom technologischen und ökonomischen Bereich, nicht vom kulturellen. Die postindustrielle Gesellschaft hat sich in drei Schritten verwirklicht. Am Anfang dieses Jahrhunderts waren 50 Prozent der Menschen in der Landwirtschaft tätig. Jetzt, am Ende des Jahrhunderts, sind es gerade mal fünf Prozent oder weniger. In der Mitte des Jahrhunderts arbeiteten rund 40 Prozent der Arbeitnehmer im herstellenden Gewerbe, heutzutage sind es 15 Prozent. Der letzte Schritt führte von der Industrieproduktion zur Dienstleistung. Es ist eingetroffen, was ich in meinem Buch als möglich beschrieben habe: Um die 40 Prozent der Arbeitskraft ist heute im Dienstleistungsbereich tätig. Damit meine ich vor allem die Dienstleistungen im Gesundheits-, Bildungs- und Erholungswesen, und in Wissenschaft, Forschung und Entwicklung.

Was die Art der Technologie angeht, beobachte ich ebenfalls einen Wandel, die Transformation von mechanischer Technologie hin zur intellektuellen Technologie. Unter mechanischer Technologie verstehe ich Produktionsabläufe, die mit Maschinen zusammenhängen. Intellektuelle Technologie beschreibt den Prozeß der Organisation des Denkens, also des Nachdenkens etwa über das Design von Produkten, Dienstleistungen und so weiter. Mathematik, Linguistik, Programmierung etc. sind Werkzeuge der intellektuellen Technologie. In diesem Zusammenhang sprechen wir auch von der Informationsgesellschaft, nicht weil wir mehr Informationen hätten – manchmal haben wir weniger als früher – sondern weil Informationen eine zentrale Rolle einnehmen und allgemein zugänglich sind. Die Organisation von Aktivitäten bedeutet ökonomische Technologie.

Ein dritter Punkt, der wichtigste in bezug auf die intellektuelle Technologie wie ich meine, ist die Kodifizierung des theoretischen Wissens. Jede Gesellschaft existiert auf der Basis von Wissen, das seinen Ursprung vor etwa 50 bis 75 Tausend Jahren hatte. Die Entwicklungen des menschlichen Gehirns und der Stimmbänder ermöglichte uns die Organisation von Klängen in ein sprachliches System. Sinn zu stiften ist eine essentielle menschliche Aktivität. Die Kodifizierung des theoretischen Wissens jedoch fand erst im 20. Jahrhundert statt. Es gibt einen entscheidenden Unterschied zwischen den großen Erfindungen der Vergangenheit und der Art und Weise wie Innovation heute stattfindet. Die großen Erfindungen haben noch heute Bestand. Stahl, Elektrizität, Telegraphen, Telefon, Automobil und Flugzeug sind allesamt Entwicklungen des 19. Jahrhunderts. Alle gehen auf den Einfallsreichtum ihrer Erfinder zurück, die jedoch den wissenschaftlichen Hintergründen und den ihren Erfindungen zugrunde liegenden Gesetzen völlig gleichgültig gegenüberstanden. Auch Thomas Alba Edison, der eine solche gewaltige Revolutionierung der Technologie wie die der Entwicklung des elektrischen Lichtes auf den Weg brachte, fehlte jede Art von Abstraktionsvermögen. Noch heute, am Ende des 20. Jahrhunderts, setzen wir bei der Weiterentwicklung der Technologie auf das theoretische Wissen aus dem 19. Jahrhundert.

Welche Auswirkung haben die auf der Grundlage der Kodifizierung von theoretischem Wissen entwickelten neuen Technologien auf das soziale Leben? Sie sagen, daß ein großer Prozentsatz der Arbeitnehmer jetzt im Dienstleistungssektor tätig ist.

Falsch. Ich unterscheide Beschäftigung und Sektor. Beschäftigungsverhältnisse sind ein hauptsächlich technischer Ausdruck und Sektor beinhaltet Dienstleistung. Die Veränderungen, die auf das soziale Leben einwirken, sind enorm. Im Mittelpunkt stehen heute Computer, Fernsehen, Telefon.

Lassen Sie mich eine andere Sache herausgreifen, bevor ich mich mehr den Auswirkungen auf das soziale Leben zuwende. Als Resultat der Quanten-Theorie und der Quanten-Analyse ist heute unsere Konzeption von

Rohmaterial anders. Wir sind nicht länger abhängig von Rohmaterial im klassischen Sinne. Vor dem Zweiten Weltkrieg gab es eine Reihe von Kartellen, wie das Zinn- oder das Kupferkartell, die gibt es heute nicht mehr. Heute haben wir nur noch ein einziges Kartell, das Öl-Kartell. Eine Illustration: 1973 stand der Bericht »Die Grenzen des Wachstums« an den »Club of Rome«, da er das Problem der Ressourcen in Folge der Ölkrise thematisierte, im Mittelpunkt der Aufmerksamkeit. Man glaubte damals, daß man die Ressourcen verbraucht hätte. Zuerst gab es einen Mangel an Kupfer. Und wissen Sie, wo heute das größte Kupfervorkommen der Welt ist? Unter New York City. Aber Kupfer kann heute durch Glasfaser ersetzt werden. Die Nutzung von Glasfaser verursacht nur ein Zehntel der Kosten von Kupfer und liefert mehr Energie. Oder, ein anderes Beispiel, die Biogenetik. Die Biogenetik hat einen enormen Einfluß auf die Landwirtschaft. Es gibt derzeit in Europa eine heftige Kontroverse über die Produktion und den Verkauf genetisch veränderter Tier- und Pflanzenprodukte. Das ist töricht und dumm. Die Leute fürchten schädliche Auswirkungen auf das natürlich gewachsene Produkt, obwohl es ein solches natürliches Produkt gar nicht mehr gibt. Die Milch zum Beispiel ist pasteurisiert, regt sich darüber jemand auf? Ich habe eine Hornhautverpflanzung in meinem Auge machen lassen, das funktionierte nur mit dem Wissen der biomedizinischen Technik.

Also: Die Kodierung des theoretischen Wissens wird präziser. Im sozialen Leben wird das den Menschen helfen, wird ihre Nahrungsversorgung sicherstellen, ihnen Beschäftigung geben, ihre Aktivitäten bestimmen und ihnen Möglichkeiten zu kommunizieren geben.

Lange glaubte und hoffte man, daß die Arbeitsplätze, die im Industriesektor verloren gehen, im Dienstleistungsbereich ersetzt werden. Die Massenarbeitslosigkeit deutet jedoch darauf hin, daß dies nicht eingetreten ist. Was kann man gegen die Arbeitslosigkeit tun?

Zunächst einmal hängt der Grad der Beschäftigung nicht von technologischen Veränderungen ab, er ist abhängig von Nachfrage, Beschäftigungspolitik etc. In den USA haben wir 4,5 Prozent Arbeitslose, aber egal in welche Zeitung man schaut, findet man Anzeigen, in denen Leute gesucht werden. Es liegt also nicht daran, daß es keine Arbeit gibt. Es kommt natürlich auf die Art der Arbeit an. Ältere Menschen, die ihre Stelle verloren haben, können sicherlich nur schwer eine gleichwertige

Beschäftigung finden und müssen Halbtagsjobs als Portier, an Hotelrezeptionen etc. annehmen. Probleme entstehen durch Automatisierung von Arbeitsabläufen. Der klassische Einstiegsberuf des Tellerwäschers zum Beispiel ist ausgestorben. Diese Arbeit übernimmt heute eine Maschine.

Auf der anderen Seite schafft neue Technologie auch neue Arbeitsfelder. Vor zwanzig Jahren gab es noch nicht den Beruf des Programmierers, heutzutage haben wir ungefähr 70.000 Programmierer. Die amerikanische Ökonomie ist heute in weiten Bereichen eine Ökonomie der »kleinen Geschäfte«, 50 Prozent der Arbeitskräfte ist in Betrieben mit vier bis 500 Angestellten beschäftigt. Eine Menge hängt von der Beschäftigungspolitik ab und vor allem die Technologie selber hat Jobs geschaffen, sie schafft Unterschiede und reorganisiert Beschäftigung. Jüngere Menschen richten sich genau danach.

An dieser Stelle möchte ich noch eines ansprechen. In meinen Ausführungen habe ich die Frauen bislang vernachlässigt. Als ich »Die nachindustrielle Gesellschaft« schrieb, versuchte ich einen Abschnitt über Frauen einzufügen. Ziemlich schnell wurde mir aber klar, daß die meiste Arbeit in der industriellen Gesellschaft von den Männern geleistet wurde. Nur im kulturellen Wandel spielten Frauen eine Rolle. Das jedoch ist ein eigener komplexer Bereich. In den postindustriellen Gesellschaften verrichten Frauen genauso viel Arbeit wie Männer, insbesondere im Bereich der Dienstleistung. Frauen sind also ein bedeutender Bestandteil der postindustriellen Gesellschaft.

Es gibt eine Menge Menschen in den Vereinigten Staaten, die zwar einen Job haben aber nicht genug für ihren Lebensunterhalt verdienen. Was muß sich ändern, um solche Zustände aufzuheben?

Eines der größten sozialen Probleme dieses Landes während der letzten zwanzig Jahre war die Organisation der Sozialhilfe. Und eines der größten Probleme der Sozialhilfe ist die Auflösung der alten Familienstrukturen, besonders in schwarzen Familien. Im Prinzip ist das ein kulturelles Problem, aber die fehlenden sozialen Auffangnetze haben die Sache verstärkt. Eine Ursache dafür ist die wirklich unsinnige Regelung, daß eine Frau mit Kind keine Sozialhilfe bekommt, solange ihr Mann im Hause ist. Also verläßt der Mann die Frau, damit diese Sozialhilfe beantragen kann. In den Staaten haben wir uns von der Sozialhilfe verabschiedet, an ihre

Stelle tritt der Job – um jeden Preis. In vielen Staaten gibt es mittlerweile Trainingsprogramme, bei denen die Menschen lernen, wie sie an einen Job kommen können. Dabei haben viele Leute einfach nicht die nötigen Fähigkeiten. Folglich geschieht es immer wieder, daß Kinder und Jugendliche schnelles Geld durch Drogenhandel machen wollen, obwohl dies sehr riskant, sogar lebensgefährlich ist. Der Durchschnittslohn heute liegt bei etwa zwölf Dollar die Stunde, der Minimallohn bei sechs. Schnelleres und einfacheres Geld läßt sich durch Diebstahl, Drogenhandel etc. verdienen. Das sind unsere sozialen Probleme. Sie haben zum Teil mit den Diskriminierungen und dem Rassismus der Vergangenheit zu tun.

Amerika ist immer noch, wie in der Generation meiner Eltern, eine Nation von Immigranten. Und die meisten kommen ganz gut zurecht. Die Koreaner zum Beispiel haben sehr starke Familiengemeinschaften. Bei den Mexikanern ist es unterschiedlich, ihre Kultur ist sehr ambivalent. Allgemein läßt sich sagen, daß man im Bereich der kulturellen Probleme viele unterschiedliche Situationen vorfindet. Es gibt also keine allgemeingültige Antwort, der Markt funktioniert und deshalb muß man sich ihm stellen.

In dem Aufsatz »The World and the United States in 2013« schreiben Sie: »Der Nationalstaat ist zu klein geworden für die großen Probleme des Lebens und zu groß für die kleinen Probleme des Lebens.« Wie sieht die Zukunft des Nationalstaates aus?

Das habe ich 1987 geschrieben, dreizehn Jahre vor dem Jahr 2000, deshalb der Titel. Heute lernen die Staaten in Europa allmählich mit den Problemen umzugehen. In einem vereinten Europa mit einer gemeinsamen Währung werden Transaktionen vereinfacht, man kann sich frei von einem Ort zum anderen bewegen. Der Nationalstaat ist also durch einen regionalen Block ersetzt worden. In Nordamerika ist es mit der NAFTA ähnlich. Staaten reagieren auf ökonomische Aktivitäten, globale und regionale. Der Nationalstaat ist ein Phänomen der letzten hundert Jahre, eine Zusammenfassung gewisser Aktivitäten auf politischer Ebene. Heute bewegen wir uns gleichzeitig auf einen lokalen Level zu. In einem gemeinsamen Markt gibt es das übergeordnete Prinzip der Subsidiarität: Was auf einer lokalen Ebene getan werden kann, sollte auch dort getan werden. Viele Aufgaben werden wieder den Bundesstaaten übertragen, da der Nationalstaat als ganzes zu groß, zu homogen ist, um auf die Unterschiedlichkeiten lokaler Bedürfnisse eingehen zu können. Es kommt darauf an, den richtigen Maßstab zu finden. Bestimmte Interessen stellen sich der beschriebenen Entwicklung in den Weg, um ihren Status quo zu bewahren, aber die Veränderungen werden wohl nicht aufzuhalten sein.

Zielgenauigkeit haben sie mit Ihrer Prognose von vor 25 Jahren bewiesen. Das meiste ist eingetreten.

Gesellschaft ist kein Ganzes, ich nenne das »disjunction«, Trennung der Funktionseinheiten. Bevor man eine Zukunftsprognose wagen kann, muß man wissen, von welcher Ebene man spricht. Nimmt man die ökonomische Ebene heraus, hat man – auf der Ebene des zirkulierenden Kapitals – Globalisierung. Aber obwohl heute jeder von Globalisierung spricht, will niemand Immigranten, niemand will die freie Arbeit für jeden. Mit diesem Problem werden wir uns die nächsten zehn Jahre herumschlagen müssen. Mehr und mehr Menschen fordern, dort zu arbeiten, wo sie wollen. Wenn man den freien Kapitalfluß will, muß man in Kauf nehmen, daß auch die Arbeit fluktuiert. Genau dagegen wehren sich jedoch die Nationalstaaten. In Deutschland hat man nach dem Krieg türkische Gastarbeiter geholt, die die Drecksarbeit machen mußten. Jetzt ist die zweite und dritte Generation Türken in Deutschland groß geworden, und die Deutschen wollen sie in die Türkei zurückschicken, was diese aber nicht wollen. Was wird geschehen? Nun, ich denke, man wird sich arrangieren.

Auf der globalisierten ökonomischen Ebene werden wir eine Menge Allianzen erleben. Die Politik wird sich immer häufiger gegen die freien Märkte stellen. Die Rolle der Nationalstaaten wird sein, Schutzeinrichtungen aufzubauen. In vielen Gebieten kontrollieren Nationalstaaten immer noch die Finanzpolitik. Die Frage der Zukunft in Europa ist, ob die Finanzpolitik in den Händen von Großbanken ruhen wird oder national bleibt. Die Briten verwahren sich etwa gegen die Mitgliedschaft in einem vereinten Europa, weil sie die Kontrolle über die Finanzpolitik behalten wollen. Finanzpolitik steht in Verbindung zur Steuerpolitik: Die Geldmengenpolitik stellt die Finanzmittel zur Verfügung. Insofern haben die Staaten bis zu einem gewissen Punkt Kontrolle über die Finanzpolitik, um ihre Märkte zu verteidigen.

Man kann versuchen, solche Probleme durch neue politische Maßstäbe wie den gemeinsamen Europäischen Markt zu überwinden. Aber immer noch muß die Frage offen bleiben, ob man Osteuropa und Rußland in diesen gemeinsamen Markt integrieren kann. All diese Dinge muß man bedenken, wenn man über die Gesellschaft von morgen nachdenkt. Die postindustrielle Gesellschaft ist lediglich ein Segment, ein Komplex von vielen.

Sehen Sie Möglichkeiten, daß sich Menschen jenseits der Kategorien Kultur und Nation definieren können?

In der Tat gab es in Europa vor etwa 30 Jahren eine Bewegung unter Intellektuellen, die sich ihresgleichen mehr zugehörig fühlten als einem Land. Sie sagten: »Ich bin ein Intellektueller und habe mit Intellektuellen aus anderen Ländern mehr gemeinsam als mit meinen Landsleuten.« Dies war eines der wenigen Phänomene, bei dem sich die alten Identitäten auflösten, sicherlich kein internationales Phänomen. Heute haben sich die Intellektuellen ohnehin stark spezialisiert und professionalisiert, sie sind sehr akademisch geworden.

Ich glaube, daß es in der westlichen Welt ein recht großes Potential gibt, transnational zu denken. Wenn man aber die asiatischen Länder betrachtet, wird man einen sehr viel stärkeren Nationalstolz feststellen, eine Grundlage, um das Land zu mobilisieren. Die Menschen aus Malaysia, Singapur oder China sind stark anti-westlich, und sie legen großen Wert auf die eigene kulturelle Identität. In Europa hat man sehr alte Gesellschaften, die Identität ist hier nicht so stark.

Wenn Menschen in kulturellen Kategorien denken, ist allerdings die staatliche Identität in gewisser Weise eingeschränkt. Das sieht man sehr gut am Aufstieg des radikalen Fundamentalismus oder dem Heraufbeschwören eines neuen Nationalstaates namens Süd-Ost-Asien. Der islamische Fundamentalismus ist eine der größten Bewegungen der letzten 25 Jahre. Süd-Ost-Asien entwickelt einen eigenen Nationalstolz, Indiens Gesellschaft ist immer noch zur Hälfte entwickelt und halb rückständig, Afrikas Gesellschaft besteht aus einer Menge verschiedener Volksstämme, die sich gegenseitig töten. Es gibt also viele Kategorien für die großen Begriffe Kultur und Nation.

Glauben Sie, daß wir ein neues Konzept von Nationalstaat haben werden?

Staatsangehörigkeit ist eine Frage des legalen Status, ein Gesetz zur Protektion, aber Staatsangehörigkeit hat nichts mit Menschsein zu tun. Die Japaner zum Beispiel haben ein starkes Gefühl für Stolz, der kulturell begründet ist. Die meisten Menschen leben auf der Grundlage ihrer nationalen Identität. Identität ist wichtig, die Form der Identifizierung hat sich aber verändert. Früher hätte der Mensch nach der Frage, wer er sei, geantwortet: »Der Sohn meines Vaters.« In einer modernen Gesellschaft würde er sagen: »Ich bin ich und verdanke alles mir selbst.« Das ist eine Chance. Vielleicht werden sich die Menschen in Europa bald als europäische Staatsbürger fühlen, obwohl sie untereinander viele unterschiedliche Sprachen sprechen.

Ralf Dahrendorf
Die Bürgergesellschaft

»Der verläßlichste Anker
der Freiheit«

R alf Dahrendorf, geboren 1929, war Professor für Soziologie an den Universitäten von Hamburg, Tübingen und Konstanz, Vorsitzender der Deutschen Gesellschaft für Soziologie, Direktor der »London School of Economics« und Warden des »St. Anthony's College« in Oxford. Neben seiner wissenschaftlichen Arbeit bekleidete er auch verschiedene politische Ämter. So war er Abgeordneter der »Freien Demokratischen Partei« im deutschen Bundestag, Parlamentarischer Staatssekretär beim Bundesminister des Auswärtigen in Bonn und Kommissionsmitglied der Europäischen Gemeinschaft in Brüssel. Da er 1993 in den Adelsstand erhoben wurde, gehört er als Mitglied des »House of Lords« dem englischen Oberhaus an. Darüber hinaus ist er »Non-Executive Director« der »Bank Gesellschaft Berlin« in London.

Ralf Dahrendorf ist ein Grenzgänger, der Wissenschaft und Politik, Theorie und Praxis auf die ihm eigene, charakteristisch liberale Weise verbindet. Als »Seismograph des sozialen Wandels« bemüht er sich, die Interessen sozialer Bewegungen in die Sprache der Entscheidungsträger zu übersetzen und Entscheidungen für die Öffentlichkeit verständlich zu machen, wobei er aber immer darauf bedacht ist, Distanz zu wahren. Dahrendorf ist auch ein Grenzüberschreiter. Als »Brite deutscher Herkunft« wird er nicht müde, die Institutionen der Freiheit zu schützen, in Bewegung zu halten und zu entwickeln. Die Bürgergesellschaft sieht er dann verwirklicht, wenn eine öffentliche Sphäre existiert, in deren Arenen die unterschiedlichsten Interessen vor- und Konflikte ausgetragen werden können.

Ausgewählte Buchveröffentlichungen:

Ralf Dahrendorf: Soziale Klassen und Klassenkonflikt in der industriellen Gesellschaft. Ferdinand Enke Verlag, Stuttgart 1957

Ralf Dahrendorf: Lebenschancen. Anläufe zur sozialen und politischen Theorie. Suhrkamp Verlag, Frankfurt/M. 1979

Ralf Dahrendorf: Betrachtungen über die Revolution in Europa. Deutsche Verlags-Anstalt, Stuttgart 1990

Ralf Dahrendorf: Der moderne soziale Konflikt. Essays zur Politik der Freiheit. Deutsche Verlags-Anstalt, Stuttgart 1992

1. Konzept

»Die Freiheit ruht auf drei Säulen«, schreibt Ralf Dahrendorf in seinem 1992 erschienenen »Essay zur Politik der Freiheit«. Grundlegend für die Garantie der Freiheit sei eine politische Demokratie und freie Marktwirtschaft. Aber erst die dritte Säule, die Bürgergesellschaft, verleihe dem »Gebäude der Freiheit« die nötige Stabilität.

Die Bürgergesellschaft sei die verbindende Kraft, die sich nach Dahrendorf ebenfalls auf drei Elemente gründet. Erstens: Auf die Vielfalt verschiedener nicht-staatlicher Organisationen und Institutionen. Zweitens: Darauf, daß sich die Bürger auf der Grundlage der Freiwilligkeit, der Eigeninitiative und vor allem autonom vom bürokratischen Staatsapparat versammeln. Drittens: Auf die Bereitschaft ihrer Mitglieder, sich aktiv am Gelingen eines sozialen Ganzen zu beteiligen, was einen gewaltfreien, toleranten und solidarischen Umgang erfordert, was Dahrendorf unter der Formel »Bürgersinn« zusammenfaßt.

Eine vitale Bürgergesellschaft kann nicht über Nacht entstehen, sagt Dahrendorf. Es gebe dafür auch keinen Königsweg. Sie ließe sich nicht wie eine demokratische Verfassung entwerfen oder festlegen wie die Regeln der Marktwirtschaft. Vielmehr formiere sie sich aus einem Bedürfnis der Individuen heraus, sich zu artikulieren, sich in Entscheidungsprozesse einzubringen und die Gesellschaft mitzugestalten. Gefahr drohe der Bürgergesellschaft vom Staat, der dazu tendiere, selbstbewußte Bürger und deren Initiativen zu kontrollieren und zu unterdrücken. Die Bürgergesellschaft sei deshalb auch als Gegenentwurf zur staatlich gelenkten Gesellschaft zu verstehen, in der alle gesellschaftlichen Bereiche vom Staat kontrolliert werden.

Soziale Konflikte werden in der Bürgergesellschaft ausgetragen. Im Mittelpunkt stehe die Auseinandersetzung zwischen benachteiligten und privilegierten Gruppen. Es gehe um den Erwerb und den Erhalt von Lebenschancen, in einem fortwährenden Kampf um Anrechte und Angebot. Unter Anrechten versteht Dahrendorf Zugangsmöglichkeiten zu materiellen und immateriellen Gütern. Das Angebot bestehe aus der Vielfalt jener Güter, aus der die zugangsberechtigten Personen wählen können. Ohne Angebot sind Anrechte nutzlos, ohne Anrechte gibt es keinen Zugang zum Angebot. Ziel der Bürgergesellschaft sei es, Lebenschancen zu steigern, »durch die Anhebung der allen gemeinsamen Anrechte und durch die Ausweitung eines vielfältigen Angebots«.

Freiheit und Wohlstand, so Dahrendorf, sind nur durch die Verbindung von Rechtsstaat, Marktwirtschaft und Bürgergesellschaft zu erreichen. Der Rechtsstaat setze unveräußerliche Menschen- und Bürgerrechte durch. Die Marktwirtschaft schaffe die Voraussetzungen für das Anwachsen eines reichhaltigen Angebots. Die Bürgergesellschaft schließlich gebe den Menschen die Möglichkeit, sich frei zu bewegen und zu Interessengruppen zusammenzuschließen.

Die Bürgergesellschaft sei gehalten, der Verlockung zu widerstehen, in den Grenzen eines Nationalstaates zu verharren. Auch wenn dieser einstweilen der verläßlichste Rahmen der Bürgergesellschaft ist, muß er früher oder später überwunden werden, glaubt Dahrendorf. Denn ein Nationalstaat beinhalte immer den Ausschluß anderer und die Bürgerfreiheit habe sich erst dann verwirklicht, wenn es die gleichen Rechte und Teilnahmechancen für alle gibt. Ethnische, kulturelle oder religiöse Unterschiede blieben erhalten und eröffneten neue Spielräume. Die große Zahl divergierender Interessen gewährleiste, daß Interessen und Rechte von Minderheiten nicht gefährdet werden. Die politische Arena stehe verschiedenen, einander widerstreitenden Gruppen zur Verfügung. Die Bürgergesellschaft kenne keine staatliche Totalität. Eines ihrer wesentlichen Merkmale sei vielmehr der Widerstand gegen autoritäre und totalitäre Herrschaft.

Die Bürgergesellschaft, die nach Dahrendorf »den verläßlichsten Anker der Freiheit darstellt«, wird erst vollendet sein, wenn es für alle Menschen gleiche Bürgerrechte gibt. Bürgerrechte seien somit der wichtigste Bestandteil einer freien, offenen Gesellschaft. Weltweit müßten Bedingungen geschaffen werden, die es möglich machen, sich frei zu bewegen und die es verhindern, daß Menschen gezwungen sind, ihre Heimat zu verlassen. Ferner müßten überall Institutionen von Recht und Freiheit entstehen, die für alle Menschen verbindlich sind. Das historische Ziel sei die Errichtung der Weltbürgergesellschaft, eine Gesellschaft und zugleich eine Welt, in der es sich lohnt zu leben.

2. Fragebogen

1. Sehen Sie sich selber als Gesellschaftstheoretiker, Gesellschaftskritiker, Gesellschaftsarchitekt oder lediglich als geselliger Zeitgenosse?

Ich sehe mich im tiefsten Sinne als Sozialwissenschaftler.

2. In welcher Gesellschaft leben wir eigentlich?

Wir leben nach wie vor in der modernen Gesellschaft. Ihr Kernstück ist die Tatsache, daß der einzelne und die von ihm bewußt geschlossenen vertraglichen Beziehungen, im Vordergrund stehen, und nicht Herkunft oder ein ererbter Status.

3. Worin sehen Sie die Stärken und Schwächen dieser Gesellschaft?

Ich bin ein großer Verfechter der modernen Gesellschaft und habe wenig Zeit für diejenigen, die unbedingt postmodern oder postpostmodern sein wollen. Die Grundlagen der modernen Gesellschaft sind zugleich die Grundlagen der Freiheit. Das Hauptproblem, das in unserer Zeit besonders deutlich erkennbar wird, kommt zum Ausdruck in der berühmten Frage: Was hält moderne Gesellschaften zusammen? Das heißt: Worauf gründen sich Institutionen, und worauf gründet sich sozialer Zusammenhalt in modernen Gesellschaften? Diese Frage ist ein Dauerproblem, nicht erst seit heute, sondern im Grunde schon seit der Renaissance, nur daß sie sich heute verschärft stellt.

4. Welche Rolle spielen Sie in der Gesellschaft?

Eine Doppelrolle: Zum einen die eines »engagierten Beobachters«, um den Begriff von Raymond Aron aufzunehmen, also jemand, der sehr gerne beobachtet. Zum anderen bin ich jemand, der auch beteiligt ist an dem, was um ihn herum geschieht. Beide Rollen habe ich entweder abwechselnd – mit Perioden in der politischen Öffentlichkeit und Perioden in der Wissenschaft – oder auch gleichzeitig gespielt.

5. Welche Gesellschaftsromane haben Sie fasziniert?

Gesellschaft ist ein großer Roman. Alle Romane sind Gesellschaftsromane, insofern würde ich den Begriff Gesellschaftsroman nicht ganz akzeptieren. Unter den großen Romanen dieses Jahrhunderts finden sich zweifellos »Der Zauberberg« wie auch »Buddenbrooks« von Thomas Mann, wobei ersterer mich mehr beeinflußt hat. Aber auch »Die Blechtrommel« von Günther Grass gehört dazu, wenn man an die Nachkriegszeit denkt. Dann gibt es in der englischsprachigen Literatur eine ganze Romanwelt, von Graham Greene bis Dorothy Sayers, die in Deutschland sicherlich nicht »literaturfähig« ist, die aber einen tiefen Sinn für Gesellschaft verrät.

6. Welchem Gesellschaftsspiel gehen Sie gerne nach?

Mein Vater war ein großer Gesellschaftsspieler und deshalb habe ich in meiner Kindheit und Jugend oft Karten- und Würfelspiele gespielt. Mit Vorliebe Skat. Aber jetzt spiele ich gar keine Spiele mehr, es sei denn ich gerate in Amerika unter Ökonomen, die alle sehr große Pokerspieler sind. Ich weiß aber nicht, ob man Poker streng genommen ein Gesellschaftsspiel nennen kann, weil es ein doch sehr individuelles Spiel ist. Darum spielen das die Ökonomen auch.

7. In wessen Gesellschaft halten Sie sich bevorzugt auf?

Ich mag die Clubs in London sehr gerne. Ich schätze besonders, außer dem »House of Lords«, das gerne auch als Club bezeichnet wird und es gewissermaßen auch ist, den »Garrick Club«, in dem sich ursprünglich Schauspieler und Juristen trafen. Heute versammeln sich dort auch Journalisten und andere sich zur Schau stellende Figuren. Da halte ich mich sehr gerne auf.

8. Welcher Gesellschaftsgruppe fühlen Sie sich zugehörig?

In den letzten zehn, fünfzehn, zwanzig Jahren in zunehmenden Maße der neuen globalen Klasse, die mühelos über Grenzen hinweg Verbindungen knüpft und eigentlich in einem sehr weiten Raum lebt. Wenn Sie eine sozialstrukturelle Antwort klassischer Art wollen, dann bin ich ein klassischer Intellektueller.

9. Welche Person(en) von gesellschaftlicher Größe schätzen Sie?

Ich habe eine besondere Verehrung für Nelson Mandela, verbinde ihn aber eigentlich nicht mit dem Wort Gesellschaft, sondern mehr mit moralischen Tugenden individueller Art. In meiner Heldengalerie befinden sich ausnahmslos solche Leute und nicht gesellschaftsbezogene Figuren.

10. Wie sieht für Sie die ideale Gesellschaft aus?

Die ideale Gesellschaft gibt es nicht. Eine ideale Gesellschaft ist die, in der man Neues erkunden und daher Fehler machen kann. Eine ideale Gesellschaft ist die nicht-ideale Gesellschaft, die offen ist für Veränderung.

11. Wollen Sie die Gesellschaft verändern?

Ja. Das ist aber so nicht zu beantworten, denn das ist kein abstraktes Thema. Die Frage stellt sich in bestimmten Situationen. Ich habe in den letzten Jahren viel von der Quadratur des Zirkels gesprochen, also davon, daß wir Wettbewerbsfähigkeit, sozialen Zusammenhalt und politische Freiheit brauchen. Das ist die Quadratur des Zirkels; die genannten Ziele lassen sich nicht alle gleichzeitig befriedigend erreichen. Die zur Zeit größte Aufgabe in Großbritannien ist beispielsweise, der stark ausgeprägten Wettbewerbsfähigkeit ein Element des sozialen Zusammenhalts hinzuzufügen.

Ich würde sagen, nicht viel anders als die von heute. Das ist wie beim Wetter. Die sicherste Vorhersage ist immer, daß es morgen genauso sein wird wie heute. Das trifft in 80 Prozent aller Fälle zu, was für eine Prognose schon ganz gut ist. Die Gesellschaft wird auf absehbare Zeit mit dem Dreieck von Zielen, das ich eben angedeutet habe, zu kämpfen haben und verschiedene Gesellschaften werden auf unterschiedliche Weise damit fertig werden. Die Gefahr besteht in einer verstärkten Neigung zu autoritären Lösungen. Seit 1989 sehe ich aber zumindest eine Chance, daß viele Länder der Welt mit dieser Gefahr fertig werden können und die Institutionen der offenen Gesellschaft erhalten.

3. Interview

Über Staatsgesellschaft und Bürgergesellschaft

Ist die moderne Gesellschaft eine Bürgergesellschaft?

»Bürgergesellschaft« ist meine Übersetzung des angelsächsischen Begriffs »civil society«, und ich bin sehr froh, daß er sich eingebürgert hat. Die Rede von einer »Zivilgesellschaft« schien mir immer irreführend, »zivil« ist das Pendant zu »militärisch«. Für mich steht der Bürgergesellschaft die Staatsgesellschaft gegenüber, und es unterscheiden sich die europäischen Gesellschaften insbesondere in dieser Hinsicht fundamental. Es gibt Gesellschaften, in denen die Bürger ihren Raum mühsam dem Staat abringen mußten, weil der Staat immer schon da war – extrem in Frankreich, aber auch in Deutschland – und es gibt andere, in denen der Prozeß umgekehrt verlief, wo der Staat eigentlich nachträglich gekommen ist und nie voll Fuß gefaßt hat, wie in England und Italien. In letzteren Ländern ist die Eigeninitiative der Bürger und die Schaffung von Assoziationen, also Zusammenschlüssen, von Unternehmen, Organisationen, Vereinen und Verbänden, die eigentliche Grundlage des Zusammenhalts, des sozialen, auch sogar des wirtschaftlichen Lebens. Es ist hier für den Staat immer mühsam gewesen, sich zu behaupten.

Amerika ist in gewisser Weise noch extremer. Die amerikanischen Verfassungstheoretiker, die Autoren der »Federalist Papers«, haben den größten Teil ihrer Zeit damit zugebracht, zu begründen, warum es überhaupt eine Bundesregierung geben muß, und es ist ihnen sehr schwergefallen. Für mich ist Bürgergesellschaft zunächst im Gegensatz zur Staatsgesellschaft definiert, als die Gesellschaft, in der die Assoziationen der Menschen wichtiger sind als die Institutionen des Staates. Aus diesem Grunde sind die Institutionen des Staates in der Bürgergesellschaft relativ schlank. Das haben wir heute erreicht.

In der Nachkriegszeit hatte sich der Staat neue Rechte zum Beispiel in der Wirtschafts- und Sozialpolitik angemaßt. Glücklicherweise ist nun eine Periode angebrochen, in der Bürger und Bürgervereinigungen mehr Mitspracherecht besitzen.

**Begünstigen die fortschreitenden Individualisierungs- und Globalisie-
rungsprozesse die Bürgergesellschaft oder wirken sie eher hinderlich?**

Auf den ersten Blick sind sie hinderlich, denn sie führen zu einer weiteren Entfernung der Bürger von wichtigen Entscheidungen. Wenn es überhaupt Institutionen gibt, die aus diesen Prozessen entstehen oder in diese eingebunden sind, dann sind das zentralisierende und öffentliche Institutionen, wie die Welthandelsorganisation oder andere internationale
Organisationen. Sieht man jedoch genauer hin, fällt auf, daß gerade die
Globalisierungsentwicklung auch eine Gegentendenz wachgerufen hat
und zwar eine starke Forderung danach, in begrenzten Räumen durch
Eigenbeteiligung mitzuwirken. Das hat zu einer Regionalisierung und neu-
en Stärkung der Gemeindeverwaltung geführt, die, obwohl sie staatlich
ist, eigentlich eher in den Bereich der Bürgergesellschaft als in den des
Staates gehört. Man erkennt also eine Gegenbewegung mit Assoziationen, die von den Bürgern selber wachgerufen werden. Im Augenblick
befinden wir uns in einer Doppelbewegung, die weg-, aber auch hinführt
zur Bürgergesellschaft. Schwierige Situation.

Trägt die Bürgergesellschaft dazu bei, »Lebenschancen« zu steigern?

Ich verstehe unter Lebenschancen eine Verbindung von Optionen und
Ligaturen. Die Optionen begründen sich zum Teil auf Anrechte, zum Teil
auf Angebote. Das Niveau von Anrechten und Angeboten ist seit 1989
enorm gestiegen und damit die Lebenschancen der Menschen in den
früher kommunistischen Ländern. Ligaturen sind tiefe kulturelle Bindungen, die Menschen in die Lage versetzen, ihren Weg durch die Welt der
Optionen zu finden. Menschliche Bindungen sind ein Problem, aber bürgergesellschaftliche Strukturen stellen wahrscheinlich die wirksamste
Form der Befriedigung des Wunsches nach Zugehörigkeit und Sinnver-
ständnis dar. Ich sehe bürgergesellschaftliche Strukturen entstehen, zum
Beispiel auch in den nachkommunistischen Ländern, wo Stiftungen und
autonome Bildungseinrichtungen geschaffen, Vereine und Verbände gefördert werden.

Aber zeigt sich nicht gerade im Osten Deutschlands, daß der öffentliche Raum noch nicht in vollem Maße genutzt wird?

Deutschland ist eine Staatsgesellschaft, dieses Modell wurde dem Osten übergestülpt. Das konnte nicht gutgehen. Ostdeutschland ist verglichen mit Polen, Ungarn oder Tschechien bürgergesellschaftlich gesehen eine Wüste: Das Resultat einer unglücklichen Entwicklung. Ich will niemanden beschuldigen, das konnte man so deutlich nicht vorhersehen. Diejenigen, die sich autonom entwickeln mußten, sind stärker als diejenigen, die das nicht mußten, und das sind die Ostdeutschen.

Welche Chance haben die osteuropäischen Länder, die, wie Sie in Ihrem Buch »Der moderne soziale Konflikt« sagen, nicht zu denen gehören, die es in den »dreißig glorreichen Jahren nach dem Krieg« geschafft haben, »Bürgerrechte und wirtschaftlichen Wohlstand, Anrechte und Angebot zu einem Niveau von Lebenschancen zu entwickeln«?

Einige haben bessere Voraussetzungen als andere. Polen hat gute Voraussetzungen. Es ist ein bißchen wie Italien, und ich meine, die Geschichte der Gewerkschaft »Solidarnosc« zeigt die Rolle von bürgergesellschaftlichen Strukturen. Ich habe einmal in einem Gespräch mit Papst Johannes Paul II. gesagt, die katholische Kirche in Polen ist doch auch Teil der Bürgergesellschaft, worauf er mir geantwortet hat, daß sie nicht »civil society«, sondern »sacred society« sei. Aber selbst die Kirchengesellschaft in Polen ist natürlich Teil der Bürgergesellschaft, sie ist nicht der Staat und steht oft in einem Spannungsverhältnis zu diesem. Also in Polen funktioniert es. In Rumänien dagegen hat Ceausescu, genau wie er ganze Dörfer dem Erdboden gleichmachte, auch alle sozialen Strukturen eingeebnet. Dort sind die Anfänge sehr schwierig, und es ist noch relativ wenig von einer Bürgergesellschaft zu sehen. Auch Tschechien hat Probleme in der Hinsicht, daß staatliche Traditionen eine bedeutende Rolle spielen. Es gibt also große Unterschiede zwischen den einzelnen Ländern, aber im Ganzen sehe ich doch beträchtliche Fortschritte seit 1989.

**Ist ein Spannungsverhältnis zwischen Bürgergesellschaft und National-
staat sinnvoll?**

Ja. Ich sehe die Bürgergesellschaft zwar im Gegensatz zur Staatsgesellschaft, sie sollte aber kein Feind des Staates sein. Es ist entscheidend,
daß sie verstanden wird als der Raum, in dem Menschen miteinander
leben und 99 Prozent ihrer Zeit verbringen, ohne mit dem Staat in Be-
rührung zu kommen. Das wird in Europa etwas schwierig sein, weil der
Staat allerorten zu finden ist. Wer in Deutschland ein Unternehmen gründen will, kann ein Lied davon singen. Die Bürgergesellschaft ist nicht
dazu da, den Staat zu bekämpfen, sondern den Menschen Raum für ihr
Leben zu geben. Im günstigsten Fall führt das zu einer fruchtbaren Koexi-
stenz von Bürgergesellschaft und Staat. Wenn diese beiden Institutionen
gegeneinander arbeiten, ist wahrscheinlich etwas im Staate faul.

Inwieweit sollte sich der Staat noch einmischen?

Der Staat muß wirtschaftliche Rahmenbedingungen schaffen, was in Polen übrigens gelungen ist. In Tschechien dagegen hat das nicht so ge-
klappt, weil die tschechische Regierung eine lehrbuchökonomische Struktur auf eine vorhandene ältere Struktur gesetzt hat. Natürlich muß der
Staat eine gewisse Autorität haben. Er muß beispielsweise Steuern erheben können, was gar nicht so einfach ist, übrigens auch in Deutschland
nicht. Der Staat sollte aber nicht all jene Initiativen verhindern, die seine
Bürger selber ergreifen, wie etwa unternehmerische Aktivitäten oder die
Gründung von Privatuniversitäten.

**Ist die Bürgergesellschaft auch außerhalb der Grenzen des National-
staates denkbar? Welche Chance räumen Sie der Bürgergesellschaft im
Rahmen der Europäischen Union ein?**

Die Europäische Union begann als gemeinsamer Markt, und sie ist über
dieses Ziel nicht wesentlich hinausgekommen. Sie hat die Aufgaben,
Bürgerrechte zu garantieren und für die Vielfalt des Angebots zu sorgen,
noch nicht erfüllt. Für die Europäische Union, die gerade mit der Schaffung einer Wirtschafts- und Währungsunion beschäftigt ist, gilt im Prin-

zip dasselbe, was ich über die Globalisierung gesagt habe: Sie bewegt sich weg von den Bürgern. Doch glücklicherweise wird dieses Vakuum, das Fehlen einer europäischen Bürgergesellschaft, durch nicht-staatliche Assoziationen gefüllt. Durch Städtepartnerschaften, Sportvereine, Wissenschaftsverbänden, Wirtschaftsgruppen und vielerlei mehr.

Die Leistungen des Sozialstaates werden immer mehr beschnitten. Kann eine Bürgergesellschaft Funktionen übernehmen, die der Nationalstaat nicht mehr und die Europäische Union noch nicht zu leisten in der Lage ist?

Sozialpolitik ist nationalstaatlich. Es gibt keine europäische Sozialpolitik, und es wird sie auch nicht geben. Sozialpolitik bedeutet, daß in großem Umfang Steuermittel umverteilt werden. Zugleich kann man aber zeigen, daß, wie hoch man die Kosten auch ansetzt, selbst wenn man also deutsche Maßstäbe anlegt, viele Probleme nicht in den Griff zu bekommen sind. Der Gesellschaft kann es nur mit einer Verbindung von sozialstaatlichen und bürgergesellschaftlichen Instrumenten gelingen, annehmbare Lebensbedingungen auch für diejenigen zu schaffen, die in Not geraten sind. Es geht also um die Art der Verbindung, nicht um die Abschaffung des Sozialstaates. Wir brauchen eine Reform des Wohlfahrtsstaates, neue Möglichkeiten müssen gefunden werden. Die deutsche Pflegeversicherung zum Beispiel geht mir einen Schritt zu weit. Es gibt kein Steuersystem, das mit der steigenden Zahl von Kranken und Alten zufriedenstellend fertig wird. Nur Gemeinschaften und Familien können das.

Das setzt allerdings ein gesichertes Einkommen voraus. Damit kommen wir zu der Frage, wie sich künftig der Arbeitsmarkt entwickelt. Wie sieht Ihre Prognose aus?

Ich gehe davon aus, daß ungefähr die Hälfte aller Beschäftigten auch in Zukunft ein sogenanntes »Normarbeitsverhältnis« haben wird, nicht mehr aber auch nicht weniger. 50 Prozent ist sehr viel: Das Glas ist halb voll oder halb leer. Die anderen 50 Prozent werden das Leben leben, sich neuen Anforderungen stellen, die sie voll ausfüllen, die teilweise oder überhaupt nicht bezahlt werden. Es wird darüber hinaus eine große Zahl unterschiedlicher Tätigkeiten geben, wobei Selbständigkeit an Bedeutung gewinnt. In England gibt es jetzt schon eine sehr ausgeprägte Vertragskultur. Telefongesellschaften, um ein Beispiel zu nennen, beschäftigen kaum noch eigene Reparaturgruppen. Das erledigen Selbständige, die für einen jeweiligen Auftrag angeheuert werden.

Besteht bei diesen Arbeitsverhältnissen nicht die Gefahr, daß viele Menschen zu Dienstboten der Globalisierungsgewinner werden?

»So what«. Das ist eine deutsche Präokkupation, und darum ist es auch so unbequem in Deutschland zu leben, weil sich jeder gleich als Dienstbote betrachtet, wenn er die einfachen Dinge tut, die getan werden müssen. Die Leute finden nichts dabei, das ganze Wochenende damit zu verbringen, ihr Auto zu wienern und Tätigkeiten im eigenen Bereich zu erledigen. Statt in einer Gesellschaft, in der alles ineinandergreift und auch etwas füreinander getan wird, leben wir in einer »Do-it-yourself-Gesellschaft«.

Wie hoch schätzen Sie die Chancen für die Verwirklichung der Projekte Bürgerarbeit und Bürgergeld ein?

Ich sympathisiere mit beidem, halte aber beides für sehr schwierig. Was jetzt manchmal Bürgerarbeit genannt wird, sehe ich in anderen Kategorien. In England spricht man vom dritten Sektor, dem freiwilligen Sektor wenn man so will. Wobei hier bis zu einem gewissen Grad auch Geld verdient wird. Daß sich Menschen weder im staatlichen noch im wirtschaftlichen Bereich bewegen, daß es einen großen Lebensbereich gibt, in dem man tätig wird, ohne daß es einem vom Staat befohlen worden ist, und ohne daß man damit Geld verdienen muß, scheint mir ein Merkmal von entwickelten modernen Gesellschaften zu sein. Ich glaube, daß dieser Bereich menschlicher Tätigkeiten an Bedeutung gewinnen wird. Er steht allerdings in einem Spannungsverhältnis zum staatlichen und wirtschaftlichen Bereich.
Die Regierung Blair hat das Programm »welfare to work« auf den Weg gebracht. Es geht darum, vor allem junge Leute aus der Abhängigkeit der Sozialhilfe in eine möglichst dauerhafte Tätigkeit zu bringen. Die Regierung beabsichtigte, einem Drittel der Jugendlichen – in Zahlen 250.000

– einen Ausbildungsplatz zu beschaffen, einem Drittel einen Beruf und ein weiteres Drittel bei freiwilligen Organisationen unterzubringen. Das ist beim ersten und dritten Drittel gelungen, genügend offene Stellen fanden sich dagegen nicht. Im freiwilligen Sektor gibt es also noch Bedarf, während es immer schwieriger wird, Jugendlichen ein wirtschaftliches Beschäftigungsverhältnis zu vermitteln.

In Deutschland wird der freiwillige Sektor zum Teil staatlich organisiert; die Alternative zum Wehrdienst, der sogenannte Zivildienst, ist eine merkwürdige Form der Bürgerarbeit. In Großbritannien und in anderen Ländern geschieht das auf freiwilliger Grundlage, und hier breitet sich ein enormes Feld aus.

Was empfehlen Sie in bezug auf Deutschland?

Der Staat sollte sich aus vielen Bereichen heraushalten. Es muß möglich sein, daß sich Menschen auf örtlicher Ebene organisieren. Organisationen wie das Rote Kreuz sind ein verlängerter Arm des Staates geworden, beamtenhaft organisiert und uniformiert.

Halten Sie es für realistisch, daß der Staat ein sogenanntes Bürgergeld zahlen wird?

Das Bürgergeld wirft andere, schwierigere Fragen auf. Ich bin ganz entschieden für die Verwendung eines Steuersystems in beide Richtungen. Das heißt, die Einführung der sogenannten negativen Einkommensteuer, die im Rahmen des Steuersystems diejenigen effektiv begünstigt, deren Einkommen nicht ausreicht. Ich habe in letzter Zeit eine gewisse Sympathie für das Tax-Credit-System entwickelt, das Robert Reich, der Arbeitsminister der USA, ausprobiert hat. In Großbritannien wurde ein solches System auch eingeführt, leider als Familien-Tax-Credit-System. Diese Form der Garantie eines Grundeinkommens durch Verbindung des Steuersystems und nicht durch Zuschüsse, die aus irgendeinem anderen Topf kommen, diese Form eines Schrittes in Richtung auf Bürgergeld, scheint mir realistisch, möglich, und sie findet auch tatsächlich statt. Wenn man das noch mit einem Minimal-Lohn verbindet, ist das ein ganz guter Ansatz.

Wie weit ist der Weg von der nationalstaatlichen Bürgergesellschaft zur Weltbürgergesellschaft, die schon Immanuel Kant vor rund 200 Jahren in seiner Schrift »Zum ewigen Frieden« postuliert hat?

Ich halte das Thema Weltbürgergesellschaft für einen Vorgriff, aber keinen abwegigen Vorgriff. Nehmen wir nur einmal die im Weltmaßstab enorm wichtige Rolle der zahlreichen nationalen wie internationalen »nongovernmental organizations«, Nicht-Regierungs-Organisationen, wie das Rote Kreuz oder die Caritas, Stiftungen und Berufsverbände, also Assoziationen. Ihre Rolle ist wirklich bedeutend. Sie sind nichts anderes als Ansätze einer Weltbürgergesellschaft, die zeigen, daß bereits viele aus ihrem Schneckenhaus herausgekommen sind. Es geht nicht mehr um ein nationales Ziel, sondern darum, Sinn in einer Tätigkeit zu finden. Das ist zumindest zur Zeit eine Ausnahme. Globalisierung und globales Handeln läßt sich nämlich schwer mit einem Ausdruck wie Sinn verbinden, weil es eigentlich nur das eine Ziel gibt, und das heißt Geld verdienen. Das muß ja nicht negativ sein, ich bin kein Kapitalismuskritiker. Sicher ist jedoch, daß der Prozeß des globalen Wirtschaftens und in dem Sinne die unmittelbare Wirkung dessen, was wir Globalisierung nennen, nicht gerade Zugehörigkeit und Sinn fördert. Aber andere Dinge tun das. Das können lokale Gruppierungen sein, aber eben auch solche internationalen Organisationen.

Wie erklären Sie sich das Heraufkommen des Nationalen, die zunehmende Betonung kultureller Eigenheiten und nationaler Selbstbestimmung. Werden diese Bestrebungen der Bürgergesellschaft unwiderruflichen Schaden zufügen?

In der Tat. Ich werde nicht müde zu betonen, daß gemeinsame Bürgerrechte nicht im Widerspruch stehen zu kulturellen Unterschieden, sondern diesen im Gegenteil neue Spielregeln eröffnen. Wir können nicht zurückkehren zur Stammesexistenz, das käme einem Prozeß der Entzivilisierung gleich. Wenn wir den Prozeß der Zivilisation erweitern wollen, dann müssen wir voranschreiten zur Bürgergesellschaft.

Peter Gross
Die Multioptionsgesellschaft

»Alles ist möglich«

Peter Gross, geboren 1941, ist Professor für Soziologie an der Universität St. Gallen (Schweiz), »Hochschule für Wirtschafts-, Rechts- und Sozialwissenschaften« (HSG). Seine Themenschwerpunkte in Stichworten: Modernisierung, Management, Trends und Theorien der Individualisierung. Zu seinen weiteren Aktivitäten zählt die Beratung und Weiterbildung privater und öffentlicher Institutionen.

Nicht Notwendigkeiten, sondern Möglichkeiten gegenüber ist Peter Gross verpflichtet. Aus den Fängen der Gesellschaft freigesetzt, folgt er der von ihm als Grundsatz der Moderne beschriebenen Formel »sich in Selbstbeschreibungen abzustrampeln« und »den selbst entworfenen Möglichkeiten nachzujagen«. In der Entfaltung der Gedanken und über die disziplinären Grenzen der Soziologie hinweg nutzt Gross die Spielräume, die eine Multioptionsgesellschaft bietet. Inspiration gewinnt er durch den Blick auf die schneebedeckten Berge des Säntis oder durch das Läuten der Kirchenglocken der Kleinstadt St. Gallen.

Mit der Beschreibung der Moderne, »in deren Kräftefeld gesellschaftliche Selbstverständlichkeiten zu Optionen umgeschmolzen werden«, unternimmt der Soziologe Gross eine Gratwanderung zwischen Soziologie und Philosophie. Und durch seine vergnüglichen und einfallsreichen Exkurse versüßt er dem Leser die Lektüre. Seine Bücher demonstrieren, was sie beschreiben: »multiple Lebenswelten«. Getreu diesem Credo richtet Gross sein Leben ein, als eine Übung, um aus dem unermeßlichen Katalog von Möglichkeiten eine sinnvolle Lebensgestaltung herauszufinden.

Ausgewählte Buchveröffentlichungen:

Peter Gross: Die Verheißungen der Dienstleistungsgesellschaft.
Westdeutscher Verlag, Opladen 1983

Peter Gross: Die Multioptionsgesellschaft.
Suhrkamp Verlag, Frankfurt/M. 1994

Peter Gross: Ich-Jagd.
Suhrkamp Verlag, Frankfurt/M. 1999

1. Konzept

Eine weitere Option, unsere gesellschaftliche Gegenwart zu verstehen, bietet Peter Gross in seinem 1994 publizierten Buch »Die Multioptionsgesellschaft«. Die grundlegende These des Werkes besagt, daß in der Gesellschaft eine ungebremste Wachstums- und Steigerungsdynamik vorherrscht, die das Leben kontinuierlich bestimmt und unerbittlich vorwärtstreibt. »Immer schneller, immer weiter, immer mehr«, laute die Devise. Die Triebfeder der Gesellschaft sei die Verringerung der Differenz zwischen real existierenden Bedingungen und möglich werdenden Zuständen.

Die fortschreitenden technischen und ökonomischen Entwicklungen haben nach Gross die überkommene Ordnung relativiert und einen ungeahnten Möglichkeitsreichtum beschert. Damit sei der Weg bereitet von einer Multiobligations- zu einer Multioptionsgesellschaft. Der Verlust von Traditionen, Verbindlichkeiten und Gewißheiten, und die Steigerung der Möglichkeiten setze die Menschen in Bewegung. Der stete Fortschrittsglaube treibe »die Entzauberung der Welt« voran und eröffne Operationsräume in immer neuen Lebensbereichen und Seinsebenen. Dem entsprechend habe den fortschrittsbeseelten Menschen, so Gross, eine Dauerunruhe ergriffen, hervorgerufen durch den Wunsch, die »Divergenz von Möglichkeit und Wirklichkeit« möglichst schnell zu überwinden. Der einzelne gerate unter den Druck, mit der Überfülle an Möglichkeiten in der sich zusehends verdichtenden Zeit zurechtzukommen. Die panische Mobilmachung im Zeichen des Fortschritts führe zwar einerseits zur »Entfesselung von Energien«, andererseits aber zu Überforderung, Verzweiflung und Angst, die Möglichkeiten nicht hundertprozentig auszuschöpfen, etwas zu verpassen oder nicht mithalten zu können. Um die Träume vom »Jenseits im Diesseits« zu verwirklichen, herrsche nicht Selektions-, sondern Realisierungs- und Zeitdruck. Was möglich sei, muß möglich werden. Der ethische Imperativ der Multioptionsgesellschaft laute folglich: »Handle stets so, daß weitere Möglichkeiten entstehen.«

»Das Dreipunkteprogramm der Moderne«, so schreibt Peter Gross, beinhalte »die Steigerung der Handlungsmöglichkeiten, die Steigerung der Teilhabe an den Handlungsmöglichkeiten und die Garantie minimaler Teilhabe an den eröffneten Handlungsmöglichkeiten«. Daraus resultiere die Vorstellung, daß autonomes, freies Leben nur möglich ist mit Optionen und ohne Zumutungen. Nach dem Ende der ideologischen Zweiteilung der Welt folgen die Menschen, so Gross, einem »globalen Marschbefehl«. Die Verheißungen der Multioptionsgesellschaft würden in die hintersten Winkel der Welt getragen. Die Zukunft der »offenen Gesellschaft« liege in ihrer kulturellen Dynamik, die heute global ausgreife.

Peter Gross belegt seine These mit einem Panorama an Beispielen und Verweisen. So nennt er die breite Palette an Verbrauchsprodukten, das reiche Sortiment an Lebensmitteln, die große Auswahl an Büchern, an Gerichten, an Wohnungsinseraten und Heiratsannoncen, an Fernsehkanälen, an Reiseangeboten, an Partnerschaften und Bekanntschaften, an religiösen Weltanschauungen und ideologischen Optionen. Die Beispiele ließen sich beliebig fortsetzen.

Alle Koordinaten des Lebens seien dem Steigerungsimperativ unterworfen, was sich auf Lebenszeit, Lebensstil und Lebenskonstellation auswirke. So sei die Begrenzung der Lebenszeit auf eine »Episode zwischen Leben und Tod« eine mögliche Ursache des Tempos, mit dem der einzelne durch das Leben hastet. Deshalb sei die Multioptionsgesellschaft auch etwas im wesentlichen potentielles. Entscheidend sei die Vorstellung, daß sie virtuell, wenn auch nicht faktisch, überall gleichermaßen Gegenwart sei. Der Lebensstil sei dementsprechend vielfältig wie die Phantasie, Kreativität und Eigenleistung der Menschen. Resultat sei eine Patchwork-Existenz, eine nach Belieben veränderbare und gestaltbare Biographie. Vieles, was gestern noch unmöglich gewesen sei, würde von heute auf morgen möglich gemacht.

In der Rücksichtslosigkeit, gegen die Natur oder kulturelle Werte zu verstoßen, liege die Gefahr der Multioptionsgesellschaft. Nach Gross ist die dauerhafte Verringerung der Kluft zwischen Wirklichkeit und Möglichkeit, zwischen Existenz und Essenz, für die allmähliche Zerstörung der Lebensgrundlagen verantwortlich. Die Überproduktion an Optionen schließe auch die Möglichkeit der Selbstzerstörung der Gesellschaft ein. Das Ausmaß der Schäden, die Menschen, Kulturen und die Natur erlitten hätten, zeige, daß die vielfältigen Möglichkeiten keineswegs nur erfreuliche Auswirkungen haben.

Einen möglichen Ausweg, aus der Steigerungsspirale auszubrechen, sieht Peter Gross in der Formel der »Differenzakzeptanz«. Damit meint er eine Dämpfung der kulturellen Dynamik als unerläßliche Voraussetzung für die Existenzsicherung der menschlichen Gesellschaft. Man sei gezwungen, von der Vorstellung abzurücken, »alles müsse neu, anders, besser hergestellt oder vervollkommnet werden«. Denn in der Möglichkeitsgesellschaft sei gerade auch der Verzicht eine zwingend nötige Option.

2. Fragebogen

1. Sehen Sie sich selber als Gesellschaftstheoretiker, Gesellschaftskritiker, Gesellschaftsarchitekt oder lediglich als geselliger Zeitgenosse?

Wie die meisten Zeitgenossen muß ich, mit unterschiedlichem Erfolg, in alle genannten Rollen schlüpfen. Wir alle sind nicht mehr nur Bürger zweier Welten, einer Wirklichkeits- und einer Möglichkeitswelt, sondern Viel-Weltenbürger, Teilhaber und Teilnehmer an multiplen Wirklichkeiten, realen und virtuellen. Wir tragen, wie Christoph Schlingensief sagt, einen Staat im Kopf, ohne Territorium, aber mit allerhand Bürgern.

2. In welcher Gesellschaft leben wir eigentlich?

Die Frage nach der »eigentlichen« Gesellschaft, also einer Gesellschaft, die unter der Oberfläche schwelt, kann ich schwerlich beantworten. Ich habe meiner Gesellschaftsbeschreibung den Titel »Multioptionsgesellschaft« gegeben und glaube, einen zentralen Aspekt der Moderne getroffen zu haben. Nämlich eine Gesellschaft, die in kolossaler Art und Weise in allen Lebensbereichen Möglichkeiten generiert: Von den Reisedestinationen über Fernsehprogramme bis zu Partnerschaften. Die Multioptionsgesellschaft ist natürlich nicht überall in gleichem Maße verwirklicht. Sie ist potentiell, virtuell oder spirituell, aber global. Alle leben in einer Multioptionsgesellschaft. Diese erwacht dann, wenn die Realität auch anders vorstellbar ist. Wir strampeln uns nicht mehr, einem Wort von Sören Kierkegaard zufolge, in Notwendigkeiten ab, sondern in Möglichkeiten, die wie Warenhauskataloge vor und von uns aufgeblättert werden. Das ist der Beginn der Moderne.

3. Worin sehen Sie die Stärken und Schwächen dieser Gesellschaft?

Die positive Seite unserer Gesellschaft sehe ich in der durch Emanzipation und Optionierung entstandenen Freiheit. Wir haben überkommene Vorgaben und Gewißheiten in massenhafte Aufgaben transformiert. Aber jede Gesellschaft hat eine doppelte Buchführung zu machen. Kehrseiten sind Orientierungslosigkeit, Unsicherheit und Ungewißheit. Die Angst vor Entscheidung und falsch zu handeln. Die nicht mehr einfach in Beichtstühlen abtragbare Schuld. Und insbesondere: das Risiko, in Lagen zu geraten, in denen man nicht mehr wählen kann oder fatalerweise selber nicht mehr gewählt wird.

4. Welche Rolle spielen Sie in der Gesellschaft?

Das wissen meine Mitmenschen besser als ich. Ich habe keine Wahl, als unterschiedliche Rollen (was schließlich zum modernen Selbstkonzept gehört) zu akzeptieren. Als Mitglied einer wissenschaftlichen Gemeinschaft, als Lehrer an einer Universität, als Gatte, Familienvater, Konsument, Sammler und »Kopfjäger«. Interessanter wäre die Frage, welche Rolle ich gerne spielen würde.

5. Welche Gesellschaftsromane haben Sie fasziniert?

Die liebste Romanfigur meiner Studienzeit war »Ulrich«, der Möglichkeitsmensch aus Robert Musils Jahrhundertroman »Der Mann ohne Eigenschaften«. Die Prosa von Robert Walser und Thomas Bernhard, wie auch diejenige Jelineks ziehen mich immer wieder in ihren Bann, noch besser, absorbieren mich und saugen mich auf. Später kamen dann die emphatischen Ich-Jäger hinzu, wie Emil Cioran, Fernando Pessoa, Tasushi Inoue, auch Bettina Galvagni oder Marlene Streeruwitz. Neuerdings der Kammer- und Tonjäger Roberto Cotroneo und das Gesamtkunstwerk Christoph Schlingensief.

6. Welchem Gesellschaftsspiel gehen Sie gerne nach?

Würde man das Leben als eine Art Gesellschaftsspiel auffassen, wäre es leichter zu ertragen. Aber seit Gott tot ist, müssen wir unsere Geschichte selber schreiben und spielen. Dieses Spiel ist ein Muß. Am liebsten spiele ich Spiele ohne Gewinner und Verlierer. Feste, auf denen sich alle irgendwie »außerhalb« des panischen »Vorwärts Marsch« unserer Gesellschaft bewegen. Spiele, die sich einfach abspielen. Wo der Mensch das ist, was er als Differenzwesen, als Deserteur des Seins nicht mehr ist, aber gern sein möchte: ungezwungen.

7. In wessen Gesellschaft halten Sie sich bevorzugt auf?

Vielleicht müßte man zuerst fragen, welche Gesellen und Gesellschaften einen am stärksten zugerichtet haben. Bei und in ihnen halte ich mich eher ungern auf. Wahrscheinlich bin ich am liebsten in Gemeinschaften, die mich nicht geprägt haben, in denen ein freier Aufenthalt ohne Druck, Zumutungen und Ängste möglich ist. Also unter Fremden, die in ähnlicher Weise unterwegs sind, als Globetrotter, Nomaden, Suchende. Unter Fremden stellt sich eine eigentümliche Verbundenheit ein, deren Gemeinsamkeit ihre Fremdheit ist. Aber vielleicht ist die Fremdheit heute invers zur überkommenen Fremdheit. Sind nicht jene, die nicht wandern, sondern immer geblieben sind wo sie sind, die Einheimischen von früher, die Fremden von heute? Die buchstäblich Weltfremden?

8. Welcher Gesellschaftsgruppe fühlen Sie sich zugehörig?

Gefühlsmäßig nahe sind mir die Schaffner, oder wie man in der Schweiz sagt, die Kondukteure. Ich fühle mich ihnen verwandt. Ich bewundere sie. Wie sie höflich und kompetent unsere Fahrkarten knipsen und die Stationen ansagen. Die Züge fahren heute so schnell, daß man die Stationstafeln nicht mehr lesen kann. Manchmal hat man das befremdliche Gefühl, da sei auch keine Bremse. Auch wir als Gesellschaftswissenschaftler müssen uns anstrengen, den Weg, den die Gesellschaft derzeit nimmt, anzusagen. Die kulturelle Dynamik läuft mit großer Geschwindigkeit ab: Enttraditionalisierung, Optionierung, Individualisierung. Man glaubt, in die Zukunft hinein zu explodieren. Dennoch, die Signen der Modernisierung sind seit einem halben Jahrhundert dieselben. Und die Resultate auch.

9. Welche Person(en) von gesellschaftlicher Größe schätzen Sie?

Am meisten haben mich seit meiner Kindheit Menschen fasziniert, die den Willen aufbringen, etwas zu suchen, ohne sicheres Ziel, ohne verläßliche Instrumente. Und ohne dabei an Ruhm und Ehre zu denken. Entdecker wie Vasco da Gama, Abenteurer wie Henry Stanley, Forscher wie Robert Falcon Scott und Roald Amundsen, Dichter wie Robert Walser oder Fernando Pessoa. Walsers letzte Station war die psychiatrische Anstalt in Herisau, nicht weit von St. Gallen. Über zwanzig Jahre hat er dort geschwiegen. Und mit seinem Tod ein letztes, berührendes Bild in den Schnee gemalt. Pessoa hat vierundzwanzigtausend Manuskripte für die Truhe geschrieben, weil er nicht schlafen konnte. Und ich glaube, daß es in unserer Gesellschaft mehr solche Persönlichkeiten gibt als je zuvor.

10. Wie sieht für Sie die ideale Gesellschaft aus?

Fast bin ich versucht zu sagen, sie sieht nach nichts aus. Keine gleißende Fläche – irgendwo in der Zukunft –, keine Utopie, kein Schlaraffenland, in dem einem die gebratenen Tauben in den Mund fliegen, kein Paradies, keine flauschigen Wolkenlandschaften. Die ideale Gesellschaft oder das ideale Sein ist erreicht, wenn man das Menschengemäße akzeptiert. Keine übermenschliche, sondern eine menschliche Angelegenheit. Ein Sein, in dem der Mensch weiterhin ein ruheloses Schwebewesen ist, oszillierend zwischen einem Hier und einem Dort. Ausgespannt zwischen Realität und Phantasie, und darum im Wechsel leidend und sich freuend.

11. Wollen Sie die Gesellschaft verändern?

Es wäre borniert zu sagen, sie solle so bleiben wie sie ist. Daß die Gesellschaft das ist, was wir aus ihr machen, steht ebensowenig in Frage wie die Tatsache, daß der Mensch das ist, was er aus sich macht. Er muß allerdings lernen, daß er nicht alles aus sich machen kann und daß andere Menschen, die nichts aus sich machen, seine Hilfe brauchen. Jedenfalls sind Selbsterkenntnis und Selbstveränderung die zeitgemäßen Mittel der Gesellschafts- und Weltveränderung. Die Übel dieser Welt werden zu häufig der Gesellschaft angelastet. Dementsprechend stehen Weltthemen, Weltmaßstäbe, Welterfolge und Welthilflosigkeiten im Vordergrund der meisten sozialwissenschaftlichen Untersuchungen. Eine prinzipielle Vorgehensweise, wie die Gesellschaft verändert werden kann, gibt es freilich nicht. Wir können allenfalls Sichtweisen, Paradigmen und Schieflagen korrigieren. Wenn alle auf der einen Seite eines Bootes Platz nehmen, kentert es. In diesem Sinne heißt Veränderung der Gesellschaft Selbstbewegung, Selbstveränderung. Man muß über sich nachdenken, sich achten, akzeptieren, besänftigen und korrigieren.

12. Wie sieht die Gesellschaft von morgen aus?

Nichts ist, um Niklas Luhmann zu paraphrasieren, so gewiß wie die Ungewißheit der Zukunft. Es ist, da es mehr autonome Akteure als je zuvor gibt, auch schwerer, die Gesellschaft von morgen vorauszusagen. Je individualisierter eine Gesellschaft ist, je mehr der einzelne selber entscheiden kann, desto unsicherer wird sie. Sogar ich werde mir in einer erstaunlichen Weise unberechenbar. So weiß ich noch nicht einmal, was ich heute Mittag esse und am Nachmittag, wenn ich mich an meinen Arbeitsplatz begebe, anziehe. Offene, freiheitliche Gesellschaften sind Operationsräume der Autonomie und werden dadurch ungewisser. Das zumindest ist gewiß. Also heißt die Frage für mich nicht, wie die Gesellschaft von morgen aussieht, sondern wie man sich für eine ungewisse Zukunft zeitgemäß wappnen und rüsten kann.

3. Interview

Von der Multiobligations- zur Multioptionsgesellschaft

Breitet sich die Multioptionsgesellschaft weiterhin über alle Zonen und Grenzen aus, oder muß der Steigerungsimperativ über kurz oder lang zurückgenommen werden?

Ich versuche, in meinem Buch thematisch jene Modernisierungsprozesse dynamisch zu verknüpfen, die von meinen Kollegen in der Regel separiert behandelt werden. Die überall erlebbare Kontingenzerhöhung mit ihrer Öffnung von Operationsräumen und ihrer Steigerung von Optionen geht Hand in Hand mit dem abnehmenden Druck überkommener Gewißheiten, mit Emanzipation von Zumutungen aller Art. Diese beiden Prozesse sind gewissermaßen siamesische Zwillinge. Gewißheiten werden im Säurebad der Moderne, in Aufklärung und Reflexion aufgestöbert und aufgelöst, aus Notwendigkeiten und Vorgaben werden Möglichkeiten und Aufgaben. Die Individualisierung ihrerseits ist eine Konsequenz der genannten beiden Prozesse. Das Individuum wird gleichsam ausgefällt, stürzt ins Freie und feiert nun sein Unabhängigkeitsjahrhundert. Diese drei Prozesse konstituieren die Moderne. Auch die zweite, dritte oder vierte, auf die wir warten. Die Vorstellung einer offenen Gesellschaft mit selbstbewußten, autonomen Individuen ist von weiterhin durchschlagender Wucht. Angesichts der Globalisierung bin ich sogar versucht, von einer restaurativen Moderne zu reden. Alles läuft verschärft ab. Die ganze Welt tritt an zum Zapfenstreich. Während allerhöchstens ein kleiner Teil der Professorenkaste jene reflexive Sphäre bewohnt, von der in einer aktuellen Buchreihe suggestiv die Rede ist.

Der kürzlich verstorbene Soziologe Niklas Luhmann konstatierte in seinem Buch »Beobachtungen der Moderne«: »Wir können nur sicher sein, daß wir nicht sicher sein können, ob irgendetwas von dem, was wir als vergangen erinnern, in der Zukunft so bleiben wird wie es war«. Ist diese Unsicherheit auch eine Folge der Multioptionsgesellschaft?

Die Multioptionsgesellschaft ist eine Folge der Tatsache, daß immer mehr Menschen in immer mehr Bereichen sich gestatten oder getrauen, autonom, d.h. ohne Rücksicht auf Zumutungen welcher Art auch immer, zu entscheiden und zu handeln. Die Kontingenz, man könnte auch sagen »Volatilität« der Gesellschaft, nimmt in dem Ausmaße zu, wie die Menschen sich emanzipieren. Das zentrale und eigentümliche Paradox der Moderne, daß wir einerseits immer machen können, was wir wollen, und andererseits die Ungewißheit der Zukunft zunimmt, läßt sich so deuten. Noch einmal: Die Ungewißheit der Zukunft ist ein Resultat der Individualisierung der Menschen, das heißt, des abnehmenden Selektionsdruckes von Traditionen einerseits, der Kontingenzerhöhung oder der Zunahme von Optionen andererseits.

Sie sagen, mit der zunehmenden globalen Vernetzung wachsen die Optionen. Für wen?

Eine gute Frage, die mir immer wieder gestellt wird. Die Optionen wachsen für alle, wenn auch zunächst für viele nur auf dem Papier und seinen modernen Ablegern: Radio, Fernsehen, Internet. Wir waten in Optionenfluten. Wer der Möglichkeiten auf dem Papier ansichtig geworden ist, begreift schnell, daß noch andere Dinge möglich sind. Das ist der Beginn der Moderne. Die Veränderung des Blicks ist entscheidend. Dieser Bewußtseinswandel wird in den Ländern der »Dritten Welt« nicht selten auch rechtlich erzwungen. Wenn zu lesen ist »In Nigeria Recht auf freie Kleiderwahl«, oder »Pakistanisches Gericht ermöglicht Heirat gegen den Willen des Vaters«, so wird einem schlagartig klar, daß die sogenannte Globalisierung zuallererst ein kulturelles Projekt ist. Nun kann die Kappen- und Kostümindustrie in Nigeria Fuß fassen. Wird die Multioptionsgesellschaft in diesem Sinne als potentiell oder als spirituell aufgefaßt, leben wohl ausnahmslos alle in ihr. So ist meine häufig kritisierte Aussage zu verstehen, es gäbe so etwas wie ein garantiertes Grundeinkommen von Optionen für jedermann. Die Realisierungschancen sind freilich sehr ungleich verteilt.

Ist es faktisch also doch so, daß die Möglichkeiten nur von einer Minderheit wahrgenommen werden können?

Max Webers »Wissenschaft als Beruf« enthält eine Passage, in der er sinngemäß sagt, daß die zunehmende Rationalisierung der Welt nicht eine zunehmende Kenntnis der Lebensbedingungen bedeute, sondern das Wissen davon oder den Glauben daran, daß man, wenn man nur wolle, es jederzeit tun könnte. Genau so steht es mit der Multioptionsgesellschaft. Wichtig ist das Bewußtsein, daß die Optionen prinzipiell gegeben sind, daß man könnte. Auch wir Bewohner von luxurierenden Multioptionsgesellschaften haben nur ein Leben, der Tag ist für alle 24 Stunden kurz oder lang, der Magen hat bei allen in etwa das gleiche Fassungsvermögen. Wie häufig baden auch wir in Optionen und bleiben dann trotzdem zu Hause.

Die Arbeitswelt hat sich unübersehbar verändert. Deregulierung und Flexibilisierung der Arbeitsverhältnisse, wie es auch der Soziologe Richard Sennett in seinem Buch »Der flexible Mensch« ausführlich beschreibt, sind die Schlüsselbegriffe dieser Veränderungen. Wie sieht im Zuge der Neustrukturierung von Unternehmen die Neudefinition von Arbeit aus?

Die Arbeitswelt spiegelt die Verflüssigung der Gesellschaft. Deren Deregulierung bedeutet, Abschied zu nehmen von der Vorstellung der monogamen Arbeit, der Vorstellung also, man lerne einen Beruf fürs Leben und erhalte lebenslänglich eine Vollzeitstelle in einem Unternehmen. Während sich die Unternehmen durch ein klug diversifiziertes Portfolio von revidierbaren Geschäftsfeldern gegen ungewisse Zukünfte wappnen, fehlt eine komplementäre Neudefinition von Arbeit und Beruf. Die überkommene Vorstellung monogamer Arbeit hat sich auf eine hartnäckige Weise gehalten. Trotz fundamentaler Veränderungen auf der Unternehmens- und Organisationsebene hat eine entsprechende Redefinition von Arbeit, zum Nachteil des Arbeitnehmers, bislang nicht stattgefunden, was u.a. auf eine fehlende arbeitsrechtliche Absicherung zurückzuführen ist. Befristete Arbeitsverhältnisse, Arbeit auf Abruf, Hilfs- und Gelegenheitsarbeit, zeit- und ortsungebundene Arbeit sowie neuartige selbständige oder quasi-selbständige Beschäftigungsformen werden eher als Risiken denn als Chancen eingestuft. Eine Chance auf Erfolg hat in Zukunft dagegen, wie ich meine, nur ein Arbeitsunternehmer, der die alten Vorstellungen von Arbeit über Bord wirft und sich auf neue Bahnen begibt, indem er ein klug diversifiziertes Portfolio von Erwerbstätigkeiten akkumuliert und für unterschiedliche Organisationen und Institutionen, die sich ebenfalls verflüssigen, als freier Mitarbeiter oder teilzeitlich tätig ist. Im Zentrum der künftigen Erwerbsmöglichkeiten steht also ein als Arbeitsunternehmer tätiger »Portfolioworker«, der multiple Kompetenzen in unterschiedlicher Art und Weise und in verschiedenen Bereichen des Arbeitsmarktes einzubringen versteht.

Ermöglicht »Portfolio-Work« und zwischenbetriebliche Job Rotation sinnerfülltes Arbeiten und berufliche Identität?

Um in der Arbeitswelt von heute zu bestehen, ist in der Tat jene Biegsamkeit und Flexibilität vonnöten, die Sennett, weil er etwas altmodisch an der alleinigen Sinnfindung in Beruf und Arbeit festhält, beklagt. Leben und Arbeit sind in einer neuartigen Weise zu verzahnen. Und der Sinn des Lebens findet sich nun einmal nicht mehr nur in der Arbeit und im Beruf. Es gilt, Sinnfindung in allen Welten, in denen wir leben, zu erzeugen und zusammenzufügen. Wir sind Bürger vieler Welten. Die Realität der Arbeitswelt tritt heutzutage, weil in Schwierigkeiten, zu laut auf.

Was passiert mit jenen, die diese Flexibilität nicht aufbringen?

Jene, die in einer Multioptionsgesellschaft nicht gewählt werden, weder mit ihrer Arbeitskraft noch mit ihren sonstigen Gaben, also die Vertragsunfähigen und, da bin ich mir nicht sicher, auch die Vertragsunwilligen, müssen versichert und abgesichert werden. Wer sich einbringen will und dennoch nicht gewählt wird, hat ein Menschenrecht darauf, unterstützt zu werden. Und vielleicht der Verweigerer und Deserteur des zeitgemäßen Seins auch! An dieser Stelle setzt die Frage ein, welche zivilen oder staatlichen Gerüste dies leisten können. Lösungen sehe ich in neuartigen finanziellen Grundsicherungen und ebenso innovativen, personalen Hilfesystemen, die die überkommenen familiären Hilfe- und Loyalitätsgefäße, die ja auch zerbröseln, kompensieren. Ein neuer New Deal von Politik und Wirtschaft, um diesen Herausforderungen zu begegnen, käme uns sehr zustatten.

Wie könnte ein solcher neuer »New Deal« oder Gesellschaftsvertrag aussehen?

Gerade eine Gesellschaft, in der – das Fortschrittsparadox – nichts so gewiß ist, wie die Ungewißheit der Zukunft, muß nicht nur die Arbeit neu erfinden und bewerten. Auch zivile Gerüste sind erforderlich. Denn wer auswählen kann, muß, wie schon erwähnt, damit rechnen, nicht gewählt und an den Rand der Gesellschaft und der Gemeinschaft gekarrt zu werden. Gefordert ist auch die Politik und zwar in bezug auf die Fertigung eines Fundaments und die Erfindung eines Firmaments für Arbeitsverhältnisse. Als Firmament: Eine Intercorporate Identity! Firmenpools, die zusammen sichere Arbeitsplätze gewährleisten können. Mit flexiblen Arbeitsunternehmern, die in einer Art zwischenbetrieblichem Job-Sharing den sozialen Kitt bilden, den eine Intercorporate Identity wie eine Burg Mörtel braucht. Und: Ein neuer Deal zwischen Wirtschaft und Politik! Mit Stillhalteabkommen und Anerkennung der Multiperspektivität. Konsens im Dissens. Und als Fundament: Monetäre und zwischenmenschliche Existenzsicherung! Soziale und kulturelle Innovationen, die die fundamentalen Veränderungen, an deren Anfang wir erst stehen, begleiten. Personale Vernetzungen und neue Clansysteme, eine Art virtuelle Potentiale im Zivilen.

Welche Chance sehen Sie für die von Ulrich Beck vorgeschlagene Bürgerarbeit?

Die angeblich neue Idee von Ulrich Beck läßt sich seit fast einem Jahrhundert in einschlägigen Schriften nachlesen. Schon nach dem ersten Weltkrieg wurde eine Diskussion über freiwillige und obligatorische Sozial- und Arbeitsdienste, was heute euphorisch Bürgerarbeit genannt wird, geführt. Die Literatur dazu in den siebziger und achtziger Jahren ist endlos und ihre Propagandisten (etwa Joseph Huber) sind in der universitären Versenkung verschwunden. Daß sich jene, deren Arbeitszeit verkürzt wird, oder jene, die keine Arbeit haben, in derartigen Systemen organisieren lassen, halte ich, jedenfalls was die erste Gruppe betrifft, für äußerst zweifelhaft. Aller Erfahrung nach wird in neuen Freizeiten versucht, neue Erwerbstätigkeiten oder Vorbereitungen auf solche zu akkumulieren. Es erscheint ziemlich blauäugig, darauf zu hoffen, daß neue Freizeiten für caritative oder ökologische Aufgaben genutzt werden, und es ist ziemlich sinnlos, darauf zu bauen, daß die freigesetzten Männer mit ihren Kindern und Frauen neue Arten von Gemeinschaftsspielen pflegen oder caritativ im Schoße von Kirchen tätig werden. Beobachtung müßte ehrlicherweise immer auch Selbstbeobachtung sein. Insofern wäre es nützlich, einmal eine empirische Untersuchung darüber anzustellen, wer sich von jenen, die andauernd diese kompensatorische Semantik pflegen, selber überhaupt entsprechend engagiert! Die Subpolitik muß radikalisiert und in der Tat – hier folge ich Ulrich Beck – wie die Politik neu erfunden werden. Eine Neuerfindung hat in Rechnung zu stellen, daß die wohlfahrtsstaatlichen Leistungssysteme zu einem außer für Spezialisten undurchdringlichen Dschungel von Pflichten, Anwartschaften und Kassen geworden sind. Es gilt, personale Gefäße zu erfinden und zu installieren, die nicht nur, wie das die Bürgerarbeit vorsieht, zwischen Privatheit und Öffentlichkeit neue intermediäre Systeme einziehen, sondern in denen Geistes- und Herzensverwandte – zum Beispiel alle, die in diesem Buch hier Gesellschaften generieren – virtuelle Netzwerke bilden, in denen sie sich lebenslängliche Treue und Hilfe schwören. In der globalen Wirtschaft etabliert sich das Phänomen globaler »Tribes«. Und wie zum Trost einer sich auflösenden und zersplitternden Gesellschaft, in der das Individuum triumphiert, ist derzeit überall und keineswegs nur in der Wirtschaft von Fusionen die Rede. Nachdem unterdessen auch Parteien, Kirchen und Gewerkschaften fusionieren, läßt sich absehen, daß das Verschmelzungs- und Vereinigungsprogramm hinlänglich Attraktivität besitzt, um auch die kleinen Lebenswelten zu infizieren. Die Menschen sollten sich in Ruhe überlegen, für wen man, abgesehen von der eigenen Familie, sofern man überhaupt noch eine hat, die volle Verantwortung, eine Art Patenschaft, übernehmen würde. Es liegt auf der Hand, daß die Moderne auch die überkommenen verläßlichen Gefäße auflöst. Die sinkende Geburtenrate hat zu einer kollateralen Verengung geführt und die Seitenverwandtschaften (Onkel, Tanten, Vettern, Cousinen) beträchtlich verringert. Unsere Kinder wissen schon gar nicht mehr, was das ist. Also gilt es, Wahlonkel und Wahltanten zu suchen, Wahl-Seitenverwandtschaften auszubauen und zu pflegen, die in der Lage sind, die sich auf die generativen Beziehungen verengende, überkommene Familie zu kompensieren. Daß daneben eine finanzielle Grundsicherung vorhanden sein muß, versteht sich von selbst. Denn mitmenschliche Wärme allein sichert nun einmal nicht das Überleben in modernen Gesellschaften.

Gibt es Alternativen zu der Gesellschaft, in der wir augenblicklich leben?

Ich sehe keinen fundamentalen Paradigmenwechsel, obwohl es Tendenzen zur Schließung und Verkapselung der Gesellschaft gibt. Die Linke schottet den Erwerbsbereich ab, die Rechte die Familie. Und der dritte Weg versucht die Quadratur des Kreises: ein symbiotisches Gleichgewicht von Markt, Demokratie und Lebenswelt. Was not tut, sind Korrekturen. Es ist billig, ein Gleichgewicht anzumahnen. Erforderlich ist eine Zeitdiagnose, eine Lagebeurteilung und eine Selbstüberpüfung. Was gesamtgesellschaftlich schief aussieht, kann sich individuell anders darstellen. Was den Gewerkschaften korrekturbedürftig erscheint, zeigt sich, wie der schiefe Turm von Pisa, aus einer anderen Warte anders. Vielleicht brauchen wir derzeit, metaphorisch ausgedrückt, statt Klimaanlagen und Kältemaschinen, mehr menschliche Wärme.

Welche gesellschaftliche Entwicklung sehen Sie auf uns zukommen?

Wo man hinschaut, von Brasilien bis Indonesien, von Madagaskar bis zu den Spitzbergen öffnen sich die Gesellschaften. Die Operationsräume nehmen zu, die Kraft der Traditionen nimmt ab, Individualisierung ergreift die Massen. Das Projekt Moderne ist derzeit, wie viele auch immer vom »Dschagganath-Wagen«, den Anthony Giddens gerne zur Veranschaulichung heranzieht, zermalmt werden, ohne Gegner. Karl Marx ist, wie man Lester Thurow paraphrasierend sagen könnte, mitsamt dem russischen Bären in den Wäldern verschwunden. Der Sieg der offenen Gesellschaft ist total. Im Gleichschritt mit der Autonomie nimmt freilich die Ungewißheit der Zukunft zu. Dann sind naturgemäß die Beruhigungs- und Refundamentalisierungsversuche, die falschen Götter, nicht weit. Nichts ist schwerer, als Ungewißheiten zu akzeptieren. Gewißheitsgesellschaften sind ihrer Zukünfte gewiß, Multioptionsgesellschaften mit autonomen Individuen produzieren Risiken und Ungewißheiten. Die Risiken moderner Gesellschaften bestehen, wie schon erwähnt, in ihren zunehmenden Wahlmöglichkeiten. Was nicht gewählt wurde, könnte die bessere Wahl gewesen sein! Und man könnte in die Lage kommen, selber nicht gewählt zu werden. Wie immer, wir können von der Gewißheit ausgehen, daß die Kontingenz weiter zunimmt, der Selektionsdruck der Traditionen weiter abnimmt, die Individualisierung ungeahnte Höhen erreicht, gleichzeitig und deswegen die Ungewißheit über die zu erwartenden Zukünfte zunimmt.

Gibt es aber nicht die Einschränkung, daß ich vorderhand noch nicht wählen kann, welche Staatsbürgerschaft ich haben möchte?

Mehrfach-Staatsbürgerschaften sind heute schon möglich. Über kurz oder lang, möglicherweise auch mit der Entwicklung der Gen- und Reproduktionstechnologien, lassen sich weder mehr die Eltern des Nachwuchses genau bestimmen, noch die Territorien, in deren Grenzen reproduziert wurde. Darüber hinaus zieht sich der Staat immer mehr in die Köpfe zurück. Er wird virtuell und verliert selber sein Territorium. Christoph Schlingensief hat gerade mit einem Projekt Aufsehen erregt (»Chance 2000«), das obdachlose bzw. territoriumslose Weltbürger in einem virtuellen Staat zusammenführen will, deren Staatsbürgerschaft auf der Übereinstimmung von Frequenzen beruht. Das ist eine der möglichen Zukünfte. Ob sie eintrifft, hängt von uns ab.

In Ihrem neuen Buch »Ich-Jagd« greifen Sie den Aspekt des Einzelnen heraus, der auf sich selbst gestellt nach Selbstverwirklichung trachtet. Was treibt ihn dazu, vor sich wegzulaufen bzw. hinter sich herzujagen?

Wer unter seine Schädeldecke taucht, begibt sich in eine wilde Gegend. Die subjektorientierte Soziologie mauert das in der Moderne freigesetzte Individuum im Einzelnen ein, wo es gärt und – wie Ulrich Beck sagen würde – wieselt. Das Ich ist indes (das anthropologische Minimum!) immer und ewig ausgespannt zwischen dem, was ist und dem, was sein könnte. Der Mensch war immer ein Schwebewesen. Er oszilliert immer zwischen Wirklichkeiten und Möglichkeiten. Das ist, weil unabänderlich, die einzige Wahrheit. Diese Differenz bearbeiten die Kulturen unterschiedlich. Unsere hing nun über ein Jahrhundert Identitätsvorstellungen an, die von einer Wiedervereinigung getrennter Ich-Bruchstücke ausgingen.

Doch der Mensch kann nie, wie Gott (Exodus 3,14), auf die Frage: »Wer bist Du?« sagen: »Ich bin der ich bin«. Der Mensch ist ein gefallener Engel oder ein metaphysisches Tier. Er ist unzufrieden. Er will über sich selber hinaus. Er versucht aus seinem anthropologischen Minimum ein Maximum herauszuholen. Die moderne Bearbeitung der Ich-Differenz, die Identitätshoffnung, führt und verführt zu einer endlosen Jagd, zu einem Taumel der Selbsterregung und Selbstverwirklichung, mit der eigentümlichen Hoffnung, daß man, nachdem niemand mehr einen erlöst, sich selbst erlösen könnte. Die »unio mystica« mit sich selbst. »Unruhig ist mein Herz, bis es ruhet in mir!« Bis daß der Tod mich von mir scheidet! Auch für das Ich lautet die Lösung: Akzeptanz von Differenz. Allerdings nicht, wie in der Multioptionsgesellschaft außer sich, sondern in sich.

Wohin treibt die Multioptionsgesellschaft?

Zunächst wird sie sich, im Zeichen der Globalisierung, weltweit nicht nur als Programm, sondern als Faktizität zu etablieren versuchen. In unseren Breitengraden greift sie extraterrestrisch und ins Innere der Menschen aus. Begrünung des Mars und virtuelle Freudenhäuser, Organersatz und Transplantationschirurgie wären die entsprechenden Stichworte. Die Grenzen mögen natürliche, ökologische oder biologische sein. Die kulturelle, im christlichen Futurismus gründende Dynamik der Moderne läßt sich dadurch nur beschränkt beeindrucken. Ungestüm will sie das innerweltliche, das irdische Existenzmaximum: lebendigen Leibes in den Himmel. Glücklichsein wird so endlos vertagt, weil der Mensch sich nicht zu schließen vermag. Glücklich wird der Mensch erst, wenn er seine Differenz, den Riß in sich akzeptiert und versucht, mit sich auszukommen, wie er ist, statt sich seiner zu schämen und panisch Möglichkeiten nachzujagen. Die Multioptionsgesellschaft stößt (erst) an Grenzen, wenn der Mensch seine eigene Begrenzung anerkennt. Vorher nicht.

Wilhelm Heitmeyer
Die desintegrierende Gesellschaft

»Verknappung von Anerkennung«

Wilhelm Heitmeyer, geboren 1945, ist Professor für Sozialisation an der Universität Bielefeld und Leiter des dort ansässigen »Instituts für interdisziplinäre Konflikt- und Gewaltforschung«. Seine Forschungsarbeit umfaßt die Themen Rechtsextremismus, ethnisch-kulturelle Konflikte, Fremdenfeindlichkeit und Gewalt. Darüber hinaus betätigt er sich als geschäftsführender Herausgeber der Schriftenreihen »Jugendforschung« sowie »Kultur und Konflikt«.

Angesichts des rauhen Klimas in der Gesellschaft hat sich der Sozialforscher Heitmeyer auf unsicheres Terrain begeben, da er – indem er Konflikte und Gewalt untersucht – auch Konflikte auslöst. Mit seinen Professorenkollegen Günther Albrecht, Otto Backes und Rainer Dollase gründete er 1996 das »Institut für interdisziplinäre Konflikt- und Gewaltforschung«, das die immer wieder auftauchenden Möglichkeiten der Desintegration in einer Gesellschaft beleuchtet, das auf neue Probleme innerhalb der Gesellschaft hinweist, sie empirisch ergründet und theoretisch beschreibt, um praktische Lösungen zu erarbeiten. Heitmeyer betreut Forschungsprojekte, die immer wieder für Aufsehen erregen und ihm den Ruf eines unbequemen Kritikers eingehandelt haben. Er weist auf die wachsende Ungleichheit und sozialen Widersprüche hin und nimmt kein Blatt vor den Mund, wenn es darum geht, für die Schwächeren und Ausgegrenzten der Gesellschaft Partei zu ergreifen. Was er in seinen Untersuchungen entdeckt, nennt er beim Namen, auch wenn es eine unbequeme Wahrheit sein sollte.

Ausgewählte Buchveröffentlichungen:

Wilhelm Heitmeyer (Hrsg.): Das Gewalt-Dilemma. Gesellschaftliche Reaktionen auf fremdenfeindliche Gewalt, Rechtsextremismus und ethnisch-kulturelle Konflikte. Suhrkamp Verlag, Frankfurt/M. 1994

Wilhelm Heitmeyer (Hrsg.): Bundesrepublik Deutschland: Von der Konsens- zur Konfliktgesellschaft. Band 1: Was treibt die Gesellschaft auseinander?; Band 2: Was hält die Gesellschaft zusammen? Suhrkamp Verlag, Frankfurt/M. 1997

Wilhelm Heitmeyer u.a.: Verlockender Fundamentalismus. Türkische Jugendliche in Deutschland. Suhrkamp Verlag, Frankfurt/M. 1997

1. Konzept

Die Bundesrepublik Deutschland ist auf dem Weg von einer Konsens- zur Konfliktgesellschaft. Dieses Resümee zieht Wilhelm Heitmeyer, der in den beiden 1997 veröffentlichten Sammelbänden »Was treibt die Gesellschaft auseinander?« und »Was hält die Gesellschaft zusammen?« Untersuchungsergebnisse, Theorieentwürfe und Analysen zum Zustand der Gesellschaft zusammengetragen hat.

Ausgangspunkt der Unterscheidung ist die Diagnose einer allgemein überwunden geglaubten gesellschaftlichen Anomie, die sich im Zusammenwirken der wirtschaftsstrukturellen Verwerfungen durch einen rigorosen Kapitalismus, ambivalente Individualisierung, ethnisch-kulturelle Differenzen, in einer erhöhten Gewaltbereitschaft und Kriminalitätsrate äußere. Heitmeyer sieht deshalb in der Desintegration den Schlüssel zum Verständnis der Gesellschaft an der Jahrtausendwende.

Konflikte, die innerhalb der Gesellschaft ausbrechen, resultierten zum einen aus sozio-ökonomischem Wandel und ethnisch-kulturellen Spannungen, zum anderen werden sie nach Heitmeyers Auffassung durch Unsicherheiten bei kulturellen, religiösen und familiären Orientierungen erzeugt. Aber auch der Rückgang institutioneller und kollektiver Integrationsmöglichkeiten sowie fehlende Zukunftsperspektiven auf dem Arbeitsmarkt seien für eine Eskalation von offenen, und noch verdeckten Konflikten verantwortlich.

Transformationen im ökonomischen, kulturellen und sozialen Bereich führen nach Heitmeyer zu Struktur-, Regulations- und Kohäsionskonflikten, die in offene Gewalt münden können. Da Wirtschaftswachstum auch mit weniger Arbeitskräften erreicht werden könne, sei eine Strukturkrise entstanden, die bei Arbeitslosen, aber auch bei den Erwerbstätigen, Angst vor sozialem Abstieg und, damit verbunden, Ausgrenzung auslöse. Die Pluralisierung von Werten trägt nicht nur zum Freiheitsgewinn bei, sondern auch zu Regulationskrisen, die die Orientierungs- und Perspektivenlosigkeit weiter verstärke. Die Auswirkungen des eigenen Handelns geraten, so Heitmeyer, angesichts der unüberschaubaren Normenpluralität immer mehr aus dem Blickfeld des Handelnden. Eine Kohäsionskrise schließlich werde auch durch gesteigerte Vereinzelung und Vereinsamung sichtbar. Ohne Sozialkontakte keine Anerkennung. Ohne Bezugsgruppe verliere man das Vertrauen in die Welt und an sich selbst, was die »Absenkung von Gewaltschwellen« und »Lenkung von Gewaltpotentialen« fördere.

Angesichts derartiger Entwicklungen, so Heitmeyer, steht die Gesellschaft vor Zerreißproben. Mit einer historisch unvergleichlichen Geschwindigkeit würden Individualisierungs- und Globalisierungsprozesse die Gesellschaft unter Veränderungsdruck setzen. Zwar seien neue Möglichkeitsräume, gleichzeitig aber auch neue Gefahrenherde entstanden. Die vielfältigen Möglichkeiten der Lebensgestaltung für die einen hätten Einschränkungen der Handlungsspielräume für die anderen bewirkt. Das Lebensparadigma sei ambivalent. An der Zunahme soziokultureller Optionen einerseits und der Abnahme sozioökonomischer Realisierungschancen andererseits entzündeten sich Konflikte. Diese gewännen innerhalb der Gesellschaft an Dynamik, wenn materielle Notwendigkeiten, kulturelle Selbstverständlichkeiten oder politische Partizipation für mobilisierungsfähige Gruppen zur Disposition stehen. Eine prekäre Lage ergebe sich dann, wenn soziale Ungleichheiten nicht mehr ausgeglichen werden, sondern wenn sie sich aufgrund fehlender sozialstaatlicher Interventionen zusehends verschärfen. Wo staatliche Institutionen nicht mehr regulierend eingreifen, so Heitmeyer, steigt die Gefahr, daß die Lösung dieses Problems auch im Konflikt zwischen ethnisch-kulturellen Gruppen gesucht wird. Nach ethnischen Gesichtspunkten formieren sich Gruppen, die gegen andere in Konkurrenz um die knappen Ressourcen treten. Auch wenn Heitmeyer dafür plädiert, über Institutionen Konflikte zu regulieren, betont er doch, daß die Integrationen aufgrund nachlassender Bindekraft diesen Aufgaben nicht mehr gewachsen sind. Antworten auf die Frage, wie zukünftig unter dem Druck eines rabiaten Kapitalismus eine Konfliktbalance erreicht werden kann, stehen deshalb noch aus.

2. Fragebogen

1. Sehen Sie sich selber als Gesellschaftstheoretiker, Gesellschaftskritiker, Gesellschaftsarchitekt oder lediglich als geselliger Zeitgenosse?

Ich komme mit keiner dieser Etiketten so recht klar. Sicherlich bin ich kein Gesellschaftsarchitekt, ich versuche einige Dinge in der Gesellschaft in einen Zusammenhang zu bringen und, wenn es irgendwie geht, versuche ich mich gesellschaftlich einzumischen. Gesellschaftskritiker bin ich insofern, als daß ich Dinge, die mir auffallen, benenne und mich in die politische Debatte einzumischen versuche. Das funktioniert offensichtlich ganz gut, wenn man bedenkt, in wie viele Konflikte ich plötzlich verstrickt bin. Was mir fehlt ist das, was einen Gesellschaftsarchitekten auszeichnet, nämlich die Fähigkeit, den Zusammenhang zwischen Empirie im Alltag und Visionen klar zu benennen. Aber die Gesellschaftsarchitekten operieren mit zu vielen nebeligen Szenarien, die mit unserem schmuddeligen Alltag in der Gesellschaft nichts zu tun haben.

2. In welcher Gesellschaft leben wir eigentlich?

Auch diese Frage ist schwer zu beantworten, weil man einen Gesellschaftsbegriff haben müßte. Die Sozialwissenschaften bieten im Grunde nur Gesellschaftsausschnitte. Nicht der Gesellschaftsbegriff interessiert mich, sondern die Integrations- und Desintegrationsdynamik einer Gesellschaft. Das rührt daher, daß ich mich in erster Linie mit den verschiedenen Formen der Gewalt auseinandersetze. Meine These lautet, daß wir in einer immer stärker desintegrierenden Gesellschaft leben und daß daraus ein Großteil der Gewalt resultiert. Die Radikalisierung des Integrationsproblems in modernen Gesellschaften beruht oft auch darauf, daß keine Konfliktkultur existiert, sondern daß in erster Linie Konflikten aus dem Wege gegangen wird. Das ist ein großes Problem, denn Konflikte haben wir zu genüge, sie werden aber nicht öffentlich thematisiert, sondern vielfach zu Lasten einer zunehmenden Zahl von Gruppen verschwiegen.

3. Worin sehen Sie die Stärken und Schwächen dieser Gesellschaft?

Die Stärke heutiger moderner Gesellschaften liegt in einer vergleichsweise deutlichen Pluralität. Eine Gefahr ergibt sich aus dem Flexibilisierungszwang. Er wird sehr stark über Ideologien verbreitet. Ein Beispiel: Es wird den Menschen eine Ideologie der freien Zeit vorgegaukelt: man habe immer mehr freie Zeit, um sich selbst zu verwirklichen. Dabei wird übersehen, daß die sozial geteilte Zeit immer knapper wird, und daß dadurch weitreichende Konsequenzen für die Sozialisation entstehen. Die ökonomische Deregulierung führt zu Zeitrhythmen, die offenkundig mit denen von Sozialisationsinstitutionen nicht zu vereinbaren sind. Wohin diese problematische Zerstückelung von Zeit führt, kann man sowohl in vielen Familien als auch z.B. im gestörten Zusammenleben in einer Stadt wie im VW-dominierten Wolfsburg besichtigen. Die Auswirkungen dieser Zerstörung von gemeinsam geteilter Zeit werden völlig unterschätzt.

4. Welche Rolle spielen Sie in der Gesellschaft?

Meine Rolle ist schwer zu beurteilen. Eine Rolle wird durch andere definiert, so daß ich sie im Grunde nicht wirklich beurteilen kann. Meine Rolle in Konflikten verschiedener Art wird mir mitunter brachial ins Bewußtsein gerufen. So war es etwa bei der Untersuchung zu islamischfundamentalistischen Orientierung türkischer Jugendlicher. Ansonsten verschwimmt meine gesellschaftliche Rolle, ich kann mir gar kein Bild davon machen. Durch öffentliche Resonanz merke ich zwar, daß Leute gelegentlich hinhören, doch welche Auswirkungen das hat, kann ich nicht beurteilen.

5. Welche Gesellschaftsromane haben Sie fasziniert?

Die Fabel »Farm der Tiere« von George Orwell war für mich während der Schulzeit schon sehr früh prägend, weil mich die Korrumpierung durch Aufstieg fasziniert hat. Die Fürsprecher der Tiere sehen plötzlich so aus wie die Schlachter selbst.

6. Welchem Gesellschaftsspiel gehen Sie gerne nach?

Ich spiele Fußball und zwar in einer Professorenmannschaft an der Universität Bielefeld. Das ist u.a. deshalb ein aufschlußreiches Gesellschaftsspiel, weil man soziales Verhalten gerade dieser Berufsgruppe nirgends besser studieren kann als beim Fußballspiel, bei dem es auf Sieg und Niederlage ankommt.

7. In wessen Gesellschaft halten Sie sich bevorzugt auf?

Eigentlich am liebsten in der Gesellschaft von Leuten, bei denen ich zuhören kann. Innerhalb der Universität, innerhalb des Instituts und in Lehrveranstaltungen muß ich sonst immer reden. Insofern finde ich es sehr angenehm, wenn ich einfach zuhören kann, vor allem in Gruppen, die nicht dem akademischen Milieu angehören.

8. Welcher Gesellschaftsgruppe fühlen Sie sich zugehörig?

Das ist schwer zu sagen, weil meine Biographie nicht zielgerichtet in Richtung Universität verlaufen ist. Ich habe eine ganze Reihe von Berufsfeldern mit unterschiedlichem Status kennengelernt. Zunächst durchlief ich eine Lehre in einer Druckerei, war also Facharbeiter, und hatte deshalb während der 68er keine Zeit zur »Revolution«. Erst sehr spät habe ich mich auf Forschung und Universität zubewegt. Insofern weiß ich nicht, welcher Gesellschaftsgruppe ich mich zuordnen soll. Ein Etikett zu finden, fällt mir derzeit schwer.

9. Welche Person(en) von gesellschaftlicher Größe schätzen Sie?

Es gibt viele gesellschaftliche Größen. Ob sie tatsächlich Größe haben, kann man meines Erachtens nur erkennen, wenn man herausfindet, welche Widersprüche zwischen öffentlicher Präsentation und ihrem privaten Verhalten existieren. Da ich die wenigsten gesellschaftlichen Größen in dieser Hinsicht »kenne«, wage ich nicht Namen zu nennen – denn die Ergebnisse wären wohl niederschmetternd.

10. Wie sieht für Sie die ideale Gesellschaft aus?

Ich weiß nicht, ob es überhaupt eine ideale Gesellschaft gibt. Mir würde es reichen, wenn es eine gewaltarme Gesellschaft gäbe. Eine gewaltfreie Gesellschaft ist Utopie. Für eine gewaltarme Gesellschaft müssen natürlich bestimmte Voraussetzungen geschaffen werden. Wie schon angedeutet, verstehe ich darunter in erster Linie die Notwendigkeit der Integration, damit es nicht so eminent viele Anerkennungsprobleme gibt.

11. Wollen Sie die Gesellschaft verändern?

Besonders in meiner Studentenzeit fühlte ich mich dazu aufgerufen, die Gesellschaft zu verändern. Wenn es gelingt, eine gewisse Gewaltarmut in der Gesellschaft mit zu bewirken, habe ich sicherlich einen guten Beitrag geleistet. Auf der anderen Seite ist meine Reichweite als Wissenschaftler doch relativ gering. Jedenfalls kann man seine Leistung kaum relevant überprüfen. Vielleicht ist das aber auch gut so, sonst würde man möglicherweise gleich verzweifeln.
Aber wenn man noch an einer Veränderung der Gesellschaft in Richtung auf die Sicherung der Integrität von Menschen hinarbeiten will, kommt man weniger denn je an einer neuen Kapitalismuskritik vorbei.

12. Wie sieht die Gesellschaft von morgen aus?

Mit den Prognosen ist das eine schwierige Angelegenheit, glücklicherweise waren bisher die meisten sozialwissenschaftlichen Prognosen falsch. Ich vermute aber, daß wir auf dem Wege sind, das zu verwirklichen, was man gemeinhin unter dem Begriff »Sozialdarwinismus« versteht. Die Starken werden dominieren, während die Schwachen sehen müssen, wo sie bleiben. Ich glaube kaum, daß der entfesselte Kapitalismus in Grenzen gehalten werden kann. Insofern bin ich nicht sonderlich optimistisch. Wie unter diesem Druck neue Solidaritätspotentiale wachsen sollen, ist mir derzeit überhaupt nicht ersichtlich.

3. Interview

Von der Konsens- zur Konfliktgesellschaft

Ihre Bestandsaufnahme der Gesellschaft zeichnet ein eher düsteres Bild. Sie sagen, wir haben uns von einer »Konsensgesellschaft« entfernt und einer »Konfliktgesellschaft« angenähert. Welche Entwicklungen sehen Sie damit aufkommen?

Eine verschärfte Integrations- und Desintegrationsdynamik, wobei Integration nicht nur positiv besetzt sein muß, denn Integration kann ja auch sehr viel mit Kontrolle, Zwang, Überwachung etc. zu tun haben. Genauso kann Desintegration unter Umständen durchaus Teil abweichenden Verhaltens sein, das jede Gesellschaft braucht, um sozialen Wandel voranzutreiben. Nur ist die Desintegration in den meisten Fällen keine freiwillige Abweichung, sondern ein zwangsweise verhängter Ausschluß von Individuen oder Gruppen. Diese Integrations- und Desintegrationsdynamik ist meines Erachtens auf Touren gekommen und wird zu einem Problem, das sich in modernen Gesellschaften zu radikalisieren scheint. Man muß deshalb genauer benennen, was man mit Integration meint.

Wir gehen von drei Dimensionen aus. Die erste möchte ich individuelle funktionale Systemintegration nennen. Hierunter sind Zugänge zu Funktionssystemen wie Arbeit, Bildung, Recht, Politik etc. zu fassen. Die zweite Dimension ist eine expressiv kulturelle Dimension. Es geht um die Frage der Zugehörigkeit und vor allem der Anerkennung. Drittens haben wir eine kommunikativ-interaktive Dimension, die die Möglichkeit bezeichnet, an öffentlichen Debatten teilzunehmen. Auf der Basis dieser drei Dimensionen stellt sich die Integrationsfrage zunehmend neu.

Ein Teil der Mehrheitsgesellschaft hat inzwischen genauso Integrationsprobleme wie die meisten Minderheiten; das verschärft die Konfliktsituation nicht unerheblich. Der Weg von der Konsens- zur Konfliktgesellschaft ist aber noch nicht zu Ende gegangen.

Wie würden Sie die gegenwärtige Situation charakterisieren?

Auf der Ebene des gesellschaftlichen Alltags führt der Weg in der Tat hin zu einer Konfliktgesellschaft, obwohl das in Deutschland öffentlich bislang nicht thematisiert wurde. Das hat mehrere Gründe. Eine These lautet, daß in dieser Gesellschaft Angst vor Konflikten besteht. Die westdeutsche Gesellschaft hat zwar vor allem durch die Erfahrungen von 1968 ansatzweise gelernt, mit Konflikten umzugehen, die ehemalige DDR-Gesellschaft hatte aber nie die Chance, Konflikte auszutragen – sie ist letzten Endes daran zerbrochen. Wenn ich mir beide deutschen Gesellschaften ansehe, habe ich den Eindruck, daß der Westen Angst hat, sich mit den neuen Konflikten auseinanderzusetzen, während man sich in der ostdeutschen Gesellschaft den Konflikten noch nicht stellt. Das ist der Grund dafür, daß die Probleme des Alltags so häufig mit Gewalt gelöst werden. Gewalt läßt sich verhindern, indem man Konflikte thematisiert und versucht, sie im Vorfeld auszutragen. Wir sind in der Bundesrepublik noch nicht in der Lage, die vor allem ethnisch-kulturell gefärbten Konflikte, die im Alltag, in den Stadtvierteln und unter Gruppen aufflammen, oder sich in Latenz befinden, aktiv wahrzunehmen und zu verarbeiten.

Das Problem ist doch, daß die Zugänge zu gesellschaftlichen Institutionen für immer mehr Menschen verschlossen sind.

Genau, und darum muß eine ganz neue Integrationspolitik her, um jene Zugänge zu öffnen, denn es ist offenkundig, daß sich in naher Zukunft die Bevölkerungsrelationen verändern werden, zumal in großen Städten. Wenn die Prognosen nicht völlig falsch sind, werden wir im Jahre 2010 in nordrhein-westfälischen Großstädten einen Anteil der sogenannten Ausländer – meist sind es ja Inländer mit ausländischem Paß – in der Altersgruppe von 20 bis 40 Jahren, also in der dynamischen Altersspanne, die auf den Arbeitsmarkt drängt, Familien gründet und Wohnungen braucht, von um die 45 Prozent haben. Die dominierende Politik in Deutschland ist jedoch eine Abwehrpolitik, hier zeichnet sich eine ganz dramatische Entwicklung ab. Die gesellschaftlichen Realitäten werden einfach verdrängt.

Wir dürfen also auf keinen Fall die Zugänge zu den Institutionen wie Bildung, Arbeit, Recht und Politik für bestimmte Gruppen verschließen. Es wird in den großen Städten einen eklatanten Mangel an Arbeitsplätzen geben, denn die Städte erleben eine Deindustrialisierung, eine ethnisch-kulturelle Heterogenisierung und soziale Polarisierung. Diesen Spannungslinien kann man nicht mit Verdrängung begegnen. Es gibt ökonomische Prozesse, die bestimmte Qualifikationsentwicklungen nach sich ziehen: Es kommt zu verstärkter Konkurrenz. Wie man diese Konkurrenz in den Griff bekommt, ohne daß sie ethnisiert wird, ist eines der großen Probleme. Absehbare Konflikte müssen über Institutionen moderiert werden, das ist sehr wichtig.

Andererseits verlieren die Institutionen zum Teil an Gewicht. Diese Entwicklung muß aufgehalten werden, denn gerade in heutiger Zeit haben Institutionen eine ungeheuer wichtige, weil stabilisierende Rolle. Wenn der Zugang zu den Funktionssystemen nicht gegeben ist, bekommen die ethnisch-kulturellen Vergemeinschaftungsformen eine ungeheure Bedeutung, und das führt zu ethnischer Abschottung. Von daher müßte man die Integrations- und Desintegrationsdynamik ernster nehmen. Türkische Jugendliche, die keinen Zugang zum Arbeitsmarkt finden, verlassen sich beispielsweise auf die eigene ethnische Ökonomie. Das funktioniert aber nicht, weil die Vergleichsgruppe für junge Türken die der deutschen Jugendlichen ist. Somit haben die türkischen Jugendlichen große Aufstiegsambitionen, landen dann aber möglicherweise in einer Dönerbude. Jeder wird einsehen, daß Spannungen vorgezeichnet sind, wenn nicht eine weitreichend andere Integrationspolitik betrieben wird.

Auch die Mehrheitsgruppe ist von Desintegrationsprozessen betroffen...

Und da gibt es sicher einen Interaktionszusammenhang. Je größer die Desintegrationsprobleme von Teilen der Mehrheit werden, desto schlechtere Chancen haben die Minderheiten, ihre Positionen öffentlich zur Diskussion zu stellen und möglicherweise auch durchzusetzen. Die Mehrheit hat schließlich die Deutungshoheit.

Wie gesagt, ein düsteres Szenario. Man müßte also radikale Änderungen vornehmen?

Ja. Konfliktbearbeitung ist auf der Ebene der Gleichheit möglich. Was bis jetzt passiert, ist eine ziemlich furchtbare Angelegenheit. Von der Mehrheitsseite wird Anpassung gefordert, gleichzeitig hält man sich jedoch Diskriminierungsmöglichkeiten offen. Das ist eine ungute Mischung. Wir brauchen eine stärkere Akzeptanz gegenüber Minderheiten.
Auf der anderen Seite wird die Diskriminierung aus den Minderheiten selbst instrumentalisiert. Es geschieht, daß Gruppen von der Existenz der Fremdenfeindlichkeit abhängig werden. Sie brauchen sie, um sich überhaupt artikulieren zu können. Das lähmt an vielen Stellen die eigene Selbstkritik. Ich bin der festen Überzeugung, daß beispielsweise in der großen türkischen Minderheit so etwas wie eine selbstkritische Kultur gar nicht existiert. Auf der Ebene der Konfliktbearbeitung kommt es auf die Gleichheit an, und dann kann man sich wechselseitig auch sagen, was man für einen Mist gebaut hat. Dann bekommen die Konflikte eine andere, eine eher symmetrische Kontur. Asymmetrische Konflikte, wie wir sie jetzt haben, sind auf Dauer problematisch.

Entsteht Gewalt in der Hauptsache in den Milieus der Minderheiten und der ausgeschlossenen Gruppen der Mehrheitsgesellschaft?

Gewalt richtet sich oftmals gerade gegen Minderheiten. Aber Gewalt und Fremdenfeindlichkeit zieht sich durch alle Milieus. Gewalt wird durch drei Komponenten bestimmt. Sie hängt mit Sozialisationsprozessen zusammen, braucht ein Interaktionsfeld und eine Legitimation. Legitimation läßt sich frei konstruieren, in der Regel wird sie aber im politischen Feld von Eliten geschaffen, hier entstehen die Voraussetzungen für die Abwertung bestimmter ethnischer Gruppen.

Würden Sie zustimmen, daß die politische Elite in Deutschland geschlossen einen sehr repressiven Weg eingeschlagen hat? Ich denke da an das Asylrecht.

Einerseits hat die bundesdeutsche Politik mit dem sogenannten Asylkompromiß in der Tat eine massive Abwehrpolitik betrieben. Faktisch kann man die ganze Frage des Asyls jedoch nur über europäische Regelungen in den Griff bekommen. Man muß zum Beispiel auch sehen, daß die Bundesrepublik für die Flüchtlinge aus Bosnien einiges geleistet hat. Ich habe große Probleme mit dem »Asylkompromiß«, doch gleichzeitig muß man auch zugeben, daß das System bei Bürgerkriegsflüchtlingen bisher halbwegs funktioniert hat. Es gibt allerdings Abschiebungsverhalten, das absolut unmenschlich ist, wie etwa Aktivitäten des Berliner Innensenats. Das ist ein Fall für Amnesty International.
Wie sich die Dinge in Deutschland entwickeln, hängt stark vom weiteren Verlauf der öffentlichen Debatte ab. Zur Zeit meldet sich kaum jemand zu Wort, gerade um die Intellektuellen ist es sehr still geworden. Es geistern in der Diskussion immer noch Muster umher, die nicht länger zu halten sind. Die multikulturelle Gesellschaft als immerwährendes Straßenfest, das man nicht zu regeln braucht und, auf der anderen Seite, das kulturelle Chaos, das nicht zu regeln ist. Wir müssen uns von gesellschaftlichen Mythen verabschieden, positiven wie negativen. Ich kann aus meiner Sicht nur sagen, daß eine Öffnung der Gesellschaft dringend nötig ist. Überall dort, wo Homogenität groß geschrieben wird, ist in Zeiten schnellen Wandels die Gewalt nicht fern. Das läßt sich besonders an der fremdenfeindlichen und rechtsextremen Gewalt in einigen Städten und Gemeinden der ehemaligen DDR beobachten.

Nach einer Veränderung der Integrationspolitik sieht es in Deutschland, wenn man von den Vorschlägen zur Neufassung des Staatsbürgerschaftsrechts absieht, trotz neuer Regierung im Moment nicht aus.

Das ist wahr. Die Integrationspolitik verändert sich zum Negativen, weg von der ausgleichenden Sozialpolitik. Die Städte, zumindest die europäischen Städte, waren bislang soziale Städte mit einem hohen Anteil an Sozialwohnungen – 30 Prozent in Deutschland. In den USA liegt der Anteil bei nur zwei Prozent. Wir bewegen uns nun in diese Richtung. Der Sozialwohnungsbestand als Steuerungsmasse, um desintegrative Tendenzen aufzuhalten, wird von den Städten immer mehr geopfert, um marode Haushalte zu sanieren. Übrig bleiben Gebiete an der Peripherie der Städte. Man kann sich lebhaft ausmalen, daß hier massive Segregationsprozesse ablaufen, daß die Sozialpolitik nicht mehr greift und daß diese Gruppen über Kontrollpolitiken ruhiggestellt werden sollen. Diese neuen Kontrollnetze machen sich sukzessiv bemerkbar, und es kann durchaus sein, daß an die Stelle der Debatte um soziale Sicherung immer mehr die Debatte um öffentliche Sicherheit tritt. Dadurch werden gefährliche Gruppen gebranntmarkt, was wiederum neue Ausschließungsprozesse nach sich zieht. Das können allochthone, aber auch autochthone Gruppen sein. Das Problem ist vielgestaltig.

Die Frage der erfolgreichen Integrationspolitik wird sich also in vielen Bereichen auf der Ebene der Großstädte entscheiden. Die Möglichkeiten städtischer Politik müssen unbedingt gestützt werden.

Für Politiker ist der soziale Friede das höchste Gut, denn daran mißt sich, nach der dominierenden Politikauffassung, der Erfolg von Politik. Inwieweit gilt das für den Grad an Integration?

Das sind zwei voneinander unabhängige Dinge. Es kann durchaus sein, daß sozialer Friede existiert, gleichzeitig aber zahlreiche Gruppen völlig ausgegrenzt werden, weil man sie einfach dethematisiert, sie einfach vergißt oder darauf achtet, daß sie sich nicht mehr zu Wort melden können, indem man sie beispielsweise kriminalisiert und so der öffentlichen Stimme beraubt. Es ist nötig, bei Bestandsaufnahmen des sozialen Friedens darauf zu achten, wie viele Gruppen ohne jegliche Lobby aus der Öffentlichkeit verdrängt werden. Deshalb ist Aufmerksamkeit angebracht, wie in einer Gesellschaft die Ungleichheitsdiskurse geführt werden. Sie dienen nicht zuletzt – und dies erscheint nur auf den ersten Blick paradox – dazu, die Stabilität durch Desintegration zu sichern.

Wie kann Konsens zwischen Mehrheitskultur und Minderheitskulturen hergestellt werden?

Ich glaube nicht, daß es noch um Konsens geht, sondern daß man darauf achten muß, wie Konflikte durchgestanden werden können. Konsens ist ein besonders erstrebenswerter Zustand, doch oft verwechselt man ihn mit Tatsachen, die per Machtentscheidungen geschaffen und als Konsens verkauft werden. Wichtiger als Konsens wäre mir, daß die Konflikte thematisiert und ausgetragen werden, daß daraus Anerkennung entsteht. Von daher halte ich auch den Begriff der Toleranz eher für gefährlich, weil er einseitige passive Duldung beinhaltet, aber letztlich auch eine Form der Erniedrigung ist für jene, die nur geduldet werden. Anerkennung als wechselseitiger, aktiver Begriff führt weiter – unter Einschluß der Konflikte als Chance.

Bisher läuft die Integration über den Arbeitsmarkt und darüber wird Anerkennung hinsichtlich der gesellschaftlichen Nützlichkeit und des Sozialprestiges ausgesprochen. Was passiert nun, wenn dieser Mechanismus für eine zunehmende Anzahl von Gruppen nicht mehr greift? Niemand kann in sozialen Zusammenhängen ohne Anerkennung auskommen. Ziel muß deshalb sein, zu einer neuen Kultur der Anerkennung zu kommen, die ausdrücklich keine neuen Grenzen über Gemeinschaftsbildung errichtet. Es geht um eine individuelle Anerkennung unabhängig von Gruppenzugehörigkeiten; das wird meines Erachtens die Zukunftsaufgabe sein. Andere Anerkennungsmodi drohen zunehmend auszufallen, an Wert zu verlieren oder unerreichbar zu werden. Wir müssen Anerkennungsprozesse anderer Art etablieren. Noch sind die Ideen dazu spärlich gesät. Entscheidend ist der Umstand, daß viele Jugendliche keine Antwort mehr auf die Frage bekommen, ob man sie braucht.

Hat die ökonomische Entwicklung Einfluß auf die Sozialisation der Individuen?

Man muß sich von der Vorstellung lösen, daß Deregulierungs- und Flexibilisierungsprozesse, die sich im ökonomischen Bereich abspielen, auf den sozialisatorischen Bereich übertragbar wären. Daß dem nicht so ist, will ich am Beispiel der Zeit erläutern. Es wird behauptet, als Folge des Arbeitszeitrückgangs stehe immer mehr freie Zeit zur Verfügung. Das mag im Einzelfall zutreffen, die sozial geteilte Zeit wird allerdings knapper. Das hat Auswirkungen auf die Sozialisation von Kindern und Jugendlichen. Den Erwachsenen fehlt einfach die Zeit, sich über Wert- und Normvorstellung kommunikativ und interaktiv auseinanderzusetzen. Man kann Kinder und Jugendliche nicht in die Zeitlücken der flexibilisierten Erwachsenen stopfen. Die fehlende Zuwendung erklärt zu einem gewissen Grad das Ausmaß an Gewalt, von Grenzüberschreitungen bei Kindern und Jugendlichen. Werte und Normen können sich nicht mehr festsetzen, es wird weder kontrolliert, noch gibt es Rückmeldung.

Werden wir bald US-amerikanische Verhältnisse in Deutschland haben? Eine Kriminalitäts- und Gewaltsteigerung?

Die USA können nicht der Maßstab sein. Dort herrschen andere Verhältnisse. Allerdings kann man die USA durchaus als Prototyp einer desintegrierten Gesellschaft sehen. Man betrachte nur die hohe Gewaltrate. Die partielle Abnahme ist meines Erachtens nur durch massiven Polizeieinsatz ausgelöst und erhöht vermutlich zeitversetzt noch die Probleme. Was die Kriminalitätsentwicklung in Deutschland angeht, operieren wir in bezug auf Jugendliche in der Tat mit dem Muster der Desintegration. Dennoch: kein Vergleich.

Neben der fremdenfeindlichen Gewalt bereitet mir die expressive Gewalt am meisten Sorgen. Denn bei der expressiven Gewalt kommt es nicht mehr auf die Gewalt selbst an, sondern das Gefühl der Gewalt und die Überwindung der Ohnmacht durch Gewalt tritt in den Vordergrund. Diese Gewalt kann man nicht mehr antizipieren. Gewalt von rechts kann man antizipieren, denn sie richtet sich gegen machtlose, einzelne Fremde, Gewalt von links richtet sich in der Regel gegen machtvolle Institutionen des Staates. Expressiver Gewalt kommt es auf die Gewaltsituation selbst an, die Opfer sind beliebig. Sie findet zum Teil ohne Bühne statt – im Gegensatz zu der Gewalt, die auf Anerkennung hin ausgerichtet ist, etwa die der Hooligans. Das macht die Sache so schwierig.

Worin liegen Ihrer Meinung nach die Ursachen dafür, daß sich Menschen an ihrer Herkunft orientieren und nicht daran, wo sie hingehen? Diese Einstellung überträgt sich auf die Politik und auf die Mechanismen, die zur Desintegration führen.

Das ist schwer zu sagen, aber ich gehe von einer tiefgreifenden Verunsicherung aus. Und die Politik hat wenige oder gar keine Visionen. Es gibt keine Utopien mehr, die Optionen zur Gestaltung von Lebensläufen werden zwar zahlreicher, aber die Berechenbarkeit nimmt ab. Vor nicht allzu langer Zeit gab es bestimmte, festgelegte Abläufe von Lebensstationen:

Schule, Ausbildung, Berufsrolle, Heirat, Eigentumswohnung, Urlaubsreise. Das war kalkulierbar, aber starr, weil die Menschen in ein enges Handlungskorsett gezwängt wurden. Auf der anderen Seite birgt die neue Offenheit viele Gefahren.

Jugendliche haben heute gegenüber zurückliegenden Generationen viele Vorteile. Sie verfügen über mehr Entscheidungsmöglichkeiten als jede Jugendgeneration vor ihnen, sie müssen die Entscheidungen aber auch fällen. Daraus ergibt sich oft eine erhebliche Verunsicherung, die u.a. dazu führt, daß man sich an Dinge klammert, wie Heimat oder nationales Bewußtsein, die scheinbar unverrückbar feststehen.

Ein Beispiel: Ein Teil der Jugendlichen, denen die Integrationschancen über den Arbeitsmarkt verloren gehen, oder die Schwierigkeiten mit sozialen Lebenszusammenhängen in ihren Familien haben, sagen sich: »Ich kann wenigstens stolz darauf sein, ein Deutscher zu sein. Das kann mir niemand nehmen.«

Die nationalstaatliche Politik läßt an Wirkung nach. Liegt darin nicht ein Widerspruch zu dem, was Sie gerade sagten?

Verortungsfragen nehmen möglicherweise bei den »global players« ab, aber nicht bei Hinz und Kunz. Ein Beispiel. Es gibt so etwas wie den Verlust der Örtlichkeit in der Politik. Ein großer Teil der Politikverdrossenheit hat damit zu tun, daß die Örtlichkeit von Politik nicht mehr greifbar ist. Man kann die Handlungsketten nicht mehr nachvollziehen, alles scheint sich zu verästeln und sich im politischen Nirwana zu verlieren. Die Unkontrollierbarkeit von Entscheidungen führt an vielen Stellen zur Politikverdrossenheit.

Das Gegenteil kann man in Ostdeutschland beobachten. Dort finden wir die derzeit effektivste politische Sozialisation. Jugendliche aus dem rechten politischen Spektrum versuchen über die Besetzung von Sozialräumen mit Gewalt Örtlichkeit herzustellen, so etwa auf Marktplätzen und Straßen. Das sind ganz kurze Handlungsketten: Die Aktivität bekommt sofort eine Rückmeldung von der Umwelt, die Selbstwirksamkeit und Selbstverortung wird gestärkt. Wenn diese Leute dann noch eingebettet sind in die fremdenfeindliche Stimmungen der Gesamtbevölkerung, entwickelt sich so etwas wie Kaderbewußtsein. Solche Prozesse sind hochwirksam und in diesem Fall auch hochgefährlich.

Diese Fragen kann ich nicht mit Lösungsvorschlägen beantworten. Wichtig sind mir allerdings drei Punkte.

Erstens wird – Peter Bichsel hat kürzlich darauf hingewiesen – unter dem Druck der Verhältnisse das Verständnis von dieser Republik vermutlich neu definiert. »Wieviel Freiheit, Gleichheit, Brüderlichkeit (in der klassischen Fassung) können wir uns noch leisten?« Der republikanische Gedanke war anders gemeint. Nicht »wieviel Menschlichkeit können wir uns leisten«, sondern wie ermöglichen wir sie, war die Frage. Käme es zu einer solchen kalkulatorischen Umwertung, stünden wir zwar vor blankgeputzten Fassaden in Berlin und anderswo, aber auch vor einem politisch-moralischen Scherbenhaufen. Ich vermute, daß wir nicht weit davon entfernt sind. Deshalb ist die Frage zu stellen, ob und wie die richtigen Themen auf die politische Tagesordnung geraten. Zu diesen Themen gehört zu allererst, und ich habe schon darauf hingewiesen, eine neue Kapitalismuskritik. Sie bleibt – und das ist der dritte Punkt – aber so lange handzahm, wie sich »postmoderne« Politikbegriffe weiter durchsetzen können. Diese sind hochkompatibel mit dem kapitalistischen Entwicklungsmodell. Die Rückgewinnung klassischer Politikverständnisse, in denen es um Herrschaft, Macht, Konflikt und Öffentlichkeit geht, wäre eine Voraussetzung dafür, daß dann vielleicht die republikanische Frage nicht neu definiert wird und eine neue kapitalismuskritische Haltung wieder Hand und Fuß bekommt.

Claus Leggewie
Die multikulturelle Gesellschaft

»Kulturelle Vielfalt statt
kulturelle Einfalt«

Claus Leggewie, geboren 1950, ist Professor für Politikwissenschaft an der Justus-Liebig-Universität Gießen. Er gehört außerdem dem Rat für Migration an, der das Ziel verfolgt, Fragen und Probleme zum Thema Migration, Integration und Minderheiten zu bearbeiten und Lösungsvorschläge zu unterbreiten. Neben den Themen Einwanderung und Multikulturalismus befaßt sich Leggewie mit Rechtsradikalismus und Neokonservatismus, politischer Kommunikation in den Neuen Medien sowie mit Zeitgeschichte.

Der Publizist und Politologe Leggewie gehört zu den Autoren und Unterzeichnern der von Klaus J. Bade 1994 herausgegebenen Schriftensammlung »Das Manifest der 60«, die ein neues Denken in der Migrationspolitik fordert. Seit vielen Jahren setzt sich der bekennende Multikulturalist durch praktische rechtliche Vorschläge für die politische Gestaltung der multikulturellen Gesellschaft ein. Leggewie schloß sich dem engagierten Plädoyer des Parteipolitikers Heiner Geißler an, der bereits 1983 für eine offene Einwanderungsgesellschaft eintrat und 1988 die Idee der multikulturellen Gesellschaft in die deutsche Diskussion einführte. Die von Leggewie kreierte semantische Wortschöpfung »Multi Kulti« wurde zum Inbegriff all jener, die begannen, sich selber als multikulturell zu verstehen. Anfeindungen, denen er durch seinen couragierten Vorstoß für eine multikulturelle Gesellschaft, für ein Einwanderungsgesetz, für die Reform des Staatsbürgerschaftsrechts und gegen die Demontage des Asylrechts immer wieder ausgesetzt war, hielt Leggewie stand.

Ausgewählte Buchveröffentlichungen:

Claus Leggewie: Multi Kulti. Spielregeln für die Vielvölkerrepublik.
Rotbuch Verlag, Berlin 1990

Claus Leggewie: Alhambra. Der Islam im Westen.
Rowohlt Verlag, Reinbek 1993

Claus Leggewie & Zafer Zenocak: Deutsche Türken.
Das Ende der Geduld. Rowohlt Taschenbuch Verlag, Reinbek 1993

Claus Leggewie · Die multikulturelle Gesellschaft

1. Konzept

»Die multikulturelle Gesellschaft muß politische Gestalt bekommen«, fordert Claus Leggewie, »sie muß sich zu einer modernen Vielvölkerrepublik entwickeln«. Sein Vorhaben trägt der soziokulturellen Wirklichkeit in der Bundesrepublik Deutschland Rechnung – der unbestreitbaren Tatsache, daß nicht Einheitlichkeit, sondern kulturelle Vielfalt das Wesen dieser Gesellschaft ausmacht.

Mit seinem Buch »Multi Kulti« traf Leggewie 1990 den wunden Punkt einer Gesellschaft, die nach dem Fall der Mauer mit der Vereinigung ihrer beiden »Volkshälften« beschäftigt war. Alle nicht-deutschen Volksgruppen wurden dagegen demonstrativ ausgeschlossen, da sie nicht zur »Abstammungsgemeinschaft« gehörten.

Von dieser Ausgrenzung betroffen sind inzwischen 7,3 Millionen Menschen, die zu einem großen Teil seit Jahrzehnten in der Bundesrepublik Deutschland leben und arbeiten, die aber »weder wählen noch sich ganz frei politisch betätigen und beteiligen dürfen«, wie Leggewie herausstellt. Mit ihnen werde verfahren »wie mit Kindern einer besonderen Art: Kinder, weil sie unserem Kommando unterstehen, und einer besonderen Art, weil sie im Unterschied zum normalen Nachwuchs nie erwachsen werden dürfen«.

Leggewies politisches Gestaltungsvorhaben sieht deshalb zuvorderst eine Novelle des deutschen Staatsangehörigkeitsrechts vor, das seit 1913 auf dem Blutrecht (ius sanguinis) beruht. Nach diesem Gesetz ist nur derjenige Deutscher, der von deutschen Ahnen abstammt. Dieses Abstammungsprinzip ist nach Leggewie aufgrund des Dauerzustandes »ethnischer Heterogenität« überholt. Sein Vorschlag richtet sich auf die Erweiterung des antiquierten Gesetzes durch das Bodenrecht (ius soli). Danach erhält jeder automatisch die deutsche Staatsbürgerschaft, der in Deutschland geboren ist. Eine weitere Forderung ist, Einbürgerung zu erleichtern. Das bedeutet: all denjenigen die Staatsbürgerschaft zu gewähren, die ihren Lebensmittelpunkt in Deutschland haben, die fünf oder mehr Jahre in Deutschland leben. Die doppelte Staatsangehörigkeit soll zur Erleichterung der Einbürgerung beitragen, sei aber lediglich als Übergangsregelung zu verstehen.

»Auf der Höhe ihrer Möglichkeiten angelangt« ist die Bundesrepublik Deutschland nach Leggewie dann, wenn alle Menschen – welcher kulturellen Gruppe sie auch immer angehören – bürgerliche und politische Rechte ausüben können. Der Bewohner müsse zum mitbestimmungsberechtigten Bürger gemacht werden.

Da wir in einem Einwanderungsland ohne Einwanderungspolitik lebten, sei ein entschlossener Schritt in Richtung einer multikulturellen Gesellschaft mit rechtlich-politischen Rahmenbedingungen nötig. Eine geregelte Einwanderungspolitik, so Leggewie, ist unabdingbar, allerdings erst dann möglich, wenn nicht mehr geleugnet werde, daß Deutschland de facto ein Einwanderungsland ist. Einwanderungspolitik sei grundsätzlich von der Flüchtlingspolitik zu unterscheiden. Form und Inhalt der Flüchtlingspolitik hätten sich allein nach den Bestimmungen der Genfer Konventionen zu richten. Die Einwanderungspolitik dagegen müsse nach den Kapazitäten und Präferenzen des Aufnahmelandes ausgerichtet sein.

Für Leggewie ist wichtig, daß die Kriterien für die Aufnahme transparent gestaltet werden. Das heiße, verläßliche Rechtsgrundlagen für Einwanderungswillige zu schaffen. Es sollten keine Quoten, sondern gesetzliche Mechanismen eingeführt werden, die den Bedarf von Arbeitskräften auf dem Arbeitsmarkt festlegen und regulieren. Begrenzungen, so Leggewie, seien notwendig, um soziale Ausgrenzungen zu verhindern.

Für Leggewie ist die multikulturelle Gesellschaft »kein utopisches Phantasieprodukt fürs nächste Jahrtausend, sondern ein Topos der realen Welt«. Nachdem die multikulturelle Gesellschaft lange Zeit auf dem »politischen Index« gestanden habe, gehe es nun darum, zu klären, wie wir künftig miteinander und nebeneinander leben. Wie können wir Menschen anderer Herkunft oder kultureller Prägung integrieren, ohne sie zu vereinnahmen? Wie ist es möglich, Autonomie und Pluralität Platz einzuräumen, soziale Gegensätze und Spannungen zu regeln?

Die multikulturelle Gesellschaft ist eine Herausforderung für alle. Jeder täte gut daran, sich auf diese Wirklichkeit einzustellen und über kulturelle Grenzen hinweg einen Dialog zu beginnen. Nur jene Gesellschaften hätten nach Ansicht Leggewies eine Zukunft, die es verstünden, mit den multiplen kulturellen Formen umzugehen.

2. Fragebogen

1. Sehen Sie sich selber als Gesellschaftstheoretiker, Gesellschaftskritiker, Gesellschaftsarchitekt oder lediglich als geselliger Zeitgenosse?

Wenn ich mich entscheiden muß, als geselliger Zeitgenosse und »kritischer Architekt«. Gesellschaftsarchitekten haben in der Regel selbst nicht viel zu bauen, außer vielleicht sie belegen bestimmte Nischen. Meine kleine Nische habe ich seit ungefähr 15 Jahren nachlesbar darin gefunden, in Deutschland ein anderes Verständnis von Staatsbürgerschaft zu verbreiten und an der überfälligen Reform des Staatsangehörigkeitsrechts mitzuwirken. Gewisse Erfolge kann man heute registrieren, die blockierenden Auffassungen der konservativen Staatsrechtler und Politiker sind nicht mehr tonangebend und praxisleitend. Im übrigen halte ich die demokratische Gesellschaft, in der ich lebe, mit Winston Churchill für die schlechteste mit Ausnahme aller anderen bekannten. Ihre ständige Reform und Innovation ist die Basis meiner Arbeit als Sozialwissenschaftler und Schriftsteller.

2. In welcher Gesellschaft leben wir eigentlich?

In einer ausgesprochen spannenden, meine ich. Seit 1989 ist die Welt freier, offener und aufregender geworden, und zwar grosso modo in einem durchaus positiven Sinne. Das gilt auch für den kulturellen Pluralismus alias »Multikulturalität«, auf die wir ja wohl noch genauer zu sprechen kommen.

3. Worin sehen Sie die Stärken und Schwächen dieser Gesellschaft?

Wenn ich die Zeit seit meinen ersten politischen Wahrnehmungen als Schülerzeitungsredakteur und Klassensprecher in den frühen 60er Jahren rekapituliere, also fast die gesamte Geschichte der Bundesrepublik, sehe ich die Stärke moderner Gesellschaften in ihrer Anpassungsfähigkeit an sozialen und kulturellen Wandel, d.h. in ihrem Vermögen, Krisen nicht nur zu managen, sondern sie wenigstens gelegentlich auch produktiv zu nutzen. Ihre seit rund 15 Jahren gewachsene Schwäche sehe ich darin, daß sie wieder ungleicher geworden ist. Ich bin kein Anhänger der »equality of results«, aber mehr denn den je Verfechter der »equality of opportunities«, und die ist in unserer Gesellschaft wahrlich nicht gegeben.

4. Welche Rolle spielen Sie in der Gesellschaft?

Ich bin jetzt gerade im 50. Semester Hochschullehrer, und zwar mit anhaltender Begeisterung und großem Engagement. Es ist die besondere Gnade dieses Berufs, daß er es mir ermöglicht, seit 25 Jahren mit 25jährigen zusammenzuarbeiten, also nicht nur zu lehren, sondern auch selber in Diskussionen dazuzulernen. Außerdem kann ich der Schriftstellerei nachgehen, also Kolumnen, Analysen und Stellungnahmen verfassen und als gelegentlicher Politikberater tätig werden, ob dies nun vor einem Bundestagsausschuß ist oder in einem eher privaten Gespräch mit PolitikerInnen. Man sagt mir nach, ich sei schwer politisch einzuordnen und immer für eine Überraschung gut. Auch wenn manche das eher kritisch bewerten, nehme ich es als Ausdruck intellektueller Unabhängigkeit, die ich auch dann nicht aufgegeben habe, wenn ich mich erkennbar für die linke Mitte und auch für eine neue, rot-grüne Regierung eingesetzt habe.

5. Welche Gesellschaftsromane haben Sie fasziniert?

Mein Lieblingsroman war lange »Der Mann ohne Eigenschaften« von Robert Musil, den ich zweimal ganz durchgelesen habe. Zuletzt haben mich Richard Fords Romane fasziniert, in denen es um Frank Bascombe und andere normale Leute an der amerikanischen Ostküste geht. Ich mag auch andere amerikanische Autoren, vor allem solche von »short stories«, den Kurzgeschichten mit jenem unnachahmlich lakonischen Stil. Früher habe ich viel von Theodor Fontane, Thomas Mann und Heinrich Böll gelesen, das übliche Programm. Mich haben weniger »engagierte« Romane interessiert als solche, die auf literarisch anspruchsvolle Weise soziologische Einsichten vermitteln. Deshalb lese ich gerne Romane und Novellen aus den jeweiligen Landstrichen, in denen ich mich gerade aufhalte.

6. Welchem Gesellschaftsspiel gehen Sie gerne nach?

Eigentlich keine. Ich mag Spiele, in denen man kleine Geldbeträge einsetzen kann, vom Pokern über Pferderennen bis zum Börseneinsatz. Spiele also, bei denen man ein gewisses Risiko eingeht. Das wichtigste dabei ist die Fähigkeit, zum richtigen Zeitpunkt aufzuhören.

7. In wessen Gesellschaft halten Sie sich bevorzugt auf?

Abgesehen von den Menschen, die mir besonders nahestehen, wie meine Frau und meine Freunde, am liebsten in spontan zusammengekommenen Runden, die sich bilden, wo ich gerade bin. Ich habe lange ein Nomadenleben geführt und war bei Reisen auf solche Begegnungen angewiesen und erpicht. Meine Gegenüber sollten dann möglichst nicht den gleichen Beruf haben wie ich, das monomane Gespräch unter Professoren über Fachbereichsangelegenheiten oder Berufungslisten langweilt mich, auch Rechthaberei und Profilierungssucht. Am liebsten also in Zufallsgesellschaften neugieriger und eigenwilliger Menschen.

8. Welcher Gesellschaftsgruppe fühlen Sie sich zugehörig?

Mittlerer oberer Mittelstand, absoluter Durchschnitt. Da halte ich mich ganz gerne auf und nutze ansonsten das Privileg des »freischwebenden Intellektuellen«. Sogenannte Prominente sind meistens enttäuschend.

9. Welche Person(en) von gesellschaftlicher Größe schätzen Sie?

Leute, die spontan das richtige tun oder etwas falsches berichtigen können. Meine »Helden der Gegenwart« sind die »einfachen« Leute, die ich in extremen Situationen, in Sarajewo oder in Algier, getroffen habe und die ein ungeheures Maß an Mut, Menschlichkeit und Würde bewiesen haben.

10. Wie sieht für Sie die ideale Gesellschaft aus?

Die gibt es nicht, und alle, die ihr nachjagen, wie ich selbst eine Zeit lang, sind mir verdächtig geworden. Utopisten sind ein Horror. Die ideale Gesellschaft ist eine, die immer noch verbesserungswürdig ist. Andernfalls wäre ich arbeitslos.

11. Wollen Sie die Gesellschaft verändern?

Stück für Stück, in Richtung auf mehr Liberalität, mehr Freiheit, auch mehr Gerechtigkeit – alles Kategorien, die bekanntlich verhandlungsbedürftig sind. Analytisch bin ich schon froh, wenn ich kapiere, wie sich diese Gesellschaft von selbst verändert, also als Zusammenfluß nicht-intendierter Handlungen.

12. Wie sieht die Gesellschaft von morgen aus?

Wenn wir Glück haben, ungefähr so wie die von heute, mit ein paar wesentlichen Verbesserungen.

3. Interview

Von der ethnozentrischen zur multikulturellen Gesellschaft

Eine bekannte Schlagzeile des Nachrichtenmagazins »Der Spiegel« hat im April 1997 das Scheitern der multikulturellen Gesellschaft diagnostiziert. Ist die multikulturelle Gesellschaft tatsächlich gescheitert?

Dazu kann man nur sagen: We never promised you a rose garden! Wer hat ernsthaft die Vorstellung, eine monokulturelle Gesellschaft könne überhaupt existieren und eine multikulturelle Gesellschaft ohne Konflikte sein, als mache sie alle Menschen friedlich und freundlich. Eben jene Konflikte, die in der genannten Titelgeschichte beschrieben waren, zwischen Einheimischen und Fremden, aber auch zwischen eingewanderten ethnischen und religiösen Gruppen, sind typisch für kulturellen Pluralismus. Ich will diese Konflikte nicht beschönigen, für sie aber eine Art Kosten-Nutzen-Rechnung anregen. Was wäre denn die Alternative? Zurück zur erzwungenen ethnischen Homogenität der beiden deutschen Staaten, welche die Nationalsozialisten herbeiterrorisiert hatten? Eine kulturprotektionistische Wagenburg, wie sie akademische Phantasten und phantasielose Politiker aufziehen wollen? Wenn der frühere Berliner Innensenator Schönbohm vorschlägt, Bezirke mit hohem Einwandereranteil zu entmischen – wie will er das denn eigentlich anstellen – mit Zwang, mit Prämien, mit guten Worten? Schon in der Gesellschaft der 50er Jahre hatten wir solche Gruppenkonflikte, und die damaligen »Mischehen« bestanden zwischen Katholiken und Protestanten, und damals wurden Süditaliener oder Serben als genauso fremd empfunden wie heute Menschen aus Anatolien oder Afghanistan. Ich gelte, ähnlich wie Daniel Cohn-Bendit und Heiner Geißler, mancher polemischer Feder als »MultiKulti-Phantast«. Die das schreiben, tun so, als hätten wir den Zustand des kulturellen und religiösen Pluralismus herbeigeschrieben, den in Wahrheit die gezielte Anwerbung von Arbeitsemigranten und die Attraktivität unseres Sozialstaats hergestellt haben. Was wir versucht haben, war eine nüchterne Bestandsaufnahme und die Erarbeitung von Spielregeln für eine multikulturelle Gesellschaft, die politische Integration und kulturelle

Claus Leggewie · Die multikulturelle Gesellschaft

Differenz nach amerikanischem Muster kombiniert. Michael Walzer und Charles Taylor haben das auch für die Vereinigten Staaten und Kanada analysiert, und sie sind ebensowenig Kulturrelativisten wie die deutschen Befürworter eines »soft multiculturalism«. Wogegen wir uns gewandt haben, war die ethnische Homogenität deutschen Stils, aber auch die abstrakt-republikanische Homogenisierung französischen Stils. Übrigens: Wer sagt, daß die multikulturelle Gesellschaft gescheitert ist, muß selbst Maßstäbe entwickeln, wie sie »gelingen« könnte.

Unter welchen Voraussetzungen wäre die multikulturelle Gesellschaft in Ihren Augen gelungen oder aber gescheitert?

Gelungen ist sie, wenn die uns oft nur neu erscheinenden Konflikte in Formen, Institutionen und Arenen gelöst werden, die der pluralistischen Gesellschaft mit staatlichem Gewaltmonopol entsprechen und sich nachhaltige Ethnisierungen vermeiden lassen. Gescheitert wäre die multikulturelle Gesellschaft, wenn solche Stereotypen und gewalttätige Konfliktlösungen überhandnehmen. Wenn ein Zustand gegenseitiger Öffnung und Durchdringung, wie er sich im Alltagsleben, nicht zuletzt auch bei Eheschließungen und Familiengründungen, bereits eingestellt hat, zurückgenommen würde und sich eine gegenseitige Abschottung zwischen Deutschen und Einwanderern, aber auch zwischen den ethnischen Gruppen, verfestigte.

Kritiker behaupten, die multikulturelle Gesellschaft wäre eine Utopie, und führen dann Beispiele an wie Jugoslawien oder Nordirland, wo das multikulturelle Konzept offenbar nicht funktioniert. Ist ein Zusammenleben von Menschen unterschiedlicher nationaler Herkunft und kultureller Prägung vielleicht gar nicht möglich?

Das hieße, einige Jahrhunderte Menschheitsgeschichte zu verleugnen. Es kommt schon darauf an, aus den beiden von Ihnen genannten Konflikten die angemessenen Lehren zu ziehen und sie nicht als Totschlagargumente gegen eine doch ganz anders gelagerte Problematik bei uns zu verwenden. Jugoslawien hat eine multiethnische Vergangenheit mit einer doppelt, durch die innere titoistische Diktatur und die Zwischenlage im Ost-West-Konflikt determinierten politischen Oberfläche, in der die alten Nationalitätenkonflikte ruhig gestellt waren, sich aber keine multikulturelle Bürgergesellschaft entwickeln konnte, in der die ethnische Herkunftsbestimmung aufgelöst gewesen wäre in »multiple« Identitätsfiguren, die sich überlappen und die die Virulenz der politisierten Abstammung und/oder Religion zu neutralisieren vermocht hätten. Sarajewo höre ich immer wieder als scheinbar selbstevidentes Argument gegen Multikulturalismus – als wäre diese Apokalypse zu vermeiden gewesen, wenn man sich abgeschottet hätte. Diese Stadt ist aber doch nicht daran gescheitert, daß die in der Stadt lebenden Christen, Orthodoxen und Muslime aus heiterem Himmel aufeinander losgegangen wären, sondern durch den gezielten Angriff außerhalb der Stadt lebender Nationalisten und Faschisten. Bosniens Multikulturalismus ist nicht an seinen eigenen Geburtsfehlern zugrundegegangen, sondern weil eine recht gut funktionierende ethnisch-religiöse Mischung denen in Pale ein Dorn im Auge war. Auch in Nordirland ist der ganz überwiegende Teil der Bevölkerung ganz offensichtlich daran interessiert, einen religionspluralistischen Zustand aufrechtzuerhalten. In Deutschland zu behaupten, daß ein Zusammenleben von Protestanten und Katholiken prinzipiell undenkbar ist, wäre doch 350 Jahre nach dem Westfälischen Frieden blanker Unsinn.

Wenn wir die Situation in der Bundesrepublik Deutschland betrachten: Hier hat eine längst überfällige öffentlich-politische Auseinandersetzung darüber, daß Deutschland ein Einwanderungsland ist, bislang nicht stattgefunden. Der französische Anthropologe und Historiker Emmanuel Todd verweist in seinem Buch »Das Schicksal der Immigranten« auf »eine Mischung aus Ängsten, Tabus und Verbohrtheit«, die die deutsche Politik gegenüber Einwanderern bestimme. Sehen Sie das ähnlich?

In dieser leidigen Frage wird eine Dissonanz zwischen sozialer Wirklichkeit und kognitiven Deutungsmustern aufrechterhalten und durch törichte Kommentare – »Die Grenzen der Zumutbarkeit sind überschritten« – immer wieder neu genährt. Sicher war Deutschland seit Ende der 50er Jahre ein Einwanderungsland anderen Typs als die klassischen Immigrationsländer USA, Kanada, Australien oder auch Frankreich, aber die Bundesrepublik war eben auch Ziel einer gewollten, wenn auch ungesteuerten Einwanderung. Das ist den Leuten, die das Gegenteil insinuieren, durchaus klar, aber sie treiben eine gezielte Politik mit der Verunsicherung, die in Teilen der Bevölkerung durch diese unerklärte Immigration entstanden ist.

Wie läßt sich Mißtrauen und Feindschaft gegenüber »den anderen« abbauen, um Konflikten und Spannungen entgegenzuwirken? Ist Integration durch sachkundige Aufklärung über Eigenart, Mentalität, Sorgen und Lebenssituation der uns immer noch fremd gebliebenen Mitbürger zu erreichen oder ist der deutsche Mythos vom »homogenen Volkskörper«, nicht zu überwinden?

Sachkunde ist immer gut, und eine andere Waffe als Aufklärung hat man in unserem Geschäft ohnehin nicht. Das zielt auch auf manche, die gutgemeint um Integration »des Anderen« bemüht sind, sich in ihrer Xenophilie aber ähnlicher Mythen bedienen, darunter des Mythos vom »deutschen Sonderweg« und der negativen Affirmation einer rassistischen Tradition der Deutschen.

Der Bevölkerungswissenschaftler Herwig Birg plädiert aufgrund demographischer Entwicklungen für eine geregelte Zuwanderung. Nach seiner Einschätzung werden bei Konstanz der geringen Geburtenrate nur noch 24 Millionen Menschen am Ende des 21. Jahrhunderts in Deutschland leben, was zwischenzeitlich zu erheblichen Defiziten in den Sozialversicherungs- und Rentenkassen führen wird. Wenn Deutschland Einwanderer zur Sicherung seines sozialen Systems benötigt, wie könnte eine geregelte Zuwanderungspolitik aussehen?

Zunächst einmal ist der Eckpfeiler jeder Einwanderungspolitik nicht die Quotierung oder Kontingentierung, sondern ein Territorialrecht (ius soli), wie es die neue Bundesregierung nach langen Qualen einzuführen gedenkt. Egal wie restriktiv Einwanderung – hierzulande sagt man immer noch Zuwanderung – gehandhabt wird, muß die Möglichkeit bestehen, daß Menschen anderer Herkunft oder Religionszugehörigkeit politisch als Bürger und Bürgerinnen gleichgestellt sind. Danach kann man sich rational (und auch vom Standpunkt des Aufnahmelandes aus egoistisch!)

darüber verständigen, wieviel Einwanderer welcher Qualifikation man ins Land holen möchte – neben politisch Verfolgten, Bürgerkriegsflüchtlingen und auch Familiennachzug.

Was hat sich von dem, was Sie 1990 in Ihrem Buch »Multi Kulti – Spielregeln für die Vielvölkerrepublik« vorgeschlagen haben, verwirklicht?

Wir sind einen entscheidenden Schritt vorangekommen. Was die faktische Liberalisierung der Einbürgerungspraxis anbetrifft, war Deutschland schon vor 1998 weniger restriktiv als die klassischen Einwanderungsländer, die heute auf »immigration zero« zusteuern und auf das Abstammungsprinzip zurückkommen, also in die entgegengesetzte Richtung steuern.

Was halten Sie von einer festgesetzten Zuwanderungsquote?

Jedes Einwanderungsgesetz ist unter den heutigen Bedingungen ein »Zuwanderungsbegrenzungsgesetz«, um einmal die Sprache der F.D.P. zu bemühen. Wer dagegen ist, unterliegt dem Mißverständnis, Einwanderung werde aus humanitären Gründen erlaubt oder restringiert. Ihr liegen knallharte demographische, sozialpolitische und arbeitsmarktpolitische Überlegungen zugrunde, nicht Erwägungen, die gegenüber Asylbewerbern und Flüchtlingen aus Katastrophengebieten angemessen sind. Aus diesem Grunde läßt die Bundesanstalt für Arbeit jedes Jahr Zigtausende von »Saisonarbeitern« ins Land, die Arbeiten erledigen, für die sich auf dem »deutschen« Arbeitsmarkt keine Bewerber finden. Einwanderer gegen Arbeitslose auszuspielen ist demagogisch, weil deutsche Unternehmer sowohl am unteren wie auch am oberen Rand händeringend nach Arbeitskraft suchen. Aber auch wenn hier humanitäre Überlegungen nicht im Vordergrund stehen, sondern der schlichte Eigennutz, muß man mit den Eingewanderten natürlich humanitär umgehen. Ganz falsch wäre es, jetzt eine Einwanderungsregelung auf die lange Bank zu schieben, weil die demographische Lage und die Situation des Arbeitsmarktes heute eher restriktive Konsequenzen nahelegen. Arbeitskräftebedarf kann sich in beiderlei Hinsicht schon recht bald entwickeln. Das Modell einer quotierten und in vieler Hinsicht rationalen und integrativ gesonnenen Einwanderungspolitik ist die geregelte Aufnahme der ethni-

schen Deutschen, der sogenannten Aussiedler, wobei ich mir darüber
im klaren bin, daß diese »Russen« in mancher Hinsicht ähnlichen Problemen und Vorurteilen ausgesetzt sind wie die »Türken«.

**Dabei stellt sich die Frage, wie eine Einwanderungspolitik im europäi-
schen Maßstab aussehen kann.**

Die Bundesrepublik hat aufgrund ihrer liberalen Asyl- und großzügigen
Sozialgesetzgebung den größten Teil der Flüchtlinge nach und in Europa
aufgenommen. Das stellt eine schwere Belastung vor allem für die kom-
munalen Haushalte dar. Im Sinne europäischer Solidarität wäre es also
gut, auch die Lasten gerechter zu verteilen. Wenn die Drittstaatenrege-
lung funktioniert und Verfolgung von Asylbewerbern in Spanien, Öster-
reich oder Polen tatsächlich endet, ist eine »Weiterschiebung« nach
Deutschland in der Tat nicht notwendig. Insofern bin ich für die Europäisierung der Einwanderungs- und Flüchtlingspolitik ebenso wie für die
Europäisierung der Sozialpolitik und des Staatsangehörigkeitsrechtes.

**Sie haben den Vorschlag gemacht, Einwanderungsanträge sollten im
Ausland gestellt werden. Um einen realistischen Fall zu konstruieren:
Ein Siebenbürger Sachse und ein Rumäne, die beide in Hermannstadt
(rumänisch: Sibiu) leben, wollen nach Deutschland. Im Gegensatz zu
dem Rumänen kann sich der Siebenbürger Sachse auf das Blutsrecht
berufen und wird deshalb bevorzugt behandelt. Diese Chancenungleich-
heit erscheint nicht gerecht.**

Das wurde hervorgerufen durch das fehlkonstruierte deutsche Staatsangehörigkeitsrecht, für dessen Prolongierung ich nicht war und bin. Nur
hat die Bundesrepublik dem Siebenbürger Sachsen versprochen, ihn zu
privilegieren, also: pacta sunt servanda. Grundsätzlich sollte aber jede
Einwanderungs- und Integrationspolitik universalisierbare Kriterien haben und dieser ethnischen Privilegierung ein Ende setzen.

Ein Artikel von Ihnen, der 1993 in der Wochenzeitschrift »Die Zeit« abgedruckt war, trägt den Titel: »Heimat Babylon«. Führt die Mehrsprachigkeit in der multikulturellen Gesellschaft zu Verwirrung? Welche Rolle spielt die Landessprache?

Jeder Einwandererfamilie ist dringend anzuraten, möglichst gut deutsch zu lernen. Jede Einwanderungsgesellschaft hat eine »lingua franca«, und Bilingualismus ist nicht unter allen Umständen empfehlenswert. Aber Vielsprachigkeit an sich ist noch kein politischer oder sozialer Sprengstoff, wie das Beispiel der Schweiz zeigt; sie wird es erst mit der Politisierung von Sprachdifferenzen wie in Kanada, Jugoslawien oder Belgien, wo andere Gründe für die Polarisierung ausschlaggebend waren. In der Europäischen Union haben wir ohnehin keine Lingua franca mehr, Übersetzungsleistungen und Vielsprachigkeit sind also erforderlich. In den USA diskutiert man jetzt über »English only«, aber das hindert die Hispanics ebensowenig, zu Hause spanisch zu reden, wie bei uns die Türkenfamilie türkisch zu sprechen.

Warum wurde das absurde Wort »Ausländer« kreiert? Warum wird es gemeinhin für die Menschen verwendet, die keinen deutschen Paß besitzen?

Wer keinen deutschen Paß besitzt, ist nun einmal Ausländer – das ist doch nicht absurd. Absurd ist allerdings, wenn Personen als »Ausländer« gelten, die seit Jahrzehnten hier leben und arbeiten oder sogar hier geboren sind und sich deutschen Lebensgewohnheiten angepaßt haben.

Was würden Sie für eine Alternative vorschlagen?

Eben jenes Territorialprinzip, auf das wir uns jetzt zubewegen. Es ist dann kein Problem und auch kein Makel, von Deutschen türkischer Herkunft oder »Deutsch-Türken« zu sprechen, genau wie in den USA von Italian-Americans oder Chinese-Americans. So verbinden sich politische Gleichheit und kulturelle Differenz.

Bedeutet eine Bezeichnung wie Deutschtürke nicht immer auch eine Etikettierung?

Etikettierungen sind in einer komplexen Gesellschaft unvermeidbar und sogar nützlich, wenn sie nicht zum Makel werden. In der Berichterstattung wäre das immer noch besser, als wenn man die übliche Schlagzeile hätte: »Ausländer handelt mit Drogen« oder »Türke beraubt Bank«. Im Fall »Mehmet« haben wir gesehen, wie irrational die deutsche Politik mit Einwanderern der zweiten Generation umzugehen fähig ist.

Warum macht es Sinn, ethnische Differenzierung herauszustellen? Gibt es nicht die Möglichkeit, ethnische Akzentuierung zu umgehen?

Weil wir alle Menschen sind? In Deutschland pochen die Leute doch auch darauf, daß sie Schwaben, Sachsen oder Friesen sind. Ethnische, oder allgemeiner, Gruppenidentitäten sind doch nicht notwendigerweise ein Stigma, sondern auch eine Ressource. Problematisch ist es, wenn das Verhalten einzelner auf die gesamte Gruppe übertragen wird – »der« Türke oder »der« Deutsche, oder wenn Namen wie »Zigeuner« einen fast durchgängig pejorativen Klang bekommen haben. Das wissen wir doch aus der Antisemitismusforschung, die ja übrigens auch die ebenso stigmatisierende Wirkung philosemitischer Stereotypen belegt. Ebenso problematisch ist es also, wenn umgekehrt einer Gruppe ein permanenter Opferstatus angehängt wird oder aus Gruppenidentitäten bestimmte kollektive Rechte und Ansprüche abgeleitet werden, die über die Pflege der je eigenen Religion, Sprache und Kultur hinausgehen. Dazu muß man zwei Arten von Multikulturalismus unterscheiden: »Soft multiculturalism« läßt kulturelle und religiöse Differenz zu, ermutigt sie sogar, weil er dem »Verfassungspatriotismus« nicht widerspricht, der auf politische Gleichheit und Indifferenz beruht. »Hard multiculturalism« hingegen läuft auf eine ethnische Quotierung hinaus, die Individuen auf ewig an ihre Herkunft bindet und ihren Minderheitenstatus geradezu festschreibt, weil davon Vorteile erwartbar sind – zumal dann, wenn ihm ein Opferstatus zugrundeliegt.

Nennen Sie bitte ein Beispiel.

Manche halten es in den USA aber auch hierzulande für opportun, Minderheiten für aktuellen oder vergangenen Rassismus zu entschädigen. Wenn also jeder zehnte Berliner türkischer Herkunft ist, folgt für diese daraus, daß zehn Prozent aller Leute öffentlichen Ausschreibungen, Studienplätze und dergleichen an Türken vergeben werden, um Diskriminierung zu vermeiden – egal, wie qualifiziert die Bewerber dafür sind. Das Modell ist die Frauenquote, aber in ethnischer Hinsicht sind die Auswirkungen dieser Quotierung hanebüchen. Sie provozieren vermeidbare Sekundärkonflikte und die Fixierung auf sozialstaatliche Verteilungskämpfe.

Was halten Sie von der doppelten Staatsangehörigkeit?

Wenig, aber wir haben uns dieses Abweichen von der »reinen Lehre« – wer in Deutschland als Deutscher lebt, braucht auch nur einen Paß – selbst zuzuschreiben. Das von deutschen Politikern und Staatsrechtlern über Jahrzehnte aufrechterhaltene Dogma vom »Übel« der Mehrstaatlichkeit und das anachronistische Staatsangehörigkeitsrecht haben uns Mehrstaatler in großer Zahl beschert. Angehörige der zweiten und dritten Generation sind durch diese Politik in falsche Identitätskonflikte gestürzt worden. Die oft nicht minder ethnizistische Argumentation der Eltern, die darin einen Verrat sahen, daß ihre Kinder Deutsche wurden, verschärft die Situation noch. So kann man als Übergangslösung die Toleranz doppelter Staatsangehörigkeit befürworten, aber ich befürchte, daß man damit auf beiden Seiten kulturelle Differenz bloß politisch verdoppelt, statt sie in einer ethnisch indifferenten Bürgerschaft aufzuheben.

Durch ein neues Konzept der Staatsbürgerschaft hätten wir weniger Ausländer in Deutschland.

Wenn die Deutschen etwas ironischer wären, könnte man den Satz »Es gibt zu viele Ausländer in Deutschland« durchaus formulieren.

Sie sagten, die multikulturelle Gesellschaft muß eine politische Gestalt bekommen. Welche Schritte sind bisher in diese Richtung unternommen worden? Was sollte als nächstes getan werden?

Nach der juristischen Reform des Staatsangehörigkeitsrechtes muß es jetzt auch implementiert werden, d.h. es muß dafür gesorgt und geworben werden, daß junge Einwanderer auch tatsächlich deutsche Bürger werden. Das Hauptproblem sehe ich bei denen, die aufgrund der Erfahrung fehlgeschlagener sozialer Integration diesen Weg nicht gehen und sich ebenso »inländerfeindlich« abschotten wie deutsche »Ausländerfeinde«. Der deutsche Paß schützt nicht vor Diskriminierung, und er berechtigt auch nicht zu einem umgekehrten Rassismus, von dem deutsche Schulkinder ein Lied singen können. Integration beginnt im Kindergarten, in der Schule, im Religionsunterricht, in den sozialen Brennpunkten, wo heute deutsche Unterschichten mit marginalisierten, aber auch aufgestiegenen Einwanderern oft schon in brutaler Sprachlosigkeit und Gewalt aufeinandertreffen. Dazu haben die Sturheit der deutschen Politik, aber auch die romantisierende Laxheit der »Ausländerfreunde« geführt.

Ist die multikulturelle Gesellschaft ein Modell, das sich trotz nationaler Selbstbestimmungsrechte durchsetzen wird?

Bitte kein »Modell«, wir haben doch erörtert, daß sie Realität ist, mit all ihren erfreulichen und Schattenseiten. Mit kulturellem Pluralismus lösen sich doch nicht die Nationen auf, wie man am amerikanischen oder schweizerischen Beispiel sehen kann. Multikulturalismus ist kein Gegensatz zur politisch begründeten, demokratischen Nation! Die europäische Identität baut auch nicht auf Kulturen auf, sondern auf politischer Integration und demokratischer Mitwirkung.

Ralf Dahrendorf stellt in seinem Buch »Der moderne soziale Konflikt« heraus, daß multikulturelle Gesellschaften eher die Ausnahme als die Regel sind. Der Prozeß der Zivilisation hätte den Wunsch von Menschen, unter ihresgleichen zu leben, nicht besänftigt. Welche Chance hat die multikulturelle Gesellschaft?

Die Menschen wünschen sich viel, darunter ethnische »Übersichtlichkeit«, die sie aber nicht haben und auch nicht bekommen. Es gibt keine ethnisch homogenen Nationen mehr. Dem kann man sich rhetorisch entgegenstellen, aber man wird die Konflikte nur verschärfen.

Armin Nassehi
Die funktional differenzierte Gesellschaft

»Das bürgerliche Privileg der Fremdheit«

Armin Nassehi, geboren 1960, ist Professor für Soziologie an der Ludwig-Maximilians-Universität München (LMU). Seine Schwerpunkte: Soziologische Theorie, Gesellschaftstheorie, Migrationssoziologie, Biographieforschung, soziologische Thanatologie.

»Auf allem und jedem lastet der Fluch der vielen Blicke.« Nassehi, diplomierter Pädagoge, Doktor der Philosophie und Professor für Soziologie, begnügt sich bei der Betrachtung eines Untersuchungsgegenstandes deshalb nicht mit dem »ersten Blick«. Erst durch einen »zweiten Blick« kommt, wie Nassehi sagt, das zum Vorschein, was zu schnell übersehen wird und allzu leicht in Vergessenheit gerät. Ein »zweiter Blick« offenbare neue Vorgehensweisen zur Beschreibung und Erklärung sozialer Sachverhalte.

Angewendet auf Armin Nassehi selbst, stellt man auf den ersten Blick fest, daß er seine Haare nicht mehr wie früher zum Zopf binden kann, aber – und das zeigt der zweite Blick – durchaus in der Lage ist, seine Gedanken effizient zu bündeln. Oberflächlich betrachtet ist Nassehi ein glänzender Komödiant, der gerne Westen trägt, und seine Erkenntnisse mit pastoraler Gebärde vorträgt. In Wahrheit spielt er aber mit Leidenschaft den hintersinnigen Hofnarren einer Gesellschaft, die sich gerne unterhalten läßt, aber versäumt, sich im Spiegel zu betrachten. »Um Gesellschaft zu beschreiben«, so sagt Nassehi, »kommt es immer auf den Standpunkt, auf die Beobachterperspektive und auf die Frage an, die man stellt.«

Ausgewählte Buchveröffentlichungen:

Armin Nassehi: Die Zeit der Gesellschaft.
Auf dem Weg zu einer soziologischen Theorie der Zeit.
Westdeutscher Verlag, Opladen 1993

Armin Nassehi (Hrsg.): Nation, Ethnie, Minderheit.
Beiträge zur Aktualität ethnischer Konflikte.
Böhlau Verlag, Köln 1997

Armin Nassehi u.a. (Hrsg.): Soziologische Gesellschaftsbegriffe.
Konzepte moderner Zeitdiagnosen.
Wilhelm Fink Verlag, München 1997

1. Konzept

»Wenn es einen common sense soziologischer Gesellschaftstheorie gibt, dann besteht dieser ohne Zweifel in der Annahme, daß Gesellschaften differenzierte Einheiten sind.« Dieser Satz steht am Anfang eines Aufsatzes zur »Theorie funktionaler Differenzierung«, die für Armin Nassehi die geeignetste Theorie für das Verständnis der Strukturprinzipien von Gesellschaft darstellt. Nassehis Ansatz basiert auf den Ausarbeitungen von Talcott Parsons und Niklas Luhmann. Letzterer sah die Gesellschaft in operativ autonome, funktionale Teilsysteme differenziert, die sich aufeinander beziehen und sich wechselseitig beobachten. Nassehi hat die Theorie der funktionalen Differenzierung, die zweifellos die Schlüsselkategorie der Gesellschaftstheorie ist, um neue Fragen erweitert.

In der historischen Perspektive erwächst die funktional differenzierte Gesellschaft aus der stratifikatorischen Gesellschaftsformation, die ihren Vorläufer in der segmentären Gesellschaft hat. Eine segmentäre Gesellschaft zeichnete sich dadurch aus, daß sie in gleiche Teile differenziert war: Familie, Stamm oder Dorf. Die stratifikatorische Gesellschaft war dagegen in ungleiche Schichten unterteilt: Adel, Bürger, Bauern und Besitzlose. Gleiche wie ungleiche Komponenten sind schließlich in der funktional differenzierten Gesellschaft vereint. Kennzeichen der heutigen Gesellschaft sind einzelne funktional differenzierte Teilsysteme wie Wirtschaft, Politik, Recht, Erziehung, Wissenschaft, Kunst, Religion und Medizin, die alle – und in dieser Hinsicht sind sie sich gleich – einer eigenen systemimmanenten Logik folgen. Ungleich sind sie in bezug auf ihren Aufgabenbereich, der jeweils verschieden ist. Die Teilsysteme entdecken sich als letzten »Fluchtpunkt ihrer selbst« und beziehen sich in ihren Handlungsabsichten, tatsächlichen Handlungen und Handlungsfolgen auf ihren spezifischen Bereich. Ausgeschlossen sei deshalb, daß sich die einzelnen Funktionsbereiche über eine allen Systemen verbindliche »Grundsymbolik« in ein Ganzes integrieren ließen. Nassehi betont, daß deshalb nicht Integration, sondern Differenzierung als Normalfall gesellschaftlicher Wirklichkeit angesehen werden muß. Differenzierung rufe in erster Linie Differenzen und nicht Einheit hervor. Es gehe nicht um die Frage, wie zwischen den differenzierten Einheiten vermittelt werden kann. Es gehe vielmehr darum, zu erkennen, welche Folgen die Selbstreferenz der einzelnen Teilsysteme für die Gesamtgesellschaft hat.

Vergesellschaftung laufe nicht wie in der segmentären und stratifikatorischen Gesellschaft über die Zugehörigkeit zu einem sozialen Zusammenhang oder über die Mitgliedschaft in einer bestimmten Schicht ab. Das Individuum finde seinen Platz in der Gesellschaft als Teil unterschiedlicher Funktionssysteme. Der einzelne Mensch könne beispielsweise sowohl im Wirtschafts- als auch Politiksystem oder im Rechtssystem eine Rolle spielen, wohlgemeint eine jeweils andere Rolle. Eine vollständige Integration der Person in das gesellschaftliche Gesamtgefüge gibt es, so Nassehi, dadurch aber nicht. Die funktionale Differenzierung führt nach Nassehis These zur Ausdifferenzierung der Gesellschaft und zur Individualisierung des Menschen, der unterschiedliche Rollen auszubilden und diese in unterschiedliche Teilbereiche einzubringen habe. Damit erwächst ein neues Verhältnis zwischen Individuum und Gesellschaft, das Nassehi mit Hilfe der Metapher eines zweiten Blickes verständlich zu machen versucht.

Der erste Blick sieht kollektive Identität, Identifikation mit einem Ganzen, als Grundvoraussetzung für die Integration des Individuums in die Gesellschaft. Ein zweiter Blick erkennt die entscheidende Stärke der funktional differenzierten Gesellschaft darin, daß der einzelne aufgrund der strukturellen Gegebenheiten der Gesellschaft seine Eigenheit entdecken und die Möglichkeit der Fremdheit in Anspruch nehmen kann.

Die Entkoppelung gesellschaftlicher Funktionen voneinander führt zwar einerseits zu Problemen, die sich durch den Verlust der Koordinations- und Steuerungspotentiale moderner Gesellschaften äußert, schafft aber anderseits das – wie es Nassehi formuliert – »bürgerliche Privileg der Fremdheit«, das sich aber erst auf den zweiten Blick für den einzelnen in der funktional differenzierten Gesellschaft erschließt.

2. Fragebogen

1. Sehen Sie sich selber als Gesellschaftstheoretiker, Gesellschaftskritiker, Gesellschaftsarchitekt oder lediglich als geselliger Zeitgenosse?

Mit allen Bezeichnungen wäre ich einverstanden, mit Ausnahme des Gesellschaftsarchitekten. Die Metapher des Architekten legt nahe, ein Produkt hervorzubringen, das dem Architekten selbst äußerlich ist, das sein Objekt ist und dieser dessen Subjekt. Wir dagegen sind – als Soziologen oder sonstwie an der Gesellschaft Beteiligte – nichts anderes als dies: immer schon Beteiligte. Und insofern sind auch Soziologen eher eine Gesellschaftsarchitektur als Gesellschaftsarchitekten. Insofern ist auch der Gesellschaftstheoretiker ein Produkt seines Gegenstandes, und als Gesellschaftstheoretiker verstehe ich mich durchaus, obwohl nicht alle Soziologie in Gesellschaftstheorie aufgeht. Als Gesellschaftstheoretiker verstehe ich mich in der Weise, daß ich meine, daß sich soziologische Einzelbeobachtungen nur dann angemessen verstehen lassen, wenn sie im Horizont ihres gesellschaftlichen Ortes und im Hinblick auf gesamtgesellschaftliche Strukturen beobachtet werden.
Ein Gesellschaftskritiker wird man damit automatisch. Gesellschaftskritik ist nämlich eine gesellschaftstheoretische Haltung, das ist nicht voneinander zu trennen. Auch hier stellt sich freilich die Frage, welche theoretischen Unterscheidungen so etwas hervorbringen, was wir Kritik nennen. Vielleicht reicht schon der Hinweis, daß das entscheidende soziologische Urteilsvermögen das Unterscheidungsvermögen ist. Und sicher ist das schwierigste Geschäft der Kritik nicht das Kritisieren selbst, sondern den Gegenstand der Kritik überhaupt erst zu finden.
Ob ich schließlich ein geselliger Zeitgenosse bin, können nur andere beantworten.

2. In welcher Gesellschaft leben wir eigentlich?

Wenn man das in einem Satz beantworten könnte, bedürfte es keiner Soziologie. Wenn es eine Epochenbeschreibung der Moderne, der Postmoderne, der Gegenwart oder welchen Namen man auch immer finden will, geben soll, dann die, daß keine eindeutige Beschreibung existiert. »Gesellschaft« – das könnte eine Chiffre für das Ringen um eine solche Bedeutung sein.

Der Gesellschaftsbegriff ist deshalb bei aller normalwissenschaftlichen Fundierung und Tradierung des Faches für die Soziologie immer unklar und umstritten gewesen. Wahrscheinlich gibt es kaum eine andere wissenschaftliche Disziplin, die derart mit ihrem Gegenstand verwoben ist wie die Soziologie. Ihr Gegenstand liegt ihr niemals positiv, sondern nur (selbst-)reflexiv vor. Deshalb ist es ungleich einfacher, sich ausschließlich mit Einzelerscheinungen, mit begrenzten Horizonten und Fragen zu befassen und das Problem der »Gesellschaft« ganz fallen zu lassen, weil dann die epistemologische Trennung von Erkenntnis und Gegenstand wenigstens simuliert werden kann. Und damit sind wir mitten in einer erkenntnistheoretischen Diskussion: Gibt es Gesellschaft, ohne daß Soziologen sie als Gesellschaft definieren? Ich meine nein. Insofern ist die Moderne eine Erfindung der Soziologie, wie die Soziologie umgekehrt eine Erfindung der modernen Gesellschaft ist, die durch sich selbst dazu gezwungen wird, sich »als Gesellschaft« wahrzunehmen.

3. Worin sehen Sie die Stärken und Schwächen dieser Gesellschaft?

Welcher? Wenn ich das beantworten könnte, würde ich meine Antwort auf die vorangegangene Frage Lügen strafen. Nun ist der Bedeutungshorizont Ihrer Frage ein anderer als der meiner vorherigen Antwort, nämlich ein politischer. Wer über Stärken und Schwächen redet, der redet im Horizont von Verbesserungsmöglichkeiten, und wer dies denkt, denkt das Politische immer mit. Ihre Frage zeigt sehr schön, daß der Gesellschaftsbegriff en passant den Staat auf den Plan ruft, was historisch sicher gut zu erklären ist, was aber einem angemessenen Gesellschaftsbegriff eher abträglich ist. Im Klartext: Auch die soziologische Fachdiskussion scheint den Gesellschaftsbegriff zu sehr an den Staatsbegriff zu binden, so daß Fragen nach Gesellschaft letztlich als politische Fragen erscheinen.

Wenn man denn diese Frage beantworten will: Die Stärke unseres Staates ist, daß alles stabil bleibt und Helmut Kohl ohne Blutvergießen abgelöst werden konnte, will heißen: daß kollektive Entscheidungsfindung und politische Konfliktbearbeitung auf stabile und funktionierende Institutionen zurückgreifen können – ein Vorteil, den wir vielleicht erst mit Blick auf die Transformationsländer in unserer östlichen Nachbarschaft wieder als solchen empfinden. Wenn es jedoch wirklich eine Stärke der modernen Gesellschaftsstruktur gibt, ist es diese: daß wir im alltäglichen Verkehr nicht auf Geselligkeit im Sinne einer stark normativ, emotional und persönlich aufgeladenen Wechselseitigkeit begegnen müssen, sondern letztlich als Fremde. Diese vielgescholtene Kälte und Distanz gilt es als Privileg anzuerkennen, als das bürgerliche Privileg der Fremdheit und das Recht, in Ruhe gelassen zu werden.

4. Welche Rolle spielen Sie in der Gesellschaft?

Wieder frage ich zurück: In welcher? In Ihrer Gesellschaft spiele ich gerade die Rolle des Interviewten. Die Frage ist wieder, was das eigentlich bedeutet, daß jemand eine Rolle »in der Gesellschaft« spielt. Wir spielen allerlei Rollen und sind geradezu gezwungen, uns wie ein Regisseur unserer selbst zu verhalten, der immer wieder darauf achtet, daß wir auch unseren Rollentext beherrschen. Insofern spielen wir Rollen in bestimmten »settings«, in reziprok erwartbaren Zusammenhängen, in diesem Sinne »in der Gesellschaft«.

5. Welche Gesellschaftsromane haben Sie fasziniert?

Wenn man unter einem Gesellschaftsroman einen solchen versteht, der die grundlegenden gesellschaftlichen Struktur- und Verkehrsformen im Blick hat oder auf den ersten Blick verborgene oder unsichtbare gesellschaftliche Mechanismen, dann fallen mir v.a. die »Abenteuer des braven Soldaten Schwejk« von Jaroslav Hasek ein. Fasziniert hat mich die Figur des Schwejk, weil er als Knecht in der Lage ist, den machtvollen Herrscher vorzuführen, weil er diesen wörtlich nimmt. Schwejk zwingt den Beobachter stets, einen »zweiten Blick« zu riskieren, weil der erste Blick schon dadurch gestört wird, daß nicht auf Routinen oder Selbstverständlichkeiten vertraut wird. Schwejk ist der Narr, der als einziger die Wahrheit sagen darf, ohne geköpft zu werden – vielleicht ist das eine schöne Parabel auf die Rolle der Soziologie im Kanon der Wissenschaften!

6. Welchem Gesellschaftsspiel gehen Sie gerne nach?

Eine anschauliche Unterscheidung ist die von George Herbert Mead, der einen Unterschied zwischen »play« und »game« macht. Es gibt die »games«, Regelspiele wie Brett- und Gesellschaftsspiele im Ravensburger Sinn. Damit habe ich nichts im Sinn, weil sie die freie Dissemination des Erzählens unter die Knute eines Allgemeinen zwingen. Es sind eher die einfachen »plays«, die man kleinen Kindern zuschreibt, denen ich gerne nachgehe: Ein Tun, das sich von sich selbst überraschen läßt und dessen Regeln sich induktiv und nicht deduktiv erschließen. Wenn der Schwejk eine Parabel für die Soziologie ist, dann »play« vielleicht für die suchende, zugleich engagierte und distanzierte Tätigkeit des Soziologen.

7. In wessen Gesellschaft halten Sie sich bevorzugt auf?

In meiner eigenen. Das ist der Fluch dieser Gesellschaft, daß sie uns dazu zwingt, uns immer doppelt zu denken. Einmal so wie wir uns naiv und in Echtzeit auf den ersten Blick erscheinen, und dann so, wie wir uns reflektieren, wie wir unserem zweiten Blick erscheinen. Insofern befinden wir uns permanent v.a. in unserer eigenen Gesellschaft.

8. Welcher Gesellschaftsgruppe fühlen Sie sich zugehörig?

Ihre Frage beinhaltet bereits eine Antwort, die ich nicht geben möchte, nämlich die, daß Gesellschaft aus Gesellschaftsgruppen bestehe. Selbstverständlich gehöre ich allerlei Gruppen an, formellen wie informellen. Doch damit ist fast gar nichts über die Gesellschaft gesagt – und über mich auch nicht.

9. Welche Person(en) von gesellschaftlicher Größe schätzen Sie?

Sorry, was heißt »gesellschaftliche Größe«? Diese »Größe« ist doch nichts anderes als ein Zurechnungskonstrukt, das bedeutende Ereignisse in Politik, Wirtschaft, Kunst, Sport usw. individuell zurechnet. Insofern sind alle Personen solche »gesellschaftlicher Größe«, da ihre Anwesenheit in gesellschaftlichen Zusammenhängen nie nur ein individuelles Merkmal ist, sondern durch unvermeidliche soziale Positionierungen bestimmt wird – wozu übrigens auch der Versuch gehört, sich als einzigartig, individuell und alleiniger Autor seiner Handlungen zu beschreiben.

Wenn ich aber Ihre Frage ohne diese Einschränkung beantworten soll, fallen mir schon Personen oder mit ihnen verbundene Handlungskonstellationen ein, deren »gesellschaftliche Größe« sich exakt daran bemißt. Wenn ich nun wirklich Personen nennen soll, dann Johann Sebastian Bach und Pablo Casals. Die Violoncello-Suiten des ersten, gespielt vom zweiten, sind von solcher »Größe«, daß man alle gesellschaftlichen Zurechnungsprobleme schlicht vergessen kann.

10. Wie sieht für Sie die ideale Gesellschaft aus?

Das kann man nur politisch beantworten. Man könnte sich vielleicht einen besseren Staat vorstellen, man könnte sich überlegen, welche Formen eine Kultur entwickeln müßte, damit »wir« – als vortheoretischer Kollektivbegriff – in einer bestimmten Art und Weise überleben. Die ideale Gesellschaftsform kann ich nicht beschreiben, weil sich die Gesellschaft als umfassendes soziales System nicht schlicht formieren läßt, und das erst recht nicht nach einem »idealen« Bild. Soziologisch spannend ist die Frage, unter welchen Bedingungen gesellschaftliche Konstellationen Gestaltungsmöglichkeiten erlauben und wie sich in der Wechselseitigkeit gesellschaftlicher Wirkkräfte gestaltende Intentionen und tatsächliche Wirkungen zueinander verhalten.

11. Wollen Sie die Gesellschaft verändern?

Ja, wobei dieses Bekenntnis erstens allzu korrekt und erwartungsgemäß ist und sich die Frage zweitens nach der Hochphase einer sozialtechnologischen Planungs- oder normativen Utopieeuphorie heute anders stellt. War die Soziologie vor einigen Jahrzehnten noch eine Instanz, die zur hemdsärmeligen Tat aufgerufen hat und gegen eine eher konservative Beharrlichkeit und Bewahrungskraft die Gestaltbarkeit und Kontingenz des Bestehenden behauptete, scheint sie heute eher eine Mahnerin zu sein, die zeigt, daß sich die Dinge ohnehin verändern – ob wir wollen oder nicht.

12. Wie sieht die Gesellschaft von morgen aus?

Das weiß niemand, und auch morgen wird das keiner wissen. Eine Prognose möchte ich nicht wagen, höchstens kann ich Befürchtungen formulieren: Wenn es zum Beispiel den Nationalstaaten nicht gelingen sollte, ihre eigenen Grenzen als Handlungsressource zu erkennen, befürchte ich, daß uns Globalisierungsprozesse tatsächlich zurückführen in den Tribalismus des 19. Jahrhunderts in Europa. Eine andere Befürchtung sehe ich darin, daß wir in einer sich rasant verändernden Weltgesellschaft neue Probleme mit den alten politischen Mitteln lösen, die uns manchmal die dörfliche Idylle des Nationalstaatensystems des 19. Jahrhunderts vorgaukeln.

3. Interview

Über die Gesellschaft des 1. und 2. Blicks

Welche Voraussetzungen müssen gegeben sein, damit wir von Gesellschaft sprechen können?

Zunächst einmal finde ich es spannend, zu hinterfragen, was Soziologen im Kopf haben, wenn sie über Gesellschaft reden. Ihre Frage zielt darauf ab, den theorietechnischen Horizont des Gesellschaftsbegriffs auszuloten. Derzeit stehen sich, wenn ich recht sehe, zwei Varianten gegenüber: zum einen ein Modell, das die Bedingung der Möglichkeit von Gesellschaft an einen gewissen gemeinsamen Wertehorizont, an eine normative Ordnung und kulturell unterfütterte Integration, d.h. die wechselseitige Einschränkung und Koordination der Teile einer Gesellschaft aufeinander, bindet; zum anderen ein Modell, das viel niedrigschwelliger ansetzt und nicht mit Integration oder normativer Ordnung beginnt, sondern mit dem Begriff »Gesellschaft« schlicht die Gesamtheit aller sozialen Ereignisse bezeichnet. So bindet der erste Gesellschaftsbegriff Gesellschaft an Geselligkeit, an die wechselseitige Übereinstimmung ihrer Mitglieder und an die Ausdifferenzierung von Regulierungs- und Sanktionsinstanzen für den Fall der Gefährdung der konsensuellen Übereinstimmung, während der zweite Gesellschaftsbegriff dies alles nicht ausschließt, aber nur als eine mögliche Variante gesellschaftlicher Ordnungsbildung betrachtet. Ich selbst neige eindeutig zur zweiten Variante, und zwar deshalb, weil die erste allzusehr am klassischen Modell der nationalstaatlich integrierten Gesellschaft hängt, deren Integrität und unproblematische Selbstgenügsamkeit – ein Begriff von Talcott Parsons – kaum mehr der weltgesellschaftlichen Realität unserer Tage entspricht. Jene drei Voraussetzungen der klassischen industriegesellschaftlichen Moderne – die kulturelle Integrität, der (national-)staatlich kontrollierte Ausgleich von Verteilungskonflikten und die Eindeutigkeit von Außen- und damit Einflußgrenzen – können nicht mehr vorausgesetzt werden und scheinen auch den Ursprung jener Desintegrationsprobleme zu symbolisieren, die wir derzeit als Umbruch erleben.

Wie sehen Sie den Zusammenhang zwischen Gesellschaft und National-staat?

Daß wir überhaupt von Gesellschaft und nicht von Welt reden, daß sich die Gesellungsformen von Menschen in je konkreten Gegenwarten und mit einer nicht bloß auf Tradition bauenden Selbstverständlichkeit als gestaltbar darstellen, ist als historische Konstellation unmittelbar an das Auftreten von Nationalstaaten gebunden. Der Nationalstaat war nicht nur eine Instanz gegen die Tradition der Naturwüchsigkeit des Seins, sondern auch ein Instrument, das den Risiken des Modernisierungsprozesses begegnete, indem er sie politisch bündeln konnte. Letztlich war und ist es der Nationalstaat, der im Modernisierungsprozeß dafür gesorgt hat, die auseinanderstrebenden Momente der Moderne zu vereinen und als jeweils nationale Varianten des Ökonomischen, Rechtlichen, Politischen, Kulturellen und sogar des Wissenschaftlichen aufeinander zu beziehen. Der stabile Nationalstaat ist gewissermaßen der blinde Fleck der Selbstbeschreibung der Moderne, was etwa darin zu erkennen ist, daß in der Tradition des soziologischen Diskurses die Begriffe Gesellschaft und Staat oder Nation munter durcheinandergehen.

Sicher übertreibt man nicht, wenn man behauptet, daß dieser Abschnitt der Moderne wenn nicht zu einem vollständigen Ende gekommen ist, so doch zumindest einen erheblichen Plausibilitätsverlust erlitten hat. Die Konsequenz für einen angemessenen soziologischen Gesellschaftsbegriff jedenfalls liegt auf der Hand: Die Identität von (National-)Staat und Gesellschaft ist ein Mythos, an dem die Soziologie selbst in den letzten hundert Jahren mitgestrickt hat und dem sie einen großen Teil ihres eigenen Erfolges verdankt, nämlich Reflexionstheorie der aktiven Gesellschaftsgestaltung zu sein. Spätestens mit den Globalisierungsfolgen, dem Auseinanderdriften funktionaler Perspektiven usw. verliert die Behauptung jener Identität an empirischer Evidenz und damit an theoretischer Berechtigung. Daß dies auch Konsequenzen für jenen Gesellschaftsbegriff hat, den ich gerade als denjenigen beschrieben habe, der als Möglichkeitsbedingung von Gesellschaft deren normative Integration und stabile Außengrenze ansetzt, dürfte deutlich sein.

Glauben Sie, daß sich der Gesellschaftsbegriff mittlerweile verändert hat?

Nun, die Beharrlichkeit unserer Nomenklatur ist bisweilen stärker als die ihres Gegenstandes. Nicht wenige Soziologinnen und Soziologen scheinen den Gesellschaftsbegriff immer noch im Sinne jenes geheimen Parsonianismus in den soziologischen Köpfen zu gebrauchen – im Sinne meiner ersten Definition nämlich. Freilich bricht sich bisweilen doch eine Diskussion Bahn, die etwa unter den Firmenschildern »reflexive Modernisierung« und »Globalisierung« auf Brüche aufmerksam macht, die zwar in der Kontinuität der Moderne stehen, aber zugleich gewisse Kontinuitäten aufbrechen. Auch die – gerade in Deutschland viel zu sehr durch die Hegemonie der am Gestus der Kritischen Theorie geschulten Zeigefingerintellektuellen gescholtenen – Postmoderne weist in diese Richtung, ebenso poststrukturalistische Provokationen und die angelsächsischen »cultural studies«, und ich meine auch, daß insbesondere die soziologische Systemtheorie hier ein außerordentliches Potential besitzt, weil sie in vielen ihrer Ausgangspunkte stark von den »klassisch« modernen Basissätzen abweicht, die für die Soziologie bis noch vor einigen Jahren sakrosankt waren: etwa Integration vor Differenzierung oder Intentionalität des Handelnden als Ursprung sozialer Dynamik.

Wer sind die Handelnden in der Gesellschaft?

Interessant ist für mich, daß wir – und ich meine auch die Soziologie – eine starke Naivität an den Tag legen, wenn wir von intentionalem Handeln reden. Ich wundere mich, daß dieses Selbstverständnis in der Soziologie noch als Grundmodell gilt, selbst wenn sich auch in Handlungstheorien zum Teil herumgesprochen hat, daß sich die Dynamik der Wechselseitigkeit von Handlungen mehr deren Wechselseitigkeit verdankt als den Intentionen der Handelnden.

Viel interessanter ist aber doch die Frage, wie Menschen in einem »setting« oder sozialen Raum handeln, in einer Gesellschaft, in der man Handlungsfolgen nicht auf das Handeln konkreter Menschen zurückführen kann. Und noch interessanter ist es, zu sehen, wie kontingent die Zurechnung aufs Handeln erfolgt, wie sehr also die Interpretation eines Ereignisses »als Handlung« ein gesellschaftlicher Konstruktionsprozeß ist.

Dies letzte scheint auch für viele Soziologen kaum als common sense gelten zu können. Und doch hätte schon ein Blick in die eigene Fachtradition genügt, um festzustellen, daß sich mit die größten Erfolge der Soziologie immer dann eingestellt haben, wenn es gelungen ist, solche Handlungskonstellationen, die uns aus alltäglicher Sicht immer als intentional individuell zurechenbar erscheinen, in der Weise verfremdend zu beschreiben, daß individuelle Verhaltensdispositionen als Effekt überindividueller Strukturen, als Ergebnis undurchsichtiger Verwicklungen und Verstrickungen und nicht zuletzt als Ausdruck der Seinsgebundenheit aller intentionalen Zumutungen erscheint.

Der naive Handlungsbegriff impliziert, daß der Handelnde die Handlungsfolge kontrollieren kann, und Soziologie beginnt dort spannend zu werden, wo sie ihren Gegenstand als ein Phänomen ansieht, das aus individuell unkontrollierbaren (Handlungs-)Folgen besteht. Man kann es auch kybernetisch ausdrücken: Kontrolleur und Kontrolliertes kontrollieren sich wechselseitig, und zwar gleichzeitig, also nicht kausal!

Aber eine Gesellschaft ist doch durchaus zu konkretem, intendiertem Handeln fähig. Auch wenn manche Ereignisse unvorhersehbar sind.

Ja, wenn Sie erstens die Einschränkung akzeptieren, daß »Gesellschaft« nur als Chiffre für einen kollektiven Akteur (zumeist ist wohl der Staat gemeint) dient, und wenn Sie zweitens mitbedenken, daß Intentionen nicht positiv vorliegen, sondern in erster Linie Ergebnis von Zurechnungen sind und durchaus strittig und konflikthaft zugerechnet werden.

Der Nationalstaat ist also kein überholtes Modell?

Nein, schon deshalb nicht, weil sich der Großteil organisierter Politik im Rahmen staatlicher Akteurskonstellationen bewegt. Er ist aber ein überholtes Modell, wenn er theoretisch als Chiffre für »Gesellschaft« herhalten muß.

Staatlichkeit hatte immer das Problem, territoriale Grenzen und Einflußgrenzen zu legitimieren. Und gegenwärtige Staaten sehen sich einer Enttraditionalisierung von gesellschaftlichen Prozessen gegenüber. Sie verlieren ihren Fokus: die gemeinsam geteilte Kultur, vielleicht sogar die gemeinsam geteilte Welt, die freilich nicht einfach so entstanden ist, sondern von Intellektuellen, zunächst von Literaten, Philosophen und Soziologen, erfunden wurde. Die Erfindung der Nation und die Erfindung von Tradition innerhalb der Moderne sind die Vehikel einer kollektiven Identität. Die Nationalisierungsbewegung im 19. Jahrhundert hatte den Sinn, Modernisierungsfolgen zu kompensieren und eine Gesellschaft, die sich zunehmend funktional ausdifferenzierte, mit Einheitssimulationen zu versorgen. Im Zuge der heutigen Globalisierungs- und Individualisierungsprozesse, um auf die Frage zurückzukommen, sehen wir uns aber dem Verlust dieses staatlichen Simulationsmonopols gegenüber. Das hat zur Folge, daß sich die Legitimität staatlicher Außengrenzen, was ja nichts anderes heißt als: Legitimität für Einflußsphären, nicht mehr von selbst versteht.

Was verstehen Sie unter Einheitssimulationen?

Kollektive Einheiten sind keine ontologischen Fakten, sondern stets Ergebnis von diskursiven Kämpfen. Die gesellschaftlich für die Moderne wirksamste Form kollektiver Einheit sind sicher die Nationen. Sie sind das Ergebnis einer kulturpolitischen Herstellung kollektiver kommunikativer Erreichbarkeit und kultureller Identität, die durch semantische Formen simuliert werden, die mit entsprechender Würde ausgestattet werden muß: z.B. Literatur und Geschichtsschreibung, Erfindung von Gründungsmythen und gemeinsamen Charaktermerkmalen, nicht zuletzt Mythen der Überlegenheit und eines besonderen historischen Auftrags. Wie sehr diese Einheitssimulation strategische Politik ist, können wir zur Zeit auf dem Balkan beobachten. Die gleichen Prozesse wie im 19. Jahrhundert in ganz Europa laufen dort ab. Über ethnische und nationale Zugehörigkeiten, die natürlich auch mit konfessionellen oder religiösen Grenzen in Zusammenhang gebracht werden, wird versucht, Nationen zu schmieden, um politisch handlungsfähig zu werden. Religion bzw. Konfession ist dabei nur ein Steinbruch für kulturelle Formen, ein semantisches Ersatzteillager. Man bedient sich der religiösen Chiffren, weil sie schön trennscharf sind. Man braucht diese Trennschärfe, um sich von den anderen abzugrenzen. Ohne Feinde scheint es schwieriger zu sein, kollektive Einheiten zu behaupten. Das ist – horribile dictu – fast schon ein soziologisches Grundgesetz.

Sie beschreiben die heutige Gesellschaft als funktional differenziert. Hat sie dadurch ihren Zusammenhalt verloren?

Der Begriff »funktionale Differenzierung« stammt von Talcott Parsons und meint zunächst nichts anderes als die soziologisch viel ältere Einsicht, daß sich die gesellschaftlichen Teilbereiche voneinander entfernt haben. Das Wirtschaften ist zum Beispiel religiös irrelevant geworden, genauso wie politische Handlungsformen unabhängig von Tugendfragen geworden sind oder wissenschaftliche Wahrheit sich eine rein eigengesetzliche und selbstbezügliche Begründung zumutet. Das theoretische Problem ist nun herauszufinden, in welcher Beziehung die gesellschaftlichen Teilbereiche nach ihrem Auseinanderdriften zueinander stehen. Funktionale Differenzierung heißt nämlich nicht, daß die Teile der Gesellschaft nichts mehr miteinander zu tun haben, sondern vielmehr, daß sie sich in einem Spannungsverhältnis befinden. Die theoretisch oder besser theorietechnisch entscheidende Frage ist dann aber, ob diese wohl in der Soziologie weitgehend unstrittige Diagnose der Ausdifferenzierung von ungleichartigen Handlungsbereichen sogleich an die Bedingung ihrer (normativen) Integration gebunden werden muß. Während etwa Talcott Parsons im Rahmen seiner Gesellschaftstheorie exakt diesen Weg geht und damit weit über sein Theorieparadigma hinaus schulbildend war, bietet Niklas Luhmann eine andere Variante an, die nicht mit Einheit, sondern Differenz beginnt. Ich halte diese zweite Version schon deshalb für plausibler, weil sie offener ist und damit die theoretische Abbildbarkeit denkmöglicher Fälle erheblich steigert. Auf eher empirische Evidenzen komme ich noch zu sprechen.

Für die Epoche des stabilen Nationalstaates scheint das Parsons'sche Modell durchaus zu genügen. In dieser Epoche konnte es gelingen, die gesellschaftlichen Teilbereiche zu domestizieren, indem man sie nationalisierte. Es gelang, die Ökonomie sozialstaatlich zu bändigen, eine rechtsstaatliche Autarkie aufzubauen, künstlerische und kulturelle Traditionen auf einen konkreten Nationalstaat zu beziehen usw.

Vor diesem Hintergrund müssen die gegenwärtigen Krisen der funktional differenzierten (Welt-)Gesellschaft tatsächlich als gesellschafts- und bestandsbedrohend angesehen werden, denn selbst innerhalb von nationalstaatlichen Kontexten scheint nicht nur die Evidenz gemeinsam geteilter Werte zu verschwinden, sondern erst recht ihre integrierende Kraft.

Ich würde aber noch einen Schritt weitergehen. Das Risikopotential der funktionalen Differenzierung besteht nämlich gerade in ihrem Erfolg. War in der Frühphase der Moderne die Wegdifferenzierung der funktionalen gesellschaftlichen Teilsysteme von einer traditionellen gesellschaftlichen Zentrallegitimation der Garant für das enorme Durchstarten und die historisch einzigartige exponentielle Steigerung von Möglichkeiten und Handlungsoptionen, hat sich heute gerade der Erfolg der eigensinnigen Entwicklung funktionaler Teilsysteme zur größten Gefahr für die moderne Gesellschaft entwickelt, weil es mit durchgesetzter funktionaler Differenzierung immer undenkbarer wird, sich einen gesellschaftlichen Ort vorzustellen, von dem her oder auf den hin sich die funktionalen Teilsysteme der Gesellschaft koordinieren könnten. Exakt das ist es, was Desintegration zum Normalfall moderner Vergesellschaftung macht, wenn man unter Integration dies verstehen will: daß sich die unterschiedlichen Teile eines Ganzen zugunsten des Ganzen einschränken und damit aufeinander abstimmen. Luhmanns Gedanke vom Übergang wechselseitiger Determination zu bloßer wechselseitiger Irritierbarkeit ist eine schöne Metapher dafür.

Wie können die Krisen der funktional differenzierten Gesellschaft überwunden werden?

Die Gefährdungspotentiale liegen gerade in der Optionssteigerung. Wir müssen uns von den harmonistischen Modellen von Gesellschaft lösen, nicht um jene »Unbrüderlichkeit« der Moderne nun auch theoretisch zu vollziehen, von der Max Weber meinte, sie sei der Moderne strukturell inhärent. Ich meine vielmehr, daß mit dem phänotypischen Mythos, es müßten sich nur alle Wohlmeinenden an einen Tisch setzen, um die Probleme gemeinsam zu lösen, die Probleme der gegenwärtigen Weltgesellschaft geradezu verniedlicht werden.

Ergeben sich durch die Globalisierung nicht auch Chancen? Ist die Menschheit nicht an einem historischen Punkt angekommen, an dem nationale Grenzen fallen und ein globaler Austausch möglich ist?

Selbstverständlich! Viele tun heute so, als sei der klassische National-staat ein geradezu erhabenes Modell der Vergesellschaftung. Daß uns dieses »goldene Zeitalter« seit dem 19. Jahrhundert als geradezu »dörfli-che Idylle« erscheint, ist das Ergebnis einer partiellen Amnesie der ge-sellschaftlichen Selbstbeschreibung. Die Katastrophen und Zivilisations-verluste der letzten hundert Jahre, auch die Hybris der europäischen Kultur und ihre koloniale Unterwerfung ganzer Kontinente ist doch nichts, was dem klassischen Modell der industriegesellschaftlichen Moderne äußer-lich und strukturfremd gewesen wäre. Es zeigt nur, wie dünn die Eisdek-ke zivilisierter Umgangsformen und Konfliktbearbeitungsstrategien wirk-lich ist. Insofern scheint sich auch die gegenwärtige gesellschaftstheore-tische Debatte und Theorie der Moderne viel zu wenig von den moder-nen Katastrophen unseres Jahrhunderts verunsichern zu lassen, von de-nen der deutsche Fall doch nur die extremste Variante einer der Moder-ne inhärenten Tendenz darstellt. Hier haben wir mit enormen Rezeptions- und Denksperren zu kämpfen, die allzusehr am dünnen und verlo-genen Konsens der Vergangenheitsbewältigung orientiert sind. Zumin-dest was dieses Thema angeht, scheint mir eine auf den heutigen Stand epistemologischer und soziologischer Standards gebrachte Relektüre mancher Texte der frühen Kritischen Theorie angezeigt zu sein.

Stellt man sich den Brüchen der bisherigen Entwicklung der Moderne, bieten Globalisierungsprozesse sicher auch Möglichkeiten und Chancen. Daß die globale Weltgesellschaft aber ihre Grenzen verliere und zu völ-kerverbindender Grenzüberschreitung einlade, scheint mir jedoch ebenso der Selbstberuhigung zu dienen. Die globalisierte Weltgesellschaft hat sehr wohl Grenzen. Ich sehe überall Grenzen. Für jemanden, der keinen EU-Paß hat, ist selbst die Einreise nach Deutschland ein dramatisches Ereignis. Globalisierte Moderne heißt nicht, daß es keine Grenzen mehr gibt, sondern daß Grenzen noch viel prekärer werden, weil sie nun nicht mehr als »natürlich« behauptet werden können, sondern als Ergebnis gesellschaftlicher Grenzziehungsprozesse erscheinen, deren Kontingenz damit sichtbar wird. Wer das für eine bloße Theoriededuktion ohne Rea-litätsbezug hält, muß nur die Grenzziehungsdebatten etwa beim Staats-bürgerschaftsrecht beobachten.

Das gilt übrigens nicht nur für territoriale Grenzen, sondern auch für andere: etwa für die Differenz von Natur und Kultur, die zu implodieren beginnt, die Differenz der Geschlechter oder auch die Grenzverschiebung bei der genetischen Veränderung der conditio humana.

Wohin bewegt sich die differenzierte Gesellschaft in der globalisierten Moderne?

Differenzierungsprobleme werden und wurden durch Differenzierung gelöst. Das ist im Prinzip das sozialdemokratische Modell: Was diese Kommission nicht kann, kann eine Unterkommission. Das hat vor allem in der nationalstaatlich organisierten Gesellschaft funktioniert. Nun wird es immer schwieriger, Differenzierungsprobleme durch Differenzierung zu lösen. Eine Prognose zu wagen ist natürlich sehr schwierig.

Ich halte es für eine Stärke der funktional differenzierten Gesellschaftsform, daß wir untereinander Fremde bleiben können. Für die Banalitäten des Alltags ist es geradezu notwendig, daß wir uns gegenseitig in Ruhe lassen können, ebenso für eine politische Kultur, die Sach- von Personalfragen trennen muß, um sich nicht völlig dem darwinistischen Spiel der stärkeren Bataillone auszusetzen.

Eine heraufziehende Gefahr sehe ich darin, daß die domestizierte Wechselseitigkeit der funktionalen Teilsysteme verschwindet und wir deshalb in bestimmten Lebenswelten den Eindruck gewinnen, daß Entdifferenzierungsprozesse stattfinden. Ich sehe eine Gefahr darin, daß diese Gesellschaft ihre gewohnte Gestalt verliert. Ob eine neue Gestalt entsteht, weiß ich nicht. Jedenfalls haben die radikalen Optionssteigerungen der funktionalen Teilsysteme und ihre Nicht-Integrierbarkeit dazu geführt, daß die gewohnte Form der Bewohnbarkeit schwindet. Die funktionale Differenzierung selbst hat einst für zivilisierte Lebensformen gesorgt, in der das bürgerliche Privileg, in Ruhe gelassen zu werden, sich weitgehend durchgesetzt hat. Das scheint mit dem vollständigen Erfolg dieses Differenzierungsmodells zu verschwinden.

Es gibt Lösungsvorschläge von politisch aktiveren Soziologen, die jedoch wiederum mit dem Problem zu kämpfen haben, welche Instanzen in der Lage sein könnten, einem Interessenausgleich tatsächlich zur Durchsetzung zu verhelfen. Solche Vorschläge sehen sich einem strukturähnlichen Problem gegenüber wie die Ethik und Moralphilosophie: Es ist eine Sache, Standards fürs richtige und angemessene Verhalten zu formulieren und sie mehr oder weniger verbindlich zu begründen. Eine andere Sache ist es, Gründe dafür zu finden, warum man sich überhaupt moralisch verhalten soll. Umgesprochen heißt das: Wie lassen sich Motivationen für kollektive Lösungen erzeugen, die einen Ausgleich der Interessen, also wechselseitige Einschränkungen zur Folge haben. Wie kann man politische Vorschläge machen, ohne nur einen Appell an die Wohlmeinenden zu richten?

Ist die Identifikation des einzelnen mit der Gesellschaft abhandengekommen?

Identifikation braucht ein Gegenüber, braucht letztlich einen Horizont, eine Identifikationsfolie. Identifikation oder Identität ist bekanntlich spätestens dann ein Problem, wenn sie sich nicht schlicht durch die Identität von Individualität und sozialen Bezügen einstellt, wie es für die meisten traditionalen Sozialformen charakteristisch war und ist. Die Entstehung der nationalstaatlichen Variante politischer Integration der auseinanderstrebenden Momente der Moderne – wenn man das zuvor Gesagte auf eine Formel bringen will – hatte ja gerade die Funktion, Identitäten und damit Identifikationsfolien zu simulieren, die der differenzierten Gesellschaftsstruktur der Moderne letztlich widersprachen. Bereits am Beginn soziologischer Differenzierungstheorie, bei Emile Durkheim nämlich, wurde man sich bewußt, daß Solidarität, sozialmoralische Wechselseitigkeit und gesellschaftsweite Identität zum Problem geworden ist. Leider ist es nur der fatalen Logik der Nationalisierung des Sozialen gelungen, diese Leerstelle zeitweise unsichtbar zu machen, z.T. angereichert mit ethnischen oder konfessionellen Elementen. Der Riß zwischen dem partikularen Bürger und dem universalistisch gedachten Menschen, das ist die Wunde, die die europäische Kultur seit der Französischen Revolution nicht zu heilen vermag – und wir wären schon mit palliativen Therapieformen zufrieden.
In diesem Zusammenhang möchte ich auch darauf hinweisen, daß es in puncto Gemeinschaftlichkeit und Identifikation ein Mißverständnis gibt. Wenn Briten und Amerikaner von »Community« sprechen, meinten Sie meist etwas anderes als die deutsche »Gemeinschaft«. Community meint nicht jenes dumpfe Dazugehören, das der deutsche Gemeinschaftsbegriff suggeriert. Die Tradition einer politischen Community beschreibt einen partiellen Interessenausgleich auf einer rationalen Ebene. Interes-

sant ist aber, daß sich inzwischen Teile der angelsächsischen Kommuni-
tarismus-Debatte dem deutschen Gemeinschaftsbegriff sehr stark angenähert haben. Da auch dort wohl gesehen wird, daß die gesellschaftlichen Strukturen und Instanzen einer Legitimation und Durchsetzung
solidarischer Selbsteinschränkung verschwunden sind, wird die Waffen-
gattung gewechselt: vom feinen Degen der soziologischen Gesellschafts-
diagnose zum Knüppel des Tugendkatalogs. Das gleicht einem Offenba-
rungseid.

Meine Utopie besteht darin, zivilisierte Formen des Interessenausgleichs
zu finden und dabei nicht in die traditionelle Identifikationsfalle tappen
zu müssen. Die transzendentalphilosophische und vernunftrechtliche
Lösung dieses Problems jedenfalls sehe ich soziologisch für völlig gescheitert an.

**Wie kommen wir nun aus diesem Dilemma heraus? Suchen wir nach
politischen Lösungen, die politische Solidarität, also einen rationalen
Interessenausgleich, einfordern, oder suchen wir gesellschaftliche Solidarität?**

Ohne eine endgültige Antwort zu geben, kann ich nur davor warnen,
gesellschaftliche Probleme unter Mobilisierung von Gemeinschaftshori-
zonten und Entindividiualisierungsstrategien lösen zu wollen. Alle historischen Vorbilder in der Geschichte der Moderne endeten katastrophal.
Sie waren entweder offen nationalistisch oder – wie im Fall des osteuropäischen Modells – verbrämt nationalistisch und geradezu antimodern
kollektivistisch. Wir müssen andere Wege finden, klären, welche Art von
Lösungen wir überhaupt wollen.

Einen Schritt in diese Richtung wagt Ulrich Beck mit seinem Modell der
Bürgerarbeit, dessen Originalität vielleicht gar nicht in dem Lösungsvor-
schlag selbst zu sehen ist, sondern darin, die einfache Gleichung der
marktwirtschaftlichen Moderne in Frage zu stellen: Nur wer (erwerbs-)
arbeitet, soll auch essen! Ein solches Modell versorgt Beobachter mit
einem zweiten Blick, mit ungewohnten Perspektiven. Das ist vielleicht
die vornehmste Aufgabe der Soziologie, die Gesellschaft mit solchen
zweiten Blicken zu versorgen, die das Gewohnte entstellen.

Die Tradition der Moderne regelt Mitgliedschaft in der Gesellschaft über
die Inklusion in den Arbeitsmarkt oder seine staatlichen Surrogate. Das
ist sozusagen der erste Blick. Auch der rot-grünen Koalition in Deutsch-

land ist bis jetzt nichts anderes eingefallen. Beck geht nun darüber hinaus, lediglich nach neuen Strukturen der Erwerbsarbeit zu suchen. Er fragt, ob es nicht auch andere Möglichkeiten gibt. Und er stellt in Frage, daß sich der Mensch auch weiterhin nur über die Erwerbstätigkeit definieren soll. Das Problem bei Beck ist allerdings das fehlende Motivationsmodell.

Sie unterstellen also, daß Bürgerarbeit letztlich nicht funktionieren wird?

So ist es. Beck kritisiert, was ich sehr gut finde, die Identifikation über Arbeit. Nur dreht er den Spieß um und ruft nach Arbeit über Identifikation. Das ganze Modell kann nur funktionieren, wenn diese Identifikation mit einer ganz bestimmten Form von Bürgerschaftlichkeit einhergeht. Diese müßte man aber erst einmal herausbilden. Bürgerschaftlichkeit ist in unserem staatlichen Gemeinwesen eine außerordentlich schwache Ressource, trotz der komplizierten Theorien kommunikativer Vernunft. Sie funktioniert tatsächlich nur, wenn man den Leuten in irgendeiner Weise Versorgungssicherheit garantiert, eine temporale Sicherheit auf eine biographische Perspektiven hin. Als intrinsisches Motiv selbst ist Bürgerschaftlichkeit fast bedeutungslos – so entzaubernd materialistisch dieses Argument auch ist.

Es gibt also keine Solidarität mehr in der funktional differenzierten Gesellschaft?

Diese Frage hat einen rein negativen Unterton, es kommt aber auf die Sichtweise an. Ich behaupte, daß all die Attribute unseres modernen Lebens, auf die wir nie verzichten wollen, bürgerliche Freiheit zum Beispiel, Freiheit der sexuellen Orientierung, die Freiheit zu glauben und nicht zu glauben, die Freiheit eines inkonsistenten Lebensentwurfs, die Freiheit, kein »Geständnistier« sein zu müssen, wie Foucault das sagen würde, die Freiheit nicht in einem Polizeistaat leben zu müssen usw., kulturelle Errungenschaften der Moderne sind, die funktional an das Schrumpfen von Solidaritätspotentialen gebunden sind.
Niklas Luhmann hat einmal den schönen Begriff »Terrors des dörflichen Zusammenlebens« formuliert. Der Terror des dörflichen Zusammenlebens ist der kommunitaristische Terror. Wer gemeinschaftliche Lösun-

gen gesucht hat, sowohl auf der rechten als auch auf der linken Seite des politischen Spektrums, ist genau in diese Falle getappt. Diesen Sozialformen fehlt kulturelle Liberalität.

Das größte Problem, das wir heute neben allen strukturellen Problemen zu lösen haben, ist, die Versorgungssicherheit zu garantieren. Ich würde inzwischen behaupten, daß wir den Kapitalismus vernachlässigen. Ich sage es einmal systemtheoretisch: die Autopoesis der Wirtschaft, die sich nicht darum kümmert, wie Lebensformen eigentlich aussehen, ist ein reines Entkoppelungsphänomen wirtschaftlicher Energien. Darin liegt eine große Gefahr und gleichzeitig eine Chance, denn diese Form des unabhängigen Wirtschaftens, die unpersönlichen Geldkreisläufe usw. ermöglichen uns das bürgerliche Privileg der Fremdheit, verzehren aber auch die Ressource Solidarität.

Der Soziologe und Kommunitarier Amitai Etzioni weist entschieden auf ein Gleichgewicht zwischen Individualität und Gemeinschaft hin, ohne das eine vor das andere zu stellen.

Das Gleichgewicht ist angeblich dann hergestellt, wenn ich meine eigenen Aspirationen im Lichte des Ganzen sehe. Und das ist eine der kulturellen Moderne höchst fremde Sichtweise. Was ich damit sagen will, ist folgendes: Der Kommunitarismus setzt voraus, was er durchsetzen will, ein sozialmoralisches Band nämlich, das eine ganz und gar subtile Grenze zieht zwischen Anpassung und Abweichung. Ich halte dieses Modell nicht nur für verfehlt, sondern auch politisch für gefährlich.

Wird die ethnische und nationale Vergesellschaftung durch Individualisierung und Globalisierung behindert oder begünstigt?

Sie wird durch sie hervorgebracht. Die Moderne mußte Kompensationen dafür hervorbringen, daß das traditionelle Identifikationsmodell der Zugehörigkeit an Geltung verloren hat. Nationale und ethnische, auch religiöse Vergemeinschaftungen sind die kompensatorische Antwort auf Modernisierungsfolgen. Insofern darf man sich nicht darüber wundern, daß Globalisierungsprozesse mit kulturellen Partikularisierungsprozessen einhergehen. Ethnien werden kommunikativ erzeugt und stilisieren sich als kollektive Identifikationsfolien.

Welche gemeinsamen Nenner sind nötig, damit solch neue Kollektive entstehen können? Sprache? Religion? Hautfarbe? Was war mit der deutschen Vereinigung? Hier entstand aus zwei Kollektiven eins.

Es gab nur ein einziges Argument, für ein Ende der deutschen Zweistaatlichkeit, nämlich das Ethnische. Es ist das Volksargument gewesen: Es wächst zusammen, was zusammengehört. Soziologisch interessant war, daß dieses Argument nicht öffentlich diskutiert wurde. Warum es notwendig ist, daß Deutschland eine Einheit bildet, diese Frage wurde nicht gestellt. Ich will damit nicht sagen, daß wir zu einer anderen Lösung hätten kommen sollen. Soziologisch ist immer genau das interessant, was man nicht sagen darf.

Wir haben zwei Modelle des Nationalstaates: das ethnisch homogene Staatsvolk und die politische Nation. Man macht es sich zu einfach, das erste für problematischer als das zweite zu halten. Eine Ethnisierung von Konflikten läßt sich in beiden beobachten. Denken Sie nur an die Tribalisierung politischer Debatten in den USA: »The Nation of Islam«, »Black Power«, »Asiaten«, »Afrikaner« etc. Hier werden in einem Wechselspiel von Fremd- und Selbstzurechnung Kollektive erzeugt, die politische Argumente, die sich dem Zugehörigkeitszwang nicht fügen, kaum mehr möglich machen. Das ist eine radikale Entzivilisierung nicht nur der politischen Kultur, sondern des Grundprinzips der wechselseitigen Fremdheit.

Wie kann man Gruppen an den peripheren Rändern der Gesellschaft zu ihrem Recht verhelfen?

Das Bild der »Rand«-Gruppe stammt eigentlich aus der Zeit, in der sich gesellschaftlich-staatliche Einheiten tatsächlich auf ein (kulturelles) Zentrum oder auf eine Normallebensform hin orientiert haben. Das Bild des Randes chiffriert Abweichung und meint Unterprivilegierung. Solche unterprivilegierten Gruppen freilich erscheinen auf einen zweiten Blick als viel stärker vergesellschaftet als andere, schon deshalb nämlich, weil sie viel deutlicher gesellschaftlichen und staatlichen Restriktionen ausgesetzt sind. Insofern sind solche Gruppen etwa, die kriminalisiert oder pathologisiert werden, die einzigen, die vollständige Integration erfahren: durch Kontrolle, Inhaftierung, Behandlung oder – jenseits des Atlantiks – vollständige Eliminierung.

Ein weiterer Aspekt: Es ist ja gerade eine der fatalen sozialen Mechanismen, daß Gruppen nicht schlicht existieren, sondern Ergebnis von Zurechnungsprozessen sind. Denken Sie etwa daran, wie wenig es Immigranten noch in der dritten Generation gelingt, das Privileg der Fremdheit in Anspruch zu nehmen, indem diese in allen Fasern ihrer Existenz als Zugehörige einer Gruppe – etwa türkischer Immigranten – zugerechnet werden, einer Gruppe, die keineswegs eine stabile Gemeinsamkeit besitzt, sondern sich schlicht dieser Zurechnungspraxis verdankt. Ähnliche Mechanismen sind diskursanalytisch etwa für die Konstruktion von Geschlechtern aufgedeckt worden, die eine Dethematisierung des Geschlechts kaum erlaubt – und in diese Falle tappen nicht nur böse Patriarchinnen, sondern auch wohlmeinende Feministen.

Wird das Konzept der multikulturellen Gesellschaft, in der die verschiedenen Kulturen gemeinsam existieren, und das Konzept der transkulturellen Gesellschaft hinfällig, wenn man Kulturen, wie Sie sagen, nicht mehr sichtbar macht?

Ja, wobei das nicht so einfach ist, wie es sich anhört. Ich sage nichts gegen kulturelle Identifikation. Es ist nichts dagegen zu sagen, daß ich mich als Deutscher identifiziere und deutsch denke. Die Multikulturalismus-Debatte hat inzwischen auch gelernt, einen zweiten Blick zu tun. Wenn wir von Multikulturalität reden, müßten wir eigentlich zunächst fragen, was eigentlich Kultur meint. Wir haben uns immer für das »Multi« interessiert und weniger dafür, was multi-»kulturell« bedeutet. Der Begriff Kultur hat in diesem Zusammenhang die gleiche Bedeutung wie Ethnizität oder Nationalität. Wenn wir eine multikulturelle Gesellschaft produzieren würden, in der jede Kultur das Recht auf eigene Identifikation, auf eine eigene Sprache, auf eigene Schulen, auf eigene Traditionen, auf eigene Geschichtsbücher usw. hätte, wären Konflikte unausweichlich. Ich wiederhole mich: Eine wirklich liberale Gesellschaft vergibt das bürgerliche Privileg der Fremdheit.

Multikulturalität, in dem Sinne, daß Gruppen gegeneinander abgegrenzt werden, opponiert gegen die Moderne, gegen die Moderne der auseinanderstrebenden Momente und sie zwingt den Menschen in ein »stahlhartes Gehäuse der Zugehörigkeit«.

Können Sie zum Schluß noch die Metapher vom »zweiten Blick« erläutern?

Diese Metapher soll darauf aufmerksam machen, daß in der funktional differenzierten Gesellschaft geradezu eine Entfesselung von Beobachtungsverhältnissen stattfindet. Der zweite Blick ist zugleich Fluch und Segen: Einerseits unterliegen wir dem Fluch der vielen Blicke, weil auch nur die Denkbarkeit von Perspektivenidentität verschwunden ist. Keine Beobachtung kann sich mehr auf sich verlassen, obwohl sie sich nur auf sich verlassen kann. Andererseits entsteht damit ein Potential zum reflexiven Zugriff auf Wissen und Beobachtung. Und die Rolle der Soziologie könnte darin bestehen, anderen Beobachtern nahezubringen, daß sie nur andere Beobachtungen anderer Beobachtungen anbieten. Wenn es wenigstens gelänge, daß konkurrierende Beobachter auch für sich selbst bloß als Beobachter sichtbar würden, wäre der zweite Blick ein Segen.

Claus Offe
Die Arbeitsgesellschaft

»Die Zukunft der Arbeit«

Claus Offe, geboren 1940, ist Professor für Politikwissenschaft (Lehrstuhl für Politische Soziologie und Sozialpolitik) an der Humboldt-Universität zu Berlin. Zu seinen Arbeitsschwerpunkten gehören: Theorie des Wohlfahrtsstaates, Politische Soziologie, Politische Theorie, Sozialstruktur und sozialer Wandel.

In bezug auf die Lösung des Arbeitsmarktproblems schlägt Claus Offe einen von ihm bezeichneten dritten Weg ein. Er ist kein Anhänger der orthodoxen Perspektive, die starrsinnig auf das Ziel »Arbeit für alle«, also Vollbeschäftigung, setzt. Ebensowenig ist er Vertreter der realistischen Perspektive, die fast schon resigniert die Verdrängung und Verelendung großer Teile der gesellschaftlichen Arbeitskräfte hinnimmt. »Einen Lösungsansatz sehe ich in einem dritten Weg«, sagt Claus Offe, während er seine Pfeife schmaucht. Druckreif trägt er seine Argumente vor. Ein dritter Weg sei über die Abkoppelung der Einkommensansprüche an Arbeitsleistungen zu beschreiten. Mit dem Vorschlag eines erwerbsunabhängig garantierten Einkommens bricht er mit der Vorstellung arbeits- und erwerbszentrierter Gesellschaftsmodelle. Offe zählt sich zu den Sozialwissenschaftlern, die ihre »intellektuelle Verpflichtung gegenüber der Tradition des Historischen Materialismus oder der Kritischen Theorie zu erkennen« geben, und die ihre Aufmerksamkeit auf eine gegen ökonomische und/oder politische Übergriffe zu verteidigende Lebenswelt lenken.

Ausgewählte Buchveröffentlichungen:

Claus Offe: »Arbeitsgesellschaft«:
Strukturprobleme und Zukunftsperspektiven.
Campus Verlag, Frankfurt/M. 1984

Claus Offe: Der Tunnel am Ende des Lichtes.
Erkundungen der politischen Transformation im Neuen Osten.
Campus Verlag, Frankfurt/M. 1994

1. Konzept

Alle Gesellschaften unterliegen der Notwendigkeit, ihr physisches Überleben durch Arbeit zu sichern. Claus Offe schreibt, daß die Schlüsselfunktion von Arbeit für Struktur und Dynamik der Gesellschaft zur Konstituierung der Arbeitsgesellschaft geführt hat, in der »Einkommens-, Teilhabe- und Lebenschancen direkt oder durch Vermittlung privater und öffentlicher Haushalte an die Erwerbsarbeit gekoppelt sind«.

Offes Buch »Arbeitsgesellschaft« erschien 1984: zu einer Zeit, in der immer deutlicher die »relative Schrumpfung der Aufnahmekapazität des Arbeitsmarktes« und eine damit verbundene »Krise der Arbeitsgesellschaft« erkennbar wurde. Nach Betrachtung und Untersuchung der Krise sind nach Offe zwei wichtige Befunde hervorzuheben: Zum einen stelle sich heraus, daß die Arbeitslosigkeit trotz Wirtschaftswachstum kontinuierlich steige, zum anderen, daß die Bedeutung von Arbeit im Vergleich zu anderen Lebensbezügen auffällig abnehme. Wirtschaftliche Prosperität sei nicht mehr die grundlegende Bedingung für Vollbeschäftigung. Der Arbeitsgesellschaft gehe auch in Zeiten wirtschaftlichen Aufschwungs die Arbeit aus. Ferner stellt Offe fest, daß Arbeit nicht mehr Dreh- und Angelpunkt aller gesellschaftlichen Handlungssphären und Funktionsbereiche ist. Von Erwerbsarbeit gehe nicht mehr die strukturbestimmende und gesellschaftsprägende Kraft aus, so daß Versuche, »gesellschaftliche Wirklichkeit in Kategorien von Erwerbsarbeit zu erfassen«, ihr Ziel verfehlen. Arbeit sei immer weniger relevant für die Selbstbeschreibung und Fremdwahrnehmung, für die auf Freiheit und Freizeit ausgerichteten Interessen, für politische Einstellungen, für soziale Werte oder für Entscheidungen, die den Lebensstil und die Lebensgestaltung betreffen. Arbeit spiele bei der Organisation des individuellen Lebensentwurfs nur noch eine marginale Rolle.

Gleichzeitig habe die Dienstleistungsarbeit an Bedeutung gewonnen. Sie zeichnet sich nach Offe durch Entlastung der Arbeitskraft aus. Ebenfalls folge sie nicht der traditionellen Arbeitsrationalität. Anstelle der Produktion von Gütern wirke die Dienstleistungsarbeit »vermittelnd, regelnd, ordnend und normalisierend« auf den Arbeitsprozeß ein. Für Offe ein weiterer Grund, am Fortbestand herkömmlicher Arbeitstugenden zu zweifeln.

Die Vielgestaltigkeit gesellschaftlicher Arbeit sei zudem ein Indiz dafür, daß Struktur und Dynamik der Gesellschaft nicht mehr »aus dem Ursprungspunkt von Arbeit, Produktion, Eigentumsverhältnissen und ökonomischen Rationalitätskalkülen heraus« zu konstruieren sei. Offe stellt damit die von

Max Weber konstatierte »rationale Lebensführung auf der Grundlage der Berufsidee« in Frage. Obwohl Arbeit für den überwiegenden Teil der Bevölkerung die einzige Einkommensquelle darstelle, sei Arbeit nicht mehr der bestimmende Faktor für die Verfassung und Entwicklung der Gesellschaft. Dies sei damit zu erklären, daß die kontinuierliche Ausübung eines Berufs nicht mehr möglich sei und daß die Berufsrolle ihre umfassende Prägekraft verloren habe. Zweitens gehe der Anteil der Lebensarbeitszeit an der Lebenszeit zurück. »Diskontinuität der Arbeitsbiographie und schrumpfender Anteil der Arbeitszeit an der Lebenszeit dürften«, wie Offe betont, »darauf hinauslaufen, die Arbeit zu einer Angelegenheit neben anderen zu machen.«

Dies werde zusätzlich gefördert durch die Tatsache, daß immer mehr Menschen unfreiwillig aus dem Erwerbsleben ausscheiden und damit arbeitslos werden. Die Vorstellung, sich über Arbeit zu definieren, sei für immer mehr Menschen abwegig. Die allgemein passive Aversion gegenüber den Werten und Regeln der Arbeitsgesellschaft sei besonders ausgeprägt bei Dauerarbeitslosen, die seit längerer Zeit von Transferleistungen leben, oder bei Beschäftigten mit großem Arbeitsplatzrisiko.

Ein weiterer Relevanzverlust von Arbeit sei durch die sinkende Akzeptanz gegenüber negativen Begleiterscheinungen oder Folgen von Arbeit, die sich durch physische und psychische Belastung und Gesundheitsrisiken bemerkbar machen, auszumachen. Die Forderung nach dem allgemeinen »Recht auf Arbeit« sei abgelöst durch ein verstärktes Bedürfnis nach nützlicher, sinnvoller und zielgerichteter Arbeit.

Da der Weg zurück zur Vollbeschäftigung verbaut sei, da ein wachsender Teil auf der Angebotsseite des Arbeitsmarktes darauf warte, in den Erwerbsprozeß einzutreten, müßten ohnehin andere, neue Konzepte und Ideen auf den Tisch. Eine Möglichkeit liegt nach Offe in einer zeitlichen Umverteilung der Arbeit auf alle. Das setze die solidarische Bereitschaft aller Arbeitsplatzbesitzer voraus, trotz Einkommenseinbußen die Arbeitszeit zu verkürzen. Ohne ein Einlenken der in einem Arbeitsverhältnis stehenden Personen laufe es früher oder später darauf hinaus, daß die weiter ansteigende Zahl der Arbeitslosen das soziale Netz so weit belaste, daß es reißt. Eine andere Möglichkeit sieht Offe in der Abkoppelung der Einkommensansprüche an Arbeitsleistung. Es sei an der Zeit für einen »epochalen Sprung des Menschen«, so Offe, »sich endgültig von der Fiktion der Arbeitsgesellschaft zu verabschieden«, d.h. nicht länger so zu tun, als gäbe es eine Chance, Arbeit für alle zu realisieren.

2. Fragebogen

1. Sehen Sie sich selber als Gesellschaftstheoretiker, Gesellschaftskritiker, Gesellschaftsarchitekt oder lediglich als geselliger Zeitgenosse?

Man könnte allem oder keinem zustimmen. Von der Profession her bin ich Sozialwissenschaftler, also studierter Soziologe und habilitierter Politikwissenschaftler. Ich habe auch Ökonomie studiert und bewege mich zwischen diesen Feldern, empirisch aber überwiegend theoretisch. Deshalb würde ich die erste Antwortvariante, Gesellschaftstheoretiker, vorziehen, wenn ich unbedingt eine Auskunft geben soll.

2. In welcher Gesellschaft leben wir eigentlich?

Das Reh, das Eichhörnchen und die Spinne leben alle im selben Wald. Es hat keinen Zweck den Wald zu beschreiben, weil sie ihn alle drei als ihre spezielle Umwelt wahrnehmen. Doch damit weiche ich der Frage aus. Also: Wir leben in einer demokratischen, kapitalistischen, postindustriellen Gesellschaft. Wir leben in einem Nationalstaat, aber auch in Europa. Wir leben sicher in einer zunehmend pluralistischen, nach Reichtum, nach Lebenschancen, nach regionalen Traditionen und kulturellen Orientierungen differenzierten Gesellschaft. Das sind die Dinge, die einem Sozialwissenschaftler zu dieser Frage zunächst einmal einfallen.

3. Worin sehen Sie die Stärken und Schwächen dieser Gesellschaft?

Auch das ist schwer zu sagen. Eine Stärke besteht sicher darin, daß sie ein hohes Maß an Produktivität, an wirtschaftlicher Leistungsfähigkeit und technologischer Innovation aufweist. Weiterhin sehe ich eine Stärke darin, daß das Prinzip der Freiheit, jedenfalls in einer bestimmten Auslegung, im demokratischen Rechtsstaat gut institutionalisiert ist. Auch das Prinzip der sozialen Gerechtigkeit als abgeschwächte Vorstellung des Gleichheitsgrundsatzes hat in unserer Gesellschaft eine gewisse Geltung. Das ist zweifelsohne eine Stärke, obwohl die tatsächliche Geltung der Gleichheit in Krisenlagen noch getestet werden muß.

Zu den Schwächen dieser Gesellschaft gehört ihre fehlende Fähigkeit, mit den Mitteln der Staatsgewalt auf sich selbst einzuwirken. Oft herrschen gerade auch innerhalb von politischen Eliten Ratlosigkeit, Regierungsunfähigkeit und Perspektivenlosigkeit vor. Statt politische Programme und zuversichtlich formulierte Handlungsstrategien zu entwerfen, betätigen sich unsere Politiker häufig lediglich als Selbstdarsteller. Schärfer als Richard von Weizsäcker kann man es eigentlich nicht sagen. Sinngemäß: Unsere politischen Eliten sind machtversessen, wissen aber mit dieser Macht nicht wirklich etwas anzufangen und zu bewirken.

4. Welche Rolle spielen Sie in der Gesellschaft?

Ich befasse mich als Professor an der Universität mit Lehre, Forschung und Verwaltung. Im übrigen bin ich ein Bürger dieser Gesellschaft und bemühe mich, mit den Mitteln, die uns in den Berufspositionen zur Verfügung stehen – nämlich dem des beratenden Gesprächs, der öffentlichen Meinungsäußerung, der Mitwirkung in Verbänden und verschiedenen Assoziationen – die eben beschriebenen Schwächen und Mängel der Gesellschaft zu bekämpfen und gleichzeitig ihre Stärken zu verteidigen.

5. Welche Gesellschaftsromane haben Sie fasziniert?

Beispiele sind die Romane von Honoré de Balsac, einem der Begründer des »soziologischen Realismus« in der Romanliteratur, die »Buddenbrooks« von Thomas Mann, immer noch eine ideale Einführung in die Kultur, Politik und Ökonomie der bürgerlichen Gesellschaft. Man könnte darüber nachdenken, eine Einführung in die historisch-sozialwissenschaftliche Analyse von Gesellschaften anhand von repräsentativen Beispielen aus der Literatur zu versuchen.

6. Welchem Gesellschaftsspiel gehen Sie gerne nach?

Auf dem Gebiet der Gesellschaftsspiele bin ich eigentlich nicht sehr musikalisch, aber Monopoly ist immer unterhaltsam. Monopoly ist ein beschönigendes Bild der ökonomischen Realität. Es zeigt, daß alles vom Zufall, in diesem Fall von den Würfeln, abhängt.

7. In wessen Gesellschaft halten Sie sich bevorzugt auf?

In jeder Gesellschaft, die in Frage kommt: In Gesellschaft von Fremden, ich lerne gerne neue Leute kennen. In Gesellschaft von Familienangehörigen, Kollegen, Freunden, Studierenden, aber auch gerne in einer Gesellschaft, in der man sich namentlich nicht kennt und trotzdem den gleichen Eindrücken und Erfahrungen ausgesetzt ist, zum Beispiel als Teil eines Konzertpublikums.

8. Welcher Gesellschaftsgruppe fühlen Sie sich zugehörig?

Auch das ist eine Frage, die man diskutieren müßte. Welche und wie viele Gruppen gibt es denn in der Gesellschaft? Es ist offensichtlich, daß ich von Beruf Sozialwissenschaftler bin und in dieser Eigenschaft auch ein Intellektueller. Im übrigen gehöre ich schon wegen meines Jahrgangs 1940 zu denjenigen, die eindeutig privilegiert sind. Wenn ich 20 Jahre später geboren worden wäre, mit den gleichen Bildungschancen und den gleichen Qualifikationen, wäre mein beruflicher Werdegang mit Sicherheit nicht so glatt und erfolgreich verlaufen. Die Generation der um die 1960 Geborenen war sehr viel größeren Risiken ausgesetzt, einer viel schärferen Konkurrenz, höheren Anforderungen und sie hatte weniger Sicherheiten. Man sieht, daß eine der wichtigsten Dimensionen sozialer Ungleichheit, die zudem kaum durch Umverteilungspolitik zu mildern ist, eben der Geburtsjahrgang ist.

9. Welche Person(en) von gesellschaftlicher Größe schätzen Sie?

Es gibt immer Leute, die Ehrlichkeit mit Erfolg verbinden und Sachkenntnis mit Optimismus. Das sind Kombinationen, die relativ eindrucksvoll sind; in diese Richtung würde ich denken.

10. Wie sieht für Sie die ideale Gesellschaft aus?

Eine ideale Gesellschaft übt ein gewisses Maß an absichtsvoller Kontrolle über ihre eigenen Prozesse aus, sie bewirkt dadurch nicht unbedingt den Fortschritt, aber verhindert immerhin den Rückschritt. Sie ist eine disziplinierende Gesellschaft, die die Fähigkeit besitzt, an ihren eigenen Grundsätzen, Idealen und Werten festzuhalten; sie hält dadurch den Opportunismus ihrer Mitglieder in Grenzen.

11. Wollen Sie die Gesellschaft verändern?

Genaugenommen kommt man gar nicht umhin, das zu tun – in welcher beruflichen oder sonstigen gesellschaftlichen Rolle auch immer. Wer z.B. Schlaglöcher auf Verkehrsstraßen ausbessert, Kinder erzieht oder Seminararbeiten korrigiert, der verändert mehr oder weniger kleine Ausschnitte der Gesellschaft. Die Frage ist eigentlich, ob man das, was man getan hat, auch im Rückblick noch als eine sinnvolle und erfolgreiche Veränderung betrachten und vertreten kann. Das würde jeder gern von seinen Tätigkeiten sagen können, ich auch.

12. Wie sieht die Gesellschaft von morgen aus?

Wie kann man das wissen? Ich gehöre nicht zu denen, die den Fehler begehen, Überraschungen auszuschließen. Ein FDP-Vorsitzender hat einmal gesagt, mit Überraschungen sei nicht zu rechnen. Das gehört zum Wesen der Überraschungen, daß man nicht mit ihnen rechnen kann, aber sie treten dann trotzdem ein. Zum Wesen von Gesellschaften gehört, daß sie in ihrem historischen Verlauf, aber auch im kleinen Umkreis, laufend Überraschungen, häufig auch solche unangenehmer Art, produzieren. Deshalb habe ich auf dem Gebiet der sogenannten Futurologie oder Prophetie zukünftiger Zustände nicht besonders viel zu sagen. Ich weiß nicht, wie die künftige Gesellschaft aussehen wird, hoffentlich nicht schlechter als die heutige.

3. Interview

Von der Arbeitsgesellschaft zur Gesellschaft ohne Arbeit

In den 60er Jahren hat die Philosophin Hannah Arendt in ihrem Buch »Vita Activa« die Frage aufgeworfen, ob der Arbeitsgesellschaft die Arbeit ausgeht. In den 80er Jahren wurde, insbesondere auf dem 21. Soziologentag 1982 in Bamberg, über die »Krise der Arbeitsgesellschaft« diskutiert. An welchem Punkt sind wir nun angelangt?

Im Augenblick haben wir in der Bundesrepublik Deutschland registrierte vier Millionen, real acht Millionen Menschen, die vergeblich versuchen, ein Leben zu führen, das sich ganz zentral über die Arbeitnehmerrolle definiert. Die Chance, eine »normale« Arbeitnehmerrolle einzunehmen, ist jedoch für diese Menschen, jedenfalls für den Moment, nicht gegeben. Viele Leute können eine gesicherte, ausreichend materiell entschädigte und auch mit sozialer und familiärer Sicherheit verbundene Berufsposition, die eine lebenslängliche Berufstätigkeit impliziert, nicht mehr finden. Aus dieser Situation ergeben sich zahlreiche Probleme. Die Individuen, die der offenen oder versteckten Arbeitslosigkeit über längere Zeit ausgesetzt sind, tragen manchmal schwere Schäden psychischer und physischer, aber auch ökonomischer und familiärer Art davon. Eine ganze Reihe von Institutionen, insbesondere solche der sozialen Sicherung, möglicherweise auch der politischen Ordnung und der parlamentarischen Demokratie, werden durch einen stetig wachsenden Strom von Arbeitslosen unterspült. Die Situation verschärft sich zudem dadurch, daß wir uns jetzt in einem rapiden Prozeß der europäischen wirtschaftlichen Integration befinden. Die Ungewißheit wird somit zu einer allgemeinen.
Ich diagnostiziere bei Politik und Gewerkschaften Ratlosigkeit. Niemand glaubt, daß es Rezepte zur Wiederherstellung der Vollbeschäftigung gibt. Helmut Kohl war 1996 einfach schlecht beraten, als er die Möglichkeit in Aussicht stellte, bis zum Jahr 2000 die Arbeitslosigkeit halbieren zu können.

Was ist die Ursache für die augenscheinlich schrumpfende Aufnahmekapazität des Arbeitsmarktes?

Dafür gibt es eine Reihe von Erklärungen. Eine davon liegt auf der Hand: Der arbeitssparende technische Wandel. Dieselbe Masse von Produkten stellen wir heute in den meisten Arbeitssektoren mit einem Drittel der Arbeitskraft her, die wir etwa in den 50er Jahren benötigten. Das nennt man den technischen Wandel oder einseitiger den technischen »Fortschritt«. Weiterhin gibt es die Substitution inländischer Produktion durch ausländische Produktion, entweder dadurch, daß Investoren in andere Länder abwandern oder daß Produkte aus anderen Ländern einwandern. Man bezeichnet das als Kapitalexport bzw. als Güterimport. Es ist auf die Dauer höchst wahrscheinlich, daß solche Entwicklungen per saldo auf Kosten des inländischen Beschäftigungsvolumens gehen. Man muß drittens betonen, daß ein Teil des gemessenen Mißverhältnisses zwischen nachgefragter Arbeit, also von Arbeitgebern eingestellter und beschäftigter Arbeit einerseits und der angebotenen Arbeit andererseits, nicht auf eine verminderte Nachfrage nach Arbeit zurückgeht. Vielmehr wird vermehrt Arbeitskraft angeboten, d.h. mehr Personen suchen Beschäftigung. Mehr Leute, insbesondere Frauen, wollen für längere Zeit erwerbstätig sein. Dadurch entsteht das bekannte Gedränge auf der Angebotsseite des Arbeitsmarktes.
Diese drei sind die wichtigsten Gründe, die ich hier anführen möchte. Man kann noch hinzufügen, daß die in den 50er und 60er Jahren gehegte Hoffnung, durch ein Umwechseln auf den Dienstleistungssektor könnten die Probleme beseitigt werden, nicht oder nicht in dem erhofften Maße in Erfüllung gegangen ist. Der Grund liegt einerseits darin, daß auch Dienstleistungen, man denke nur an den Einzelhandel oder an die Bankgeschäfte, weitgehend mit der heute verfügbaren Informations- und Kommunikationstechnologie automatisiert und arbeitssparend umgestaltet werden konnten. Zum anderen ist es so, daß sehr viele Dienstleistungen nicht als bezahlte Arbeit, sondern als Selbstbedienung verrichtet werden. Das sehen wir bei jeder Fahrkartenausgabe, an jedem Bankschalter und in jedem Supermarkt.

Kann ein »Bündnis für Arbeit« einen Ausweg aus dieser Misere weisen?

Die institutionelle Ordnung etwa der Bundesrepublik Deutschland ist nicht auf das Interesse an Vollbeschäftigung ausgerichtet. Es gibt bekanntlich Verhandlungstische, an denen über Arbeitslöhne verhandelt wird, es gibt Verhandlungstische, an denen über Arbeitsbedingungen verhandelt wird, aber es gibt keine Verhandlungstische, an denen, oberhalb der betrieblichen Ebene, über Beschäftigungsvolumina, also das Produkt aus beschäftigten Personen und Zahl der Stunden, für die sie beschäftigt werden, verhandelt wird. Wie viele Leute für wie viele Stunden im nächsten Jahr beschäftigt sein werden, das wird nicht vereinbart, sondern es »ergibt« sich aus den Marktdaten, den Erwartungen der Unternehmer, Technologiedaten, usw.

Insofern ist die Vorstellung, daß man einen solchen Verhandlungstisch erfinden könnte, ein »Bündnis für Arbeit« also, durchaus neuartig, aber auch außerordentlich riskant, wie die gegenwärtigen Debatten zeigen. Niemand weiß so recht, wie man ein solches System einrichten und wer daran teilnehmen soll. Wie kann man es durchsetzen, daß verbindliche Zusagen, wie »im nächsten Jahr stellen wir als Gegenleistung gegen die von Staat und oder Gewerkschaften gemachten Konzessionen hunderttausend neue Arbeitskräfte ein«, auch eingehalten werden? Wer ist, wenn man einmal weiter fragt, ohne weiteres bereit, für »die Arbeitslosen« größere Opfer zu bringen? Arbeitslos sind immer »die anderen«. Es erscheint überaus problematisch, dem, wenn ich im Jargon reden darf, strukturell minoritären Schicksal der Arbeitslosigkeit institutionell Abhilfe zu verschaffen.

Sie sagten, Kapitalexport und Güterimport verschärfen das Problem der Arbeitslosigkeit. Kann die Globalisierung nicht auch positive Auswirkungen haben?

Globalisierung halte ich für einen Unbegriff, der eine ungute und eher die Geister vernebelnde Bedeutung in der öffentlichen Debatte hat. Er bezieht sich auf zu viele verschiedene Dinge gleichzeitig. Aber gewiß: Alle seine Aspekte laufen darauf hinaus, daß nationale Gesellschaftssysteme weniger in sich geschlossen und nach außen abgegrenzt sein werden. Das gilt erstens für den Handels- und Kapitalverkehr. Zweitens für die militärische Supranationalisierung in Form von Militärbündnissen und Konfliktverhinderungspolitik. Es gilt drittens für die Migration, da Menschen in zunehmendem Umfang nationale Grenzen überschreiten, was Folgeprobleme sowohl für die Herkunfts- wie für die Ankunftsländer hat. Viertens gibt es den Gesichtspunkt der sogenannten kulturellen Globalisierung, also einer Weltkultur der Musik, der visuellen Künste, des Sports, der Fernseh- und Filmproduktionen. Fünftens existiert eine Weltkultur der Ingenieurwissenschaften, der Mathematik, der Erkenntnis- und Wissensformen, der Medizin, der Naturwissenschaften, der Ästhetik und des Bauwesens, die als modern und als alternativlos gilt. Brücken werden zum Beispiel in Korea in gleicher Weise gebaut wie in Brasilien. Sechstens gibt es schließlich die Globalisierung des Klimas, der Umwelt und die damit zusammenhängenden Ressourcenprobleme.

Das alles wird zusammengeführt in den Begriff der Globalisierung, und deshalb gehört er nicht mehr zu meinem aktiven Wortschatz. Das ist alles richtig und in den Trends und Wechselwirkungen zu erforschen. Aber wenn man den Begriff der Globalisierung mit der Vorstellung einer allgemeinen und gleichmäßigen Verbesserung oder Vereinheitlichung der Lebensweise der Menschheit in Zusammenhang bringt, wie es oft geschieht, dann übersieht man, daß Globalisierung ein Phänomen der globalen Oberschicht ist. Ein Symbol der sogenannten Globalisierung ist das Internet. Wie viele Menschen haben heute Zugang zum Internet? Es ist ein Prozent der Menschheit!

Man muß sich konkret vor Augen führen, daß es durch die Mittel der Informations- und Kommunikationstechnologie möglich geworden ist, sehr weit entfernte Arbeitsplätze an hiesige Arbeits- oder Dienstleistungsmärkte heranzuführen. Ein Beispiel dafür ist die Lohnbuchhaltung. Man kann sämtliche Daten am Abend per Draht nach Bangalore in Indien verschicken, wo sie von vielen fleißigen, zuverlässigen und technisch hervorragend ausgebildeten Datenverarbeitern, spezialisiert auf deutsche Buchhaltung, bearbeitet werden, und morgens kommen die Fertigberechnungen in tabellarischer Form wieder in Deutschland an. Es war vor einer Generation nicht denkbar, daß man betriebliche Dienstleistungen in dieser Weise über Kontinente hinweg auslagern konnte. Ein anderes Beispiel: Es ist ohne weiteres möglich, in Honduras Hemden nähen zu lassen, zu einem Achtel der hiesigen Arbeitskosten, wobei man aber die Qualitätskontrolle von Deutschland aus besorgen kann, nämlich per HDTV (High Definition Television). Die modernen Transport-, Kommunikations- und Informationstechnologien erlauben eine grenzüberschreitende Kommunikation, mit der Folge eines Arbeitsplatzverlustes im Inland.

Wird sich eine solche Situation negativ auf die Säulen der Gesellschaft wie die Demokratie auswirken?

Darüber gibt es viele Spekulationen und man sollte die Situation nicht dramatisieren oder in blinden Aktionismus verfallen. Rechte, die bisher als gesichert galten, insbesondere die Freiheit der Arbeitnehmer, über ihre eigene Verwendung vertraglich zu entscheiden, dürfen nicht ausgehebelt und einem Verrottungsprozeß ausgesetzt werden. Wenn etwas um sich greifen sollte wie Zwangsarbeit, etwa wenn die Sozialhilfe halbiert oder gestrichen werden würde, falls man eine Arbeit ablehnt, nagt das an der normativen Substanz des demokratischen Rechtsstaates.

Ein anderer wichtiger Aspekt ist der, daß Personen in bestimmten Regionen, in bestimmten Alters- und Geschlechtsgruppen, die von der Arbeitsmarktkrise und auch der vorgelagerten Qualifikationskrise besonders hart betroffen sind, sich in einem dramatischen Umfang entscheiden, anti- oder nicht-demokratische politische Parteien zu wählen, und sei es nur wegen des damit verbundenen sehr wirksamen Provokations- und Irritationseffekts.

Es liegt drittens eine Gefahr darin, daß die politischen Eliten offensichtlich nicht in der Lage sind, vernünftige, verstehbare und konsensfähige Entscheidungen zu treffen, neue Richtungen und nötige Veränderungen zu bestimmen. Die »politische Klasse«, ein ohnehin leicht zynisch gefärbter Begriff von symptomatischer Popularität, ist dabei, sich lächerlich zu machen. Demokratien sind anderen Staatsformen ja gerade deswegen vorzuziehen, weil sie in der Lage sind, einen sozialen Ausgleich zu schaffen, Solidarität zu organisieren und die Bürgerrechte nicht nur nominell zur Geltung zu bringen, sondern die Bürger in den Stand zu setzen, von ihren Rechten auch Gebrauch zu machen. Und da stellt sich schon die Frage, ob die westlichen Demokratien heute in diesen Punkten eine besonders gute Figur machen. Ich bin nicht jemand, der in Deutschland einen Zusammenbruch wie in den frühen 30er Jahre prophezeit, aber ich sehe durchaus eine institutionelle Auszehrung, eine Enttäuschung und Frustration, ein Absterben der Motive für eine Orientierung an Toleranz, Kooperation und Gemeinwohl, die für demokratische politische Kultur wichtig sind. Ein Staat, der keine Jobs schaffen kann, der nicht effektiv für seine unzweifelhaften öffentlichen Aufgaben Steuern erheben kann und der zunehmend konkurriert mit nicht-staatlichen, nämlich supranationalen Regierungsgewalten, ein solcher Staat hat wachsende und spürbare Schwierigkeiten, als autoritative Quelle von bindenden Normen und Vorschriften von den Bürgern ernstgenommen zu werden.

Wie können solche Probleme auf europäischer Ebene gelöst werden?

Dazu ließe sich viel sagen. Um die Rat- und Machtlosigkeit des Nationalstaates auf europäischer Ebene zu kompensieren, müßte man sich erst einmal über eine unwiderrufliche Zuständigkeitsübertragung von nationalstaatlichen Kompetenzen auf eine europäische Quasi-Bundesregierung einigen. Der gesamte Prozeß, von den römischen Verträgen bis hin nach Amsterdam, zeigt aber, daß die einzelnen Staaten ihre Regierungsgewalt nicht aus der Hand geben wollen, weil sie sagen: »An unserer Sozialpolitik, unserer gesetzlichen Krankenversicherung, an unserem Militär- und unserem Ausbildungssystem halten wir fest. Wir halten nichts davon, das an eine europäische Instanz zu deligieren.« Das ist auch ganz konsequent gedacht, weil Regierungen ja nationale Wahlen gewinnen müssen, wenn sie im Amt bleiben wollen, nicht europäische.

Wir befinden uns in einem schwierigen und qualvollen Prozeß, in einem Interregnum, in dem die alten Regimeformen, Zuständigkeiten und Handlungsressourcen nicht mehr intakt sind, die neuen, die in einem ungemein anspruchsvollen Schöpfungsakt hergestellt werden müssen, aber noch nicht da sind. Ökonomisch und sozial befinden wir uns in keinem guten Zustand, man kann schon nervös werden, und die meisten Leute, die etwas von der Sache verstehen, sind es wohl auch.

Muß sich die Gesellschaft dahingehend verändern, daß sie flexibler auf die entstehende Situation reagiert und zu einer Rund-um-die-Uhr-Gesellschaft wird, in der Arbeit täglich über vierundzwanzig Stunden organisiert wird?

Der Gegenbegriff zu Flexibilität ist Rigidität. Hierzulande raufen sich viele melodramatisch die Haare darüber, wie rigide, das heißt von Regeln festgezurrt, unsere Wirtschafts- und Arbeitsverhältnisse doch seien und daß es in den USA ganz anders sei. Das ist zwar richtig, aber man muß auch andere Dinge in seine Überlegung mit einbeziehen. In den Sozialwissenschaften haben wir den wichtigen Begriff der »Path-dependency«: »Pfadabhängigkeit«. Er bedeutet in diesem Zusammenhang, daß man nicht beliebig oft zurückkehren kann zu einem Ausgangspunkt, und nicht so tun kann, als seien die zu früheren Zeitpunkten geschaffenen Strukturen und Institutionen heute wie ein großer Trümmerberg einfach aus dem Wege zu räumen. Weder läßt sich das machen, noch wären wir gut beraten, es zu versuchen.

Wir haben in der Verfassung und in den Gesetzen Dinge verankert, die man nicht so einfach wegstreichen kann, weil dann die Geschäftsgrundlage wichtiger Teile des sozialen und Wirtschaftslebens entfiele. Zum Beispiel die Tarifautonomie, die Mitbestimmung, Betriebsverfassungen oder die Selbstverwaltung der Sozialversicherungsträger. Manche Unternehmer und ihre intellektuellen Repräsentanten sind versucht, solche Rechte und Institutionen einfach abzuschaffen. Verschiedene neoliberale Ökonomen vertreten die Auffassung, daß Gewerkschaften nicht mehr in die heutige Landschaft passen. Nun muß man allerdings sehen, daß der Versuch, die Gewerkschaften in der Bundesrepublik, den Föderalismus oder die Rentenversicherung abzuschaffen oder auch nur gravierend zu reformieren, eine gigantische, geradezu revolutionäre Utopie ist. Das ist unmöglich – ganz abgesehen davon, daß man nicht wissen kann, welche positiven Funktionen der genannten Einrichtungen einer solchen Kahlschlagpolitik ebenfalls zum Opfer fallen würden.

Können die USA ein Vorbild sein?

Vieles von dem, was in den USA möglich ist – ob vorteilhaft oder nicht –, ist in der Bundesrepublik undenkbar und umgekehrt. Die USA sind nicht mehr der Spiegel, in dem wir unsere eigene Zukunft sehen. Sie sind Teil eines anderen Kontinents, in dem ganz andere historische und gesellschaftliche Verhältnisse und auch kulturelle und politische Strukturen vorliegen, über die man sich als Besucher immer wieder von neuem wundert, und von denen man viele auch durchaus bewundern kann. Es wäre eigentlich wünschenswert, wenn wir in Europa aus der Tatsache, daß wir verschiedene Arten von modernen Gesellschaften repräsentieren, auch ein gewisses Selbstbewußtsein schöpfen würden. Wir sollten nicht immer so tun, als ob von den USA lernen siegen lernen hieße. Das ist nämlich nicht der Fall.

Wie sehen Sie die Arbeitsverhältnisse in der Bundesrepublik im Vergleich mit Frankreich und England?

Da gibt es viele Vergleichsdimensionen. Vielleicht nenne ich einfach eine grundlegende Gemeinsamkeit. Die kontinentaleuropäischen Arbeitsverhältnisse sind dadurch gekennzeichnet, daß sie nicht nur auf einem freiem Vertrag des Arbeitnehmers mit dem Arbeitgeber oder der Gewerkschaften mit den Arbeitgeberverbänden beruhen, sondern daß sie sich außerdem auf Statusrechte und -pflichten beider Seiten gründen, die von Politik und Gesetzgebung kreiert worden sind. Ein Beispiel: Ein Zehnjähriger möchte Geld verdienen, und ein Supermarkt braucht jemanden, der den Kunden die Einkaufstüten in den Kofferraum trägt. Das wäre eine beiderseits übereinstimmende Willenserklärung, die durch einen Arbeitsvertrag festgeschrieben werden könnte. Da Kinderarbeit aber verboten ist, wäre ein solcher Vertrag nicht rechtens. Diese weitgehende Einbettung des Arbeitsverhältnisses in Sicherheits- und Schutzarrangements ist ein Merkmal der europäischen Sozialverhältnisse.

Daniel Bell schreibt in seinem 1973 erschienenen Buch »Die nachindustrielle Gesellschaft«: »Die grundlegendste historische Erfahrung des Menschen, die Verwurzelung seines sozialen Charakters in der Arbeit, ist hinfällig.« Ist Gesellschaft weiterhin über Arbeit zu definieren und zu regulieren?

Diese Frage würde ich verneinen. Erst in den letzten zweihundert Jahren haben wir uns an die Sichtweise gewöhnt, daß eine erwachsene Person üblicherweise in einem Mehrpersonenhaushalt lebt, der sich über ein selbstverdientes Einkommen, aus einer selbständigen oder abhängigen Erwerbstätigkeit finanziert. Dieses Schema eines lebenslangen Normalarbeitsverhältnisses, das ausreichend bezahlt wird und soziale Sicherung verspricht, ist der Bezugspunkt, oder anders gesagt, das gedanklich sinnstiftende Element unseres ganzen Ausbildungssystems. Alle Rollen der Gesellschaft sind davon besetzt.

Heute ist es nicht mehr selbstverständlich, daß jeder einen Ausbildungsplatz und später eine Erwerbstätigkeit findet. Wir stellen fest, daß in diesem Moment auch alle anderen Rollen nicht in einer normalen Weise funktionieren. Man sieht das zum Beispiel bei der Altersarmut, d.h. bei

Leuten, die nicht »lange genug« gearbeitet haben. Oder bei Schulverweigerung und -krisen. Warum sollen wir etwas lernen, fragen manche Schüler, wenn wir sowieso keine Lehrstellen bekommen.

Das Normalarbeitsverhältnis ist ein Tischtuch, an dem man nicht beliebig zupfen und ziehen kann. Wenn man nicht vorsichtig ist, fällt alles um, was auf diesem Tischtuch steht.

Kann man dieses Tischtuch, um bei dieser Analogie zu bleiben, mit einem anderen Besteck decken, indem man die Arbeit umstrukturiert? Bürgerarbeit wäre in diesem Zusammenhang ein Schlagwort.

Das ist eine Denkrichtung, die sich zunehmend Gehör verschafft. Für mich stellen sich dabei zwei Fragen. Die erste lautet: Welche Alternativen gibt es, wenn die Leute nicht im Sinne einer bezahlten, betrieblichen, regulierten und vertraglichen Erwerbstätigkeit arbeiten? Arbeit ist ja eine nützliche, anerkennungswürdige, anstrengende und planmäßige Tätigkeit. Das trifft auch auf ehrenamtlich- und gemeinwohlorientierte Arbeit zu. Etwa auf die Tätigkeit in Vereinen. Wenn ich ein Kassenwart in einem Verein bin, kann ich viele Abende damit verbringen, die Vereinskonten zu führen. Das ist Arbeit, nur keine bezahlte, sondern freiwillige Arbeit, und davon gibt es ziemlich viel. Bürgerarbeit könnte in diesem Sinne also eine Alternative zur Erwerbsarbeit sein.

Das Problem ist jedoch, und hiermit wären wir bei der zweiten Frage: Wovon sollen jene, die definitionsgemäß keine Erwerbsarbeit, sondern ehrenamtliche Tätigkeit verrichten, leben? Wie sollen sie an ihr Einkommen kommen, ohne gleichzeitig in der S-Bahn betteln zu müssen? Das Konzept der Bürgerarbeit ist in diesem Punkt nicht genügend durchdacht, und ich glaube, Ulrich Beck, der etwas voreilig mit solchen Ideen gespielt hat, würde das sogar zugeben. Daß man die Leute auffordert, sich an den schönen Seiten der caritativen und ehrenamtlichen Tätigkeit zu erfreuen, ist eine Sache, aber spätestens dann wird es ernst, wenn die Frage gestellt wird: »Was bekommen wir dafür, wie werden wir materiell entlohnt? Wie können wir den Risiken, die diese Gesellschaft bereithält, den Risiken der Krankheit, des Alters und von Unfällen begegnen?« Ich sehe da nur ein einziges großes Fragezeichen.

Wenn das Konzept der Bürgerarbeit also nicht aufgeht, was bleiben dann für Alternativen?

Es gibt den Vorschlag, denen, die nicht zum geltenden Lohnsatz arbeiten wollen oder keine Arbeit finden, ein gewisses Einkommen zu subventionieren, Kombi-Lohn ist das Stichwort. Andere Bestrebungen gehen in die Richtung, daß städtische Ämter oder die Bundesregierung Erwerbslosen Arbeit zuweist, die ohne wenn und aber angenommen werden muß. Das nannte man früher Zwangsarbeit, eine Form von Arbeit, mit der wir unter dem Naziregime in Deutschland besonders prägende und abschreckende Erfahrung gemacht haben. Es ist nicht besonders realistisch, daß diese Form der Zwangsarbeit vor dem Hintergrund der deutschen Geschichte durchgesetzt werden wird.

Man kann auch den Frauen nicht sagen, geht doch zurück in den Haushalt. Das ist angesichts der Präsenz feministischer Motive ganz undenkbar.

So sehen die Alternativen aus. Wenn wir so etwas nicht wollen und gleichwohl nicht genügend Arbeit finden, um allen eine normale Beschäftigung zu verschaffen, dann bleibt nur die Möglichkeit einer alternativen Einkommensquelle, die steuerfinanziert sein müßte. Wie diese aussieht, ist wie gesagt unklar. Das ist der eigentliche Punkt der Ratlosigkeit.

Sie sehen also keine Chance, die Arbeit umzuorganisieren?

Möglicherweise schon, aber lassen Sie mich zunächst einmal die reich besetzte Landschaft der Vorschläge und Ideen zu diesem Thema skizzieren.

Es gibt drei Schulen. Die erste Schule sagt, die Löhne oder Lohnnebenkosten müssen heruntergefahren werden. Ähnlich wie auf dem Markt für Bananen: Je weniger sie kosten, desto mehr werden gekauft. Die Leute, sagen die Vertreter dieser ersten Denkrichtung, müssen zufrieden sein mit geringerem Einkommen, und sie müssen zufrieden sein mit weniger Sicherheit. Das ist die neoliberale Schule.

Die zweite Schule sagt: Wir müssen die Leute besser qualifizieren. Sie müssen produktiver, flexibler, vielfältiger einsetzbar und auch bereit sein, die Risiken des eigenen Arbeitsmarktschicksals zu akzeptieren. Das bedeutet, mal in diesem Beruf, mal in jenem Beruf, mal an diesem, mal an jenem Ort, mal in dieser Abteilung, mal in jener tätig zu sein. Dazu müssen die Arbeitnehmer qualifiziert und geschult werden, und sie müssen lebenslänglich weiterlernen. Nur wenn sie das tun und sich unverzichtbar machen, werden sie immer wieder in einen Beruf hereinkommen. Das hat den angenehmen und wünschenswerten Nebeneffekt, daß dadurch, daß Leute eine gewisse Zeit mit Weiterbildung und Schulungen verbringen, eine indirekte Verkürzung des Arbeitsangebotes stattfindet. Die dritte Schule sagt: Wir müssen die Leute aus dem Arbeitsmarkt herausholen. Es sei hoffnungslos, nach Wegen zu suchen, die Nachfrage nach Arbeit zu vermehren. Weder der Staat noch sonst jemand könne neue Arbeitsplätze erfinden. Die Konsequenz aus dieser Sichtweise liegt auf der Hand: Das Angebot an Arbeit muß vermindert werden. Das Arbeitsangebot setzt sich zusammen aus der Zahl der Personen multipliziert mit der Zahl der Stunden. In der Bundesrepublik haben wir ein jährliches Arbeitsvolumen von vier Milliarden Stunden. Es gibt nun zwei Wege, dieses Volumen zu reduzieren. Einerseits könnte man die Lebensarbeits-, Jahresarbeits-, Wochenarbeits- oder Tagesarbeitszeit verkürzen. Das hat aber keine besonderen Erfolgsaussichten. Die andere Variante sieht so aus, daß man nicht die Arbeitszeit, sondern die Anzahl der Erwerbstätigen reduziert. Da kommen wir dann zu solchen Parolen wie »Ausländer raus!«, »Frauen zurück an den Kochtopf!« und »Alte Leute zwangspensionieren!«. Wie man sieht, ausgesprochen autoritäre und unfreiheitliche Lösungen.

Sie deuteten eine weniger unfreiheitliche Lösung an.

Und diese heißt Wahlfreiheit. Das ist eine relativ neue Idee, mit der ich mich gerade beschäftige. Sie besagt, daß jeder Bürger den Anspruch hat, befristet aus dem Erwerbsleben auszuscheiden, ohne daß er dann sofort ohne jegliches Einkommen dasteht. Das bedeutet nichts anderes, als einem anderen seinen Arbeitsplatz für eine gewisse Zeit zur Verfügung zu stellen. Jedem Bürger stünde ein Transfergeld in einer fixen Höhe zur Verfügung. Das Ausscheiden aus dem Erwerbsleben kann motiviert sein durch Familien- oder Bildungsinteressen, durch eine Krankheit, eine längere Reise oder von welchen Gründen auch immer. Den Leuten würde die Möglichkeit gegeben zu sagen: Na gut, ich verdiene zwar wenn ich arbeite mehr als ich an Transfereinkommen erhalte, aber ich habe auch freie Zeit, und die ist mir sehr viel wichtiger. Ich kann ja jederzeit in das Berufsleben zurückkehren.

Die Leute sollen tun, was sie wollen, was sie nach verantwortlicher wohlbedachter Erwägung als Alternative zur Erwerbsarbeit ansehen. Wenn jemand zum Beispiel in drei Jahren an einem Marathonlauf teilnehmen will und es ihm so wichtig ist, daß er bis dahin auf das Einkommen am Arbeitsmarkt verzichten und sich mit 1600 Mark im Monat als Transfereinkommen zufrieden geben will, dann soll er es in Gottes Namen tun. Diese Art von Freistellungsoptionen – sagen wir, von zehn Jahren pro Leben – wären ein wichtiges, freiheitsicherndes Element, das, wenn man es auf Teile von Langzeitarbeitslosigkeit, Langzeiterkrankung und Mutterschaftsurlaub anwendet, gar nicht mal so teuer ist, weil die Ersparnisse bei der Finanzierung von Arbeitslosigkeit gegengerechnet werden müssen. Auch hier würden viele Personen aus dem Arbeitnehmerstatus herausfallen, aber sie würden es freiwillig tun – und befristet. Ich denke, daß eine solches System der Wahlfreiheit attraktive neue Perspektiven eröffnen könnte.

Gerhard Schulze

Die Erlebnisgesellschaft

»Das Erleben des Lebens«

G erhard Schulze, geboren 1944, ist Professor für Methoden der empirischen Sozialforschung an der Otto-Friedrich-Universität Bamberg. Er arbeitet derzeit hauptsächlich an einem Buch mit dem Arbeitstitel »Steigerung und Ankunft«.

In den 80er Jahren bestimmte das Standardwerk des französischen Soziologen Pierre Bourdieu »Die feinen Unterschiede« das kultursoziologische Denken. In Bourdieus Tradition gelang es Gerhard Schulze Anfang der 90er Jahre mit seinem Buch »Die Erlebnisgesellschaft« einen soziologischen Bestseller zu landen, der auch außerhalb der Fachwelt für Aufsehen sorgte. »Die Erlebnisgesellschaft« enthält soziologische Beobachtungen über einen Mentalitätswandel, den Schulze in den 60er und 70er Jahren selbst vollzogen hat. Nach umfassender Erhebung und Auswertung konnte er empirische Daten und subjektive Erfahrung auf ungewöhnliche Weise kombinieren und kritisch hinterfragen. Schulze ist kein Lebemann, eher ein Erlebnismensch, der über persönliche Erfahrungen ein Gespür für alltagsästhetische Tendenzen entwickelt hat. Es ist Schulzes Grundanliegen, die sozialwissenschaftlich aufgearbeiteten und gedeuteten Untersuchungsergebnisse über gesellschaftliche Wirklichkeit einem breiten Leserkreis zugänglich zu machen. Dabei ist er sich durchaus bewußt, daß empirische Daten keine langfristige Gültigkeit haben.

Ausgewählte Buchveröffentlichungen:

Gerhard Schulze: Die Erlebnisgesellschaft.
Kultursoziologie der Gegenwart.
Campus Verlag, Frankfurt/M. 1992

1. Konzept

Eine Bestandsaufnahme zur soziokulturellen Situation der bundesrepublikanischen Nachkriegsgesellschaft liefert Gerhard Schulze in seinem 1992 erschienenen Buch »Die Erlebnisgesellschaft«.

In der empirisch fundierten Studie setzt Schulze als Grundannahme voraus, daß wir in der Bundesrepublik Deutschland in einer Gesellschaft leben, in der trotz bestehender Einkommensunterschiede der Großteil der Menschen über mehr Mittel verfügt als zur Existenzsicherung nötig ist. Die Suche nach Glück habe die Sorge um das materielle Überleben abgelöst, was das Leben zum Erlebnisprojekt mache. Das Bestreben, etwas Schönes oder Interessantes zu erleben, sei ins Zentrum des Lebens gerückt. Dies komme in der zentralen Handlungsanweisung der Erlebnisgesellschaft zum Ausdruck: »Erlebe Dein Leben!«

Die zunehmende »Erlebnisorientierung« der Gesellschaft ist nach Schulze eine Folge des Übergangs von der Knappheits- zur Überflußgesellschaft. In die Lage versetzt, über Lebenslauf und Lebensstil frei zu entscheiden, gehe es für die Mehrheit der Menschen nicht mehr um die Bewältigung äußerer Lebensumstände, sondern um die Befriedigung eines inneren Lebensgefühls. Nicht mehr zweckrationales Handeln, sondern Erlebnisrationalität bestimme das Alltagsleben. Dies werde beispielsweise beim Kauf eines Konsumgutes deutlich, wenn nicht der Gebrauchswert, sondern der Erlebniswert darüber entscheidet, welchen Autotyp, welche Kleidermarke oder welches Genußmittel man präferiert. Die Kaufentscheidung fälle der Konsument nicht aufgrund von Erwägungen nach Notwendigkeit, Nützlichkeit oder Haltbarkeit eines Produktes, sondern aufgrund von Kriterien wie Erlebnis, Komfort oder Geschmack. Durch den Prozeß der »Ästhetisierung des Alltagslebens« ist nach Schulzes Analyse ein Erlebnismarkt entstanden, auf dem jeder einzelne seinen persönlichen ästhetischen Stil entwickkelt.

Mit den Daten einer repräsentativen Untersuchung von 1014 Personen in Nürnberg stützte Schulze seine zentrale These, daß der Mensch trotz fortschreitender Individualisierung nicht in der Lage sei, unabhängig von anderen zu bestehen. Vielmehr orientiere er sich an anderen, die ähnliche Vorstellung vom »schönen Leben« haben. Die zentrale nach innen gerichtete Lebenseinstellung der Erlebnisorientierung und die damit verknüpfte »Gestaltungsidee eines schönen, interessanten, subjektiv als lohnend empfundenen Lebens« habe also nicht zu einer Vereinzelung oder unüberschaubaren Vielfalt an Lebensweisen, sondern zu einer grundlegenden Veränderung der Konstituierung sozialer Milieus geführt, die sich nicht mehr über Beziehungsvorgaben vollziehe, sondern verstärkt über die subjektive Auswahl von Beziehungen. So entscheide jedes Individuum nach dem Gesichtspunkt der Ähnlichkeit von Stil, Alter und Bildung über seine Beziehungspartner und schließlich über die Einbindung in ein soziales Milieu. Daß Alter und Bildung dabei an Bedeutung gewonnen haben, lasse sich an den ästhetischen Spannungen zwischen zwei Altersgruppen – die Schnittstelle bildet das 40. Lebensjahr – und zwischen den unterschiedlichen Bildungsgraden belegen. Andere, ursprünglich relevante Einflußgrößen wie Beruf, Einkommen, Geburts- oder Wohnort spielten hingegen eine untergeordnete Rolle.

Schulze unterscheidet fünf »soziale Milieus«, »die sich durch gruppenspezifische Existenzformen und erhöhte Binnenkommunikation voneinander abheben«: Die ersten drei sozialen Milieus sind dabei noch an das Modell einer vertikal gegliederten Gesellschaftsordnung gebunden. An den beiden anderen Erlebnismilieus zeige sich dagegen eine spezifische horizontale Ausrichtung der Gesellschaftsgruppen, die auf dem vorrangig auffindbaren Ziel des Erlebnisaustausches beruhe.

Das »Niveaumilieu« setzt sich nach Schulze aus dem Personenkreis der über 40jährigen zusammen, die über einen relativ hohen Bildungsgrad verfügen, auf Lebensqualität, eine steile Karriere und vorzeigbaren Reichtum Wert legen.

Das »Integrationsmilieu« umfaßt Personen, die älter als 40 sind und eine mittlere Bildung aufweisen. Auffällig sei eine hohe Anpassungsbereitschaft, die Angst, anzuecken und die skeptische Haltung gegenüber allem Neuen und Fremden.

Das »Harmoniemilieu« besteht ebenfalls aus Personen über 40, die jedoch vergleichsweise geringe Bildungsabschlüsse besitzen. Vorherrschend sei das Streben nach Geborgenheit und das Bedürfnis, Konflikten aus dem Weg zu gehen.

Menschen jüngeren Alters (unter 40), die sich durch einen höheren Bildungsgrad auszeichnen, findet man im »Selbstverwirklichungsmilieu« vor. Deren herausragender Charakterzug sei Experimentierfreudigkeit und Narzißmus.

Das »Unterhaltungsmilieu« schließlich setzt sich ebenfalls aus einem jüngeren Personenkreis (unter 40) aber mit geringer Bildung zusammen. Diese Personen seien auf der permanenten Suche nach aktions- und spannungsgeladenen Situationen.

Schulze will zeigen, daß trotz der weiter fortschreitenden Individualisierung und Atomisierung ehemals kollektiver Lebensformen, weiterhin soziale Großgruppen existieren. Diese entstünden durch eine neue Form der Vergesellschaftung und seien nicht mehr vertikal nach Klassen gegliedert, sondern hätten ihren jeweiligen Platz im horizontalen Aufbau der sozialen Matrix.

2. Fragebogen

1. Sehen Sie sich selber als Gesellschaftstheoretiker, Gesellschaftskritiker, Gesellschaftsarchitekt oder lediglich als geselliger Zeitgenosse?

Letzteres hoffe ich zu sein, denn in meinem Beruf profitiere ich davon, ein geselliger Zeitgenosse zu sein. Meine wichtigsten Daten gewinne ich im täglichen Umgang mit Menschen, wenn ich gar nicht daran denke, Soziologe zu sein.

2. In welcher Gesellschaft leben wir eigentlich?

Ich wäre ein schlechter Soziologe, wenn ich darauf eine Antwort hätte. Diese Frage stelle ich die ganze Zeit. Eher könnte ich antworten auf die Frage, in welcher Gesellschaft wir nicht mehr leben, da ich die Vergangenheit besser verstehe als die Gegenwart. Ich habe damals die Gesellschaft, die ich jetzt begreife, auch nicht begriffen. Gewiß ist nur: Wir leben in einer Gesellschaft, die sich in einem kollektiven Lernprozeß befindet, und der die Menschen darüber informieren wird, daß das, was sie in der Vergangenheit gelernt haben, nicht mehr anwendbar ist.

3. Worin sehen Sie die Stärken und Schwächen dieser Gesellschaft?

Das rechtstaatliche System der Bundesrepublik Deutschland ist eindeutig eine Stärke dieser Gesellschaft. Bei all ihren Schwächen können wir doch davon ausgehen, daß bestimmte Rechte garantiert sind. Die Schwäche sehe ich in der zunehmenden Unfähigkeit, aus dem unbegrenzten Möglichkeitsraum, den wir uns technisch, wirtschaftlich und politisch erarbeitet haben, einen Vorteil zu ziehen. Ich meine dies kulturell, politisch, ökonomisch, ökologisch – aber auch in einem ganz persönlichen privaten Sinn. Wir sind überfordert durch Gestaltungsfreiheit, vielleicht darf man hinzusetzen: noch.

4. Welche Rolle spielen Sie in der Gesellschaft?

Meine Rolle ist die eines verdeckt teilnehmenden Beobachters, der versucht, explizit auf den Begriff zu bringen, was als Idee das Handeln der Menschen bestimmt. Ich mache Dialogangebote, versuche aber nicht einzugreifen.

5. Welche Gesellschaftsromane haben Sie fasziniert?

»Der Stechlin« von Theodor Fontane und die verschiedenen Bände der Autobiographie von Elias Canetti, wie »Die gerettete Zunge«, »Die Fackel im Ohr« und »Das Augenspiel«. Ich liebe die Geschichten von Anton Tschechow, seinen unbestechlichen, illusionslosen Blick, hinter dem doch immer die Suche nach dem Guten zu spüren ist. Eigentlich lese ich jeden Roman als »Gesellschaftsroman« – ob von Knut Hamsun, John Updike oder Joyce Carol Oates. Aber nur wenige machen die Gesellschaft als solche zum Protagonisten wie das etwa in »Satan in Goraj« von Isaac Bashevis Singer oder in »Die Teufel von Loudon« von Aldous Huxley geschieht. Das sind wirklich Romane für Soziologen, wobei anzumerken ist, daß Singer die Soziologen verachtete, ihre Texte bezeichnete er als »hochgestochenes Geschwätz«.

6. Welchem Gesellschaftsspiel gehen Sie gerne nach?

Ich gehe gerne in Kneipen, setze mich irgendwo hin, sehe mich um, höre zu. Mit Vorliebe beobachte ich auf öffentlichen Plätzen, was um mich herum gespielt wird. Außerdem pokere ich gerne. Pokern ist ein Glücksspiel, bei dem man starke Nerven braucht. Meistens verliere ich. Deshalb ist das Pokerspiel besonders spannend für mich.

7. In wessen Gesellschaft halten Sie sich bevorzugt auf?

Ich halte mich bevorzugt in Gesellschaft von Personen auf, mit denen ich eine Binnenkultur entwickeln konnte. »Binnenkultur« heißt unter anderem, daß man eine gemeinsame Privatsprache entwickelt hat, in der sich

mehr und andere Bedeutungen transportieren lassen als in der Umgangs-
sprache. Wissen Sie beispielsweise, was eine »Helga« ist? Gewiß – ein
Frauenname. Für mich und noch jemand steht mehr dahinter: ein Frau-
entyp, der einer uns bekannten Person entspricht. In einer Binnenkultur
bekommen im Laufe der Zeit immer mehr Sprachzeichen eine besondere Zusatzbedeutung. Als Teilnehmer an entwickelten Binnenkulturen hat
man exklusiven Zugang zu hochdifferenzierten kollektiven Gedächtnis-
sen mit weitreichenden Ausdrucksmöglichkeiten.

8. Welcher Gesellschaftsgruppe fühlen Sie sich zugehörig?

Die Frage impliziert die Theorie, daß die Gesellschaft noch in Gruppen
zerfällt. Ich bewege mich, wenn es überhaupt noch Gruppen geben sollte, in Unschärfezonen zwischen verschiedenen Gruppen. Ich gehöre einem Kontaktnetz aus Personen unterschiedlichen Alters, beiderlei Geschlechts und verschiedener Berufe an.

9. Welche Person(en) von gesellschaftlicher Größe schätzen Sie?

Ich schätze in besonderem Maße Theodor Fontane, der gerade in der
kritischen Distanz zu sich selbst Vorbildcharakter hat. Zu Unrecht wird
Fontane nicht als Klassiker der Soziologie gesehen. Es gibt niemanden,
der die Gesellschaft in der zweiten Hälfte des 19. Jahrhunderts besser
beschrieben hat. In der Gegenwart finde ich ähnliche Figuren, z.B. den
zu Unrecht nur selten gelesenen deutschen Exilliteraten Hans Sahl. Seine Schriften spiegeln die gesellschaftliche Realität wider. Das macht ihn
zu einer historischen Person, die mir imponiert. Aber Personen von gesellschaftlicher Größe? Es widerspricht mir, Namen zu nennen. Was zählt
sind Handlungen, nicht Personen. Diese Haltung finde ich bei Fontane
oder Sahl: die Verweigerung eines Grundvertrauens zu historischen Figuren; statt dessen die Bereitschaft, immer wieder neu hinzusehen und
neu zu urteilen.

10. Wie sieht für Sie die ideale Gesellschaft aus?

Es gibt für mich keine beschreibbare ideale Gesellschaft. Die ideale Gesellschaft ist zum Lernen bereit. Sie orientiert sich immer wieder an neuen Horizonten.

11. Wollen Sie die Gesellschaft verändern?

Ich würde lügen, wenn ich sagen würde, ich will sie nicht verändern. Es ist doch so, daß man dadurch, daß man ein Deutungsangebot erarbeitet, auch Wirkungen bei anderen zu erzeugen wünscht. Und damit hoffe ich, die Gesellschaft zu verändern, obwohl ich für mich selbst keine detaillierte Utopie definiert habe und anderen keine Ziele vorgeben will – die müssen sie selbst abstecken.

12. Wie sieht die Gesellschaft von morgen aus?

Ich habe keine Vision in Form einer »Ewigen Stadt«, in Form einer »Vollendung der Geschichte« oder in Form eines »zu sich selbst kommenden Weltgeistes«. Ich sehe uns auf einer ewigen Wanderschaft, bei der wir immer wieder die selben Probleme zu lösen haben werden. Es gibt drei Aufgaben, die im Laufe unserer Geschichte ständig neu auf uns zukommen. Wir müssen uns erstens die Bedingungen erarbeiten, überhaupt leben zu können, uns also einen Möglichkeitsraum schaffen. Wir müssen zweitens unser Zusammenleben in diesem Möglichkeitsraum organisieren und drittens zu gelingenden Formen der Orientierung kommen. Allgemein gesehen bleiben die drei Hauptprobleme immer gleich. Weil wir uns mit unseren Lösungsversuchen aber ständig in neue Horizonte hineinkatapultieren, kann es keine Dauerlösung geben. Meine Erwartung ist, daß sich die Rangordnung der Probleme verschieben wird. Nachdem sich in den letzten zweihundert Jahren immer stärker das Thema des Möglichkeitsraums in den Vordergrund geschoben hat, wird nun eine Zeit kommen, in der Fragen des Zusammenlebens und der Orientierung im Mittelpunkt stehen.

3. Interview

Von der Klassengesellschaft zur Erlebnisgesellschaft

Trifft das Bild, das Sie 1992 von der Gesellschaft gezeichnet haben, heute noch zu? Leben wir noch immer in einer »Erlebnisgesellschaft«?

Wir leben weiterhin in einer Erlebnisgesellschaft, in der das bewußte Erleben des Lebens im Zentrum steht. Im Fokus unserer zentralen Zieldefinition befindet sich niemand anderer als wir selbst, unsere körperlich-geistigen Zustände und Prozesse. Genaugenommen geht es uns um eine gelingende positive Selbstbeschreibung dieser Zustände und Prozesse. Die »Erlebnisgesellschaft« war ein Versuch, die Entwicklungslogik dessen, was Ende der 80er Jahre in der Bundesrepublik Deutschland wahrnehmbar war, zu rekonstruieren. Die Erlebnisorientierung des Individuums macht die Grundlage meiner Theorie der Konstitution sozialer Milieus aus. Ich habe in meinem Buch fünf Milieus unterschieden. Man hätte noch gröber systematisieren, einige Milieus zusammenfassen oder aber die Kategorien in sich aufspalten können. Solche Einteilungen liegen letzten Endes immer in der Willkür des Analytikers. Bei gleicher Betrachtungsweise kommen wir heute zu einem anderen Ergebnis, weil die Zusammensetzung sozialer Gruppen anders geworden ist. Die »Erlebnisgesellschaft« ist ein Porträt der Gesellschaft, zu einem bestimmten Zeitpunkt, eine Momentaufnahme. Milieus ändern sich immer wieder, aber die Art und Weise, wie sie zustande kommen, nämlich durch erlebnisorientierte Alltagshandlungen, halte ich zeitübergreifend für gültig.

Was sind die Spezifika Ihrer kultursoziologischen Diagnose und inwiefern heben sich Ihre Untersuchungsergebnisse von denen des Soziologen Pierre Bourdieu ab?

Zunächst ist festzustellen, daß ich Pierre Bourdieu sehr viel verdanke, nämlich den an einer makrosoziologischen Interpretation interessierten Blick auf Symbolkosmen, die sich in alltäglichen Gegenständen und Handlungen konkretisieren. Was macht die Spezifika meiner Theorie aus? Erstens die Ausarbeitung eines Erklärungsschemas für die Entstehung unscharfer sozialer Großgruppen unter der Bedingung der Wählbarkeit von Kontakten, wobei »evidente« und »signifikante« Zeichen eine herausgehobene Rolle spielen. Zweitens ein hermeneutischer Ansatz, der eine Systematik milieuspezifischer existentieller Anschauungsweisen in den Mittelpunkt stellt. Drittens die Abkehr von dem bei Bourdieu (und bei Thorstein Veblen als Proto-Bourdieu) bestimmenden vertikalen Paradigma der Milieulagerung; statt dessen der Versuch, Milieus in einem mehrdimensionalen Raum einer psychophysischen Semantik zu verorten. Viertens schließlich die Verbindung von Zeitdiagnose und historischer Betrachtung: Wie haben wir in der Bundesrepublik Deutschland auf den Wandel der Lebensverhältnisse seit 1945 reagiert?

Sie meinen die Entfaltung der Demokratie in einer Zeit raschen wirtschaftlichen Wachstums. Haben Demokratie und Wohlstand zur Erlebnisorientierung geführt? Und wenn ja, was passiert, wenn die wirtschaftlichen Umstände schlechter werden?

Ich meine vor allem die Vermehrung der Möglichkeiten. Diese Vermehrung hält an. Gewiß: Der Zuwachs ist ungleich verteilt, und es gibt wirtschaftliche Probleme. Deshalb schenken die Menschen der Frage wieder mehr Aufmerksamkeit, welche Position im kollektiven Möglichkeitsraum sie eigentlich einnehmen. Aber dies ändert nichts an der kulturellen Tatsache der ungebrochenen Herrschaft subjektzentrierter Zieldefinitionen. Bei der Selbstbeurteilung des Lebens triumphiert der Aspekt des Seins über den Aspekt des Habens, was durch den entgrenzten Möglichkeitsraum geradezu erzwungen wird. Nicht die Verfügung über Möglichkeiten ist das Hauptproblem, sondern die subjektiv richtige Auswahl. Bloß: Was heißt »subjektiv richtig«? Seit dem Erscheinen der »Erlebnisgesellschaft« hat sich das lebensphilosophische Muster der Erlebnisrationalität eindeutig radikalisiert. Wohin immer man schaut: Tourismus, Fußball, Sex, politische Kultur, Essen, Werbung, Autos, Arbeit und Arbeitsverzicht.

Was ist unter »Erlebnisrationalität« zu verstehen und worin äußert sie sich?

»Erlebnisrationalität« ist die Umkehrung des naturwissenschaftlich-technischen Denkens unter Beibehaltung seiner Logik. Das klassische instrumentelle Denken fokussierte objektive Ziele, wie den Ertrag von Anbauflächen, die Leistung von Maschinen, die Effizienz von Produktionsvorgängen. Beim erlebnisrationalen Denken wandert der Fokus der Zieldefinitionen von außen nach innen. Man instrumentalisiert das außerhalb des Subjekts Gegebene (Konsumgüter, Reiseziele, Unterhaltungsangebote, Partner, …) für »innen« vorgestellte Wirkungen (Faszination, Entspannung, Lust, usw.): Ingenieurmäßiges Situationsmanagement zur Optimierung des Innenlebens. Vielfach taucht diese Denkhaltung in der Werbung auf, etwa in der Formulierung: »Betrachten Sie das Glas als Instrument des Genusses!« Sie steckt aber auch in der häufigsten Selbstcharakterisierung unserer Zeit: »Ich tue was mir gefällt.«

Ihr Konzept der »Erlebnisgesellschaft« bezieht sich auf die Bundesrepublik Deutschland. Läßt es sich auf andere Staaten übertragen?

Ich glaube, daß die Erlebnisorientierung ein weltweites Phänomen ist. Als latente philosophische Botschaft und Denkmodell ist es durch die Kommunikationsmedien, durch den Tourismus sowie durch Produkte wie Coca Cola in die letzten Winkel dieser Welt vorgedrungen. Die philosophische Betrachtungsweise, die das Subjekt in den Mittelpunkt stellt, ist Allgemeingut geworden. Wir haben es einerseits mit Leuten zu tun, die ganz genau wissen, wie sie etwas aus ihrer Zeit machen können. Andererseits sind viele eher ratlos und bleiben auf Angebote angewiesen. Die Lebensphilosophie der Erlebnisorientierung ist ein breit angelegter, thematisch ganz unterschiedlich ausfüllbarer Variationsspielraum. Den Möglichkeiten von Subjekten, sich selber zu erfinden, sind kaum Grenzen gesetzt. Allerdings ist die Ausnutzung dieses Möglichkeitsraums geprägt durch das kulturelle Erbe einer Gesellschaft.

Ich habe in der »Erlebnisgesellschaft« nur die westdeutsche Variante beschrieben. Beides kommt zusammen, auf der einen Seite die Internationalisierung von Erlebnisorientierung und Subjektzentrierung und auf der anderen Seite die Nationalisierung und kulturspezifische Ausprägung dieses Motivs.

Ist Erlebnisorientierung auch dann möglich, wenn die Rahmenbedingungen einer »Überflußgesellschaft«, in der wir nach Ausführungen des amerikanischen Ökonomen John Kenneth Galbraith seit 1958 leben, nicht vorhanden sind? Oder anders gefragt: Kann ich nicht erst dann etwas erleben, wenn ich mich nicht mehr um das bloße Überleben kümmern muß?

Natürlich, aber bei aller Ungleichheit ist doch zumindest in den reichen Ländern die weit überwiegende Mehrheit so weit von Überlebensproblemen entlastet, daß Erlebnisorientierung materiell möglich ist. Jenseits einer von den meisten überschrittenen Untergrenze spielen Einkommensunterschiede nur noch in bezug auf die Erschwinglichkeit der ersehnten Accessoires für das Projekt des schönen Lebens eine Rolle, nicht aber für die Inszenierung des Projektes.

Wird durch das Klassifikationsschema sozialer Milieus, die sich nach den Kategorien Lebensstil, Alter und Bildung zusammensetzen, die Wirklichkeit sozialer Ungleichheit nicht ausgeblendet? Ist die Frage nach Einkommens- und Vermögensverhältnissen gänzlich zu vernachlässigen?

Ich bin oft in dieser Weise mißverstanden worden. In der Tat meine ich, daß wir unsere Sozialwelt immer weniger unter dem Gesichtspunkt der Knappheit und der Ungleichheit verstehen können. Es sind Gruppengrenzen, Wahrnehmungsmuster und Handlungsschemata entstanden, die wenig mit Knappheit und Ungleichheit zu tun haben – und natürlich gibt es andererseits Schichten der sozialen Wirklichkeit, die davon in starkem Maße bestimmt werden. Wenn man das erste behauptet, schließt man das zweite nicht aus.

Was passiert mit denen, die im unteren Drittel der »Zweidrittelgesell-schaft« – um einen Terminus des Politikwissenschaftlers Peter Glotz zu benutzen – leben, die ihre Arbeit verloren und erzwungenermaßen viel arbeitsfreie Zeit zur Verfügung haben, mit der sie nichts anzufangen wissen? Gibt es trotz Individualisierung noch so etwas wie Solidarität unter Arbeitslosen?

Ich glaube nicht, daß die Arbeitslosen von heute gute Chancen haben, sich zu organisieren, wie wir das aus der Geschichte der Arbeiterbewe-gung kennen. Die Situation war damals eine völlig andere. In der Zeit der Klassenkämpfe hatte man als Underdog einen Topdog vor Augen, der einem etwas vorenthielt oder wegnahm. So kämpfte man um höheren Lohn, niedrigere Arbeitszeit, für die Beteiligung am Mehrwert oder schlicht um den Broterwerb. Heute hingegen taucht das, was dem Arbeitslosen weggenommen wird, nicht auf der Habenseite eines anderen auf. Es ist somit nicht erkennbar, wer der Adressat einer organisierten Masse von Arbeitslosen sein könnte, wenn nicht das System in seiner Gesamtheit, über nationalstaatliche Grenzen hinweg.

Wir müssen neue internationale Organisationsformen finden, um das Problem der Arbeitslosigkeit zu lösen. Im übrigen sind die Menschen schon längst dabei, sich von der Gleichung »Erwerbsarbeit gleich Le-benssinn« zu verabschieden: Gerade unter dem Gesichtspunkt der Er-lebnisorientierung sehen immer mehr Menschen das Freisein von fremd-bestimmter Arbeit nicht als Problem, sondern als Privileg.

Hinter dem von Ihnen geprägten Etikett »Erlebnisgesellschaft« verbirgt sich der Ansatz einer Modernisierungstheorie. Wie sieht Ihre Theorie der Moderne aus?

Es gibt viele Systematisierungsmöglichkeiten. Auch ich bemühe mich darum, das Vergangene zu systematisieren. Dabei muß man mit einem Blick auf die langfristige Vergangenheit beginnen, um zu erkennen, in welcher Situation man eigentlich ist, und um zu entscheiden, ob die Ver-gangenheit fortgesetzt werden kann. Meine These lautet nun, daß wir gezwungen sind, vom Gedanken einer Fortsetzung der Vergangenheit Abstand zu nehmen. Rationalisierung und Modernisierung sind Formeln, die unser Denken geprägt haben, deren Voraussetzungen und Ressour-cen jedoch zur Neige gehen. Ich beschreibe die Vergangenheit als eine

Folge immer neuer Steigerungen. Diese umfassen sehr viele Lebensbereiche: Naturwissenschaft, Technik, Produktion, politische Organisationsformen aber auch das Privatleben. Steigerung ist zu einer Routine geworden, die nach bestimmten Regeln funktioniert und die in einer Art dynamischer Trägheit verharrt. Modernisierung wird in Zukunft heißen, von der klassischen Modernisierung als Steigerung Abschied zu nehmen.

Was stellen Sie sich konkret unter Steigerung vor?

Steigerung ist z.B. der Schritt vom Kohlenherd zum elektrischen Herd. Steigerung heißt: Erhöhung der Leistungskraft und der Qualität von Maschinen. Steigerung heißt: Erweiterung des Datenspektrums. Steigerung heißt: Gewinnsteigerung und Wachstum. Die Konzerne sind auf Leute eingestellt, die etwas Neues erwarten. Wir warten auf die neue Auto-Generation, die nächste PC-Generation, das verbesserte Waschmittel und den noch teurer produzierten Kinofilm. Forschung und Entwicklung werden gegenwärtig als wichtigste Formeln begriffen, die ein Unternehmen oder eine ganze Nation weiterbringen können. Andere Vorschläge zur Lösung unserer Probleme sind nicht in Sicht. Es ist viel die Rede von einem Wandel. Gewiß: Alles wandelt sich, nur der Typus des Wandels nicht. Das, was als Wandel wahrgenommen wird, ist lediglich der altbekannte Wechsel von einem niedrigen zu einem höheren Niveau von Möglichkeiten. Was uns aber bevorsteht, was sogar schon begonnen hat, ist ein Wandel des Wandels: eine Sozialwelt jenseits der Steigerungslogik.

Würden Sie sich den Ausführungen des amerikanischen Systemanalytikers Dennis L. Meadows anschließen, der bereits 1972 in seinem aufsehenerregenden Buch vor den »Grenzen des Wachstums« warnte? Steuert die Menschheit in ihrem Streben nach Steigerung und Wachstum dem sicheren Ende entgegen?

Es gibt inzwischen viele, die sagen, dieser Bericht an den »Club of Rome« sei widerlegt, wir lebten schließlich immer noch. Man muß sich nur einmal ansehen, mit welcher Selbstverständlichkeit wir zum Beispiel annehmen, daß die Automobilindustrie auch in Zukunft eine der tragenden

Säulen unserer Volkswirtschaft bleibt, um zu sehen, wie wenig von der Botschaft des »Club of Rome« in unser Denken eingegangen ist. Wir sind noch nicht bereit, umzudenken. Erst eine objektive Schranke wird uns aufhalten und einen schmerzhaften Lernprozeß auslösen. Ich glaube jedoch nicht, daß dieser Lernprozeß von der Umweltproblematik angestoßen werden wird. Im Gegenteil, die ökologische Frage mit den Möglichkeiten der Umweltschutztechnologie stellt meiner Meinung nach eine Steigerungsressource dar. Steigerung ist dabei definiert als eine Erhöhung der Produktivität: Mit weniger Benzin größere Distanzen zurücklegen, mit weniger Strom mehr Haushalte versorgen etc. Die ökologische Herausforderung läutet keineswegs das Ende der an der Steigerungslogik ausgerichteten Moderne ein, sie ermöglicht ihr vielmehr eine Ehrenrunde.

Wann ist der Punkt erreicht, an dem es nicht mehr weitergeht wie bisher? Sind wir, wie es der amerikanische Autor Francis Fukuyama konstatiert, am »Ende der Geschichte« angelangt, und wenn ja, was ist, dann zu tun?

Es gibt keinen »Punkt«, sondern einen langen Übergangszustand, in dem wir mit aller Macht versuchen werden, das fortzusetzen, was wir schon immer getan haben, und in dem uns dies immer weniger gelingen wird. Die Selbsterkenntnis steht in dieser Phase vor einer besonders großen Schwierigkeit, weil der Konservatismus der Moderne das Aussehen von Innovation hat, von altvertrauter, normaler, stets gleichgerichteter Innovation allerdings. Das Programm einer Modernisierung der Moderne ist schwer vorstellbar – man rutscht immer wieder in das klassische Modernisierungsschema zurück. Meine These ist jedoch, daß die Praxis des klassischen Modernisierungsschemas, orientiert an der zentralen Idee der Steigerung, auf »flüchtigen Orientierungsressourcen« beruht, die unwiderruflich aufgebraucht werden und nun allmählich zu Ende gehen, nachdem man lange glauben konnte, sie seien unendlich. Ich meine damit die Projektierbarkeit weiterer Steigerungen, die Wünschbarkeit neuer Steigerungspfade, die Objektivierbarkeit von Steigerungserfolgen und die Entdeckbarkeit von steigerungslogisch verwertbaren Invarianzen. Das Steigerungsspiel geht zu Ende. Zentrales Integrationsprinzip der zukünftigen Sozialwelt wird nicht mehr die Erweiterung des Möglichkeitsraumes sein, sondern die Bewirtschaftung des nicht mehr wesentlich steigerbaren Möglichkeitsraums.

Bedeutet das Ende der Steigerung, daß wir uns vom technischen Fortschritt, wirtschaftlichem Wachstum und der Befriedigung individueller Konsum- und Erlebniswünsche verabschieden müssen?

Ich spreche nicht vom Ende der Steigerung, sondern des Steigerungsspiels. Damit meine ich ein Interpretationsgeflecht von Wirtschaft, Technik, Naturwissenschaft, Politik und Konsumenten, das durch ein bestimmtes Denk- und Handlungsschema, die Steigerungslogik, zusammengeführt wird. Technischen Fortschritt und Wachstum wird es nach wie vor geben, doch die Sozialwelt wird sich nicht mehr dadurch zusammenhalten lassen. Und was die Menschen für sich persönlich wünschen, werden sie immer weniger über ihre Teilnahme am Steigerungsspiel mobilisieren können. Wie sich die Sozialwelt statt dessen integrieren wird, läßt sich zunächst nur negativ bestimmen. Auf jeden Fall nicht mehr durch eine platte Fortsetzung des Steigerungsspiels. Alles übrige kann niemand vorhersagen, dies müssen wir durch Versuch und Irrtum herausfinden.

Wolfgang Welsch
Die transkulturelle Gesellschaft

»Jenseits des Gegensatzes von
Eigenkultur und Fremdkultur«

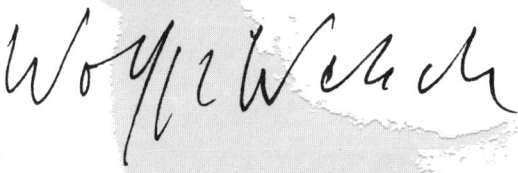

Wolfgang Welsch, geboren 1946, ist Professor für Philosophie an der Friedrich-Schiller-Universität in Jena. Seine Forschungsschwerpunkte sind Vernunft und Rationalität, Kulturphilosophie, Philosophische Ästhetik und Kunsttheorie sowie die Philosophie des 20. Jahrhunderts.

Neben Jean-François Lyotard, dem philosophischen Vater der Postmoderne, zählt Wolfgang Welsch zu den bekanntesten Apologeten dieser Denkrichtung. Welsch ist einer der wenigen, denen es nicht darum geht, sich mit Begriffen zu schmücken, sondern dessen Anliegen es ist, Hintergründe aufzudecken und Inhalte in den Vordergrund zu stellen. Welsch, der seine Positionen zur Postmoderne in sukzessiver Auseinandersetzung mit anderen Positionen entwickelt hat, gelang es, mit seinem außergewöhnlichen Werk »Unsere postmoderne Moderne« auch Personen außerhalb der Fachwelt den Einstieg in die Diskussion über die Postmoderne zu ermöglichen.

Sein Konzept der »Transkulturalität« hat der Philosoph, der es als Privileg empfindet, genau das, was er tun will, auch als Beruf ausüben zu können, auf der Grundlage von Veränderungen in der Gesellschaft entwickelt. Er beschreibt das veränderte Verhältnis zwischen Menschen, die Art und Weise wie sie miteinander umgehen, und wie sich das Verhältnis zu ihnen selbst, zu ihren Lebenswelten und zu den Dingen verändert hat.

Die Denkentwürfe des als »Körper- und Geistästhet« geltenden Philosophen folgen einem Grundsatz von Friedrich Nietzsche, der einmal sagte, daß die Redlichkeit die eigentliche Tugend des Philosophen sei. Denn Redlichkeit bedeute, daß man keinen Tag vergehen lasse, an dem man nicht versucht, einen Gedanken gegen einen seiner liebsten Gedanken zu entwickeln.

Ausgewählte Buchveröffentlichungen:

Wolfgang Welsch: Unsere postmoderne Moderne.
VCH Acta humaniora, Weinheim 1987

Wolfgang Welsch: Postmoderne – Pluralität als ethischer und politischer Wert. Bachem Verlag, Köln 1988

Wolfgang Welsch: Vernunft. Die zeitgenössische Vernunftkritik und das Konzept der transversalen Vernunft. Suhrkamp Verlag, Frankfurt/M. 1995

1. Konzept

Die heutige Gesellschaft ist nach Wolfgang Welsch durch eine Vielfalt an Lebensformen charakterisiert, von denen keine auf eine spezifische kulturelle Prägung zurückgeht. Die Lebensweise gehe vielmehr aus einer transkulturellen Kombination hervor.

Sein Konzept der »Transkulturalität«, das mit den herkömmlichen Vorstellungen von Kultur bricht, faßte Welsch 1997 im gleichnamigen Aufsatz zusammen. Es ist der Versuch, den heutigen Entstehungsbedingungen kultureller Wirklichkeit gerecht zu werden.

Konzepte, die Kultur noch als eigenständige, isolierte Gebilde sahen, seien überholt. Diese Konzepte verstanden Kultur als in sich geschlossene, homogene und nach außen hin abgegrenzte Einheiten. Nach Welsch berücksichtigen sie nicht die Tatsache, daß moderne Gesellschaften in sich vertikal wie horizontal differenziert sind. Vertikal insofern, als daß etwa zwischen der Kultur eines Arbeitermilieus, eines Villenviertels und der Alternativszene kaum noch nennenswerte kulturelle Gemeinsamkeiten bestünden. Die horizontale Differenzierung ergebe sich alleine schon durch die Unterscheidung der Geschlechter, ihre jeweils unterschiedlichen gesellschaftlichen Rollen.

Auch hinsichtlich des Konzeptes der »Multikulturalität« hegt Welsch Zweifel. Denn dieses unterscheide sich grundsätzlich nicht vom klassischen Kulturmodell. Zwar werde der Pluralität von Kulturen in einer Gesellschaft Aufmerksamkeit geschenkt, an der Vorstellung des alten, homogenisierenden Kulturbegriffs werde aber weiterhin festgehalten.

Weder das Konzept der »Einzelkulturen« noch das Konzept der »Multikulturalität« trägt nach Welsch der inneren Komplexität zeitgenössischer Kulturen Rechnung. Diese Komplexität mache es unmöglich, daß eine Gesellschaft eine kulturelle Homogenität erreicht.

Welsch wagt eine neue Perspektive. Seiner Auffassung nach erfolgt die derzeitige kulturelle Prägung eines Individuums nicht mehr primär über Nationalität und Staatsangehörigkeit. Die nationale Identität als kulturelles Muster verliere immer mehr an Gültigkeit. Das Leben der heranwachsenden Generation sei nämlich nicht mehr nur auf eine Kultur fixiert, sondern geprägt von den verschiedensten kulturellen Erfahrungen. Kulturgrenzen bestünden nicht mehr, es gäbe eine neue Form von Kultur, die Welsch als transkulturell bezeichnet.

Im Zeitalter von Migration und Mobilität, von weltweiten Verkehrs- und Kommunikationssystemen und Wirtschaftsvernetzung wachse die Zahl derer, die über den Radius der Herkunftsgruppe hinaus mit Menschen anderer Gruppen in Kontakt treten, leben und arbeiten. Der kulturelle Horizont erweitere sich im täglichen Umgang mit Menschen, in der Familie, bei der Arbeit, auf der Straße, beim Einkaufen, auf Reisen etc. Auch die Aufnahme von Informationen durch Fernsehen, Radio, Zeitungen oder via Internet verändere die Kultursphäre der Menschen. Grundsätzlich sei deshalb alles, was global verfügbar ist, transkulturell bestimmt, so Welsch.

Welsch plädiert dafür, daß die Menschen sich von den vorherrschenden Denkvorstellungen über Kultur, die auf die Konzentration auf das Eigene und die Abwehr gegen das Fremde basieren, lösen. Sein Konzept zielt vielmehr auf ein offeneres, breiteres Verständnis von Kultur ab, das Kultur jenseits des Gegensatzes von Eigenkultur und Fremdkultur denkt. Es gebe nichts schlechthin Fremdes oder schlechthin Eigenes mehr. Kultur entstehe dort, wo zwischen Menschen eine geteilte Lebenspraxis besteht, und wo neue Verbindungen eingegangen werden. Resultat sei nicht eine globale Uniformierung der Kultur, sondern eine Vielfalt an Kulturen, die sich aber nicht voneinander durch ethnische Fundierung abgrenzen lassen, sondern sich durch Unterschiede wie Überschneidungen auszeichnen.

Das Entscheidende ist dabei, so Welsch, daß die Differenzen nicht als eine Folge geographischer und nationaler Vorgaben, sondern kultureller Austauschprozesse entstehen. Und daran ist auch Welschs Hoffnung und Zuversicht geknüpft, »daß die nächsten Generationen verstärkt transkulturelle Formen der Kommunikation und Interaktion ausbilden werden.«

2. Fragebogen

1. Sehen Sie sich selber als Gesellschaftstheoretiker, Gesellschaftskritiker, Gesellschaftsarchitekt oder lediglich als geselliger Zeitgenosse?

Am ehesten würde ich aus diesem Katalog den geselligen Zeitgenossen wählen – obwohl ich zugeben muß, manchmal auch ungesellig zu sein. An zweiter Stelle ist mir die Rolle des Gesellschaftskritikers sympathisch. Als Philosoph bin ich nicht direkt ein Gesellschaftstheoretiker, sondern sehe meine Aufgabe darin, Überlegungen zu entwickeln, die zeitdiagnostisch relevant sind und von da aus auch für die Gesellschaft aufschlußreich, störend, aufregend, weiterführend oder dergleichen sein können. Insgesamt bin ich eher ein Kulturphilosoph als ein Gesellschaftstheoretiker.

2. In welcher Gesellschaft leben wir eigentlich?

In einer Gesellschaft des Übergangs. Das klingt natürlich etwas mysteriös. Ich glaube, daß sich die bundesrepublikanische Gesellschaft wie andere Gesellschaften auch – nicht nur solche westlichen Typs – auf einem Weg befindet, den ich mit dem Ausdruck »transkulturell« bezeichne. Die Grundidee ist, daß die kulturelle Formation der Individuen und damit auch die Struktur der Gesellschaft weltweit immer mehr von nationalen Formationen unabhängig wird. Mit diesem Übergang von eher homogenen zu gemischten Gesellschaften verbinde ich einige Hoffnungen.

3. Worin sehen Sie die Stärken und Schwächen dieser Gesellschaft?

Die eindeutige Stärke unserer Gesellschaft scheint mir darin zu liegen, daß sie – wie moderne Gesellschaften überhaupt – hochgradig Stabilität gewährleistet, auf ökonomischem Niveau ebenso wie hinsichtlich des Friedens. Ich weiß, das klingt überraschend, denn die Tagesordnung wird von Klagen bestimmt, und im einzelnen sind diese auch berechtigt. Aber insgesamt klagen wir doch auf sehr hohem Niveau. Faktisch leben wir in der sichersten Gesellschaft, die es in diesem Lande je gab.

Andererseits hat die Modernisierung – komplementär zur hochgradigen Sicherheit in Elementarfragen – starke Unsicherheit in Orientierungs- und Sinnfragen mit sich gebracht, und es fällt den Menschen schwer, sich dieser Seite der Moderne zu stellen. Daher vernehmen wir Rufe nach Rückkehr, nach mehr Sicherheit, nach stabiler Orientierung, nach Fundamentalismus, gar nach einem neuen Führer. Ich glaube allerdings, daß diese Rufe nicht mehr so gefährlich sind, wie sie einmal waren. Die Sicherheit der Lebensreproduktion wirkt als ebenso guter Puffer wie die geschichtlichen Erfahrungen des zu Ende gehenden Jahrhunderts. Worauf es ankäme, wäre wohl eine Strategie zu entwickeln, wie man mit dieser modernen Unsicherheit leben kann – statt, gegen sie leben wollend, zu scheitern.

4. Welche Rolle spielen Sie in der Gesellschaft?

Die eines Interventionisten vom Rand her. Ich schätze eine Bemerkung von Ludwig Wittgenstein, die lautet: »Der Philosoph ist nicht Bürger einer Denkgemeinde. Das ist, was ihn zum Philosophen macht.« Gerade in heutiger Zeit hat die Philosophie die Aufgabe, gegen den Strom der Zeit zu denken und Alternativen aufzuzeigen. Insofern möchte ich gar nicht voll in die Gesellschaft integriert sein, sondern vom Rand her kritische Fragen stellen, skeptische Blicke werfen und sinnvolle Vorschläge unterbreiten. Solche Kritik gehört zu modernen Gesellschaften und findet in ihnen auch Resonanz.

5. Welche Gesellschaftsromane haben Sie fasziniert?

Zum Beispiel »Die unsichtbaren Städte« von Italo Calvino, eine Beschreibung höchst unterschiedlicher Stadtkonstruktionen und Lebens- wie Gesellschaftsformen. Meine Lieblingsstadt ist dabei »Ottavia«: eine Stadt, die auf einem Netz errichtet ist, das zwischen zwei hohen Bergen gespannt ist. Alle Bauten dieser Stadt und der gesamte Verkehr sind an dieses Netz gebunden. Die Pointe von Calvinos Beschreibung besteht darin, daß in dieser Stadt – die konstruktiv von der evidentesten Unsicherheit ist – das Leben sicherer ist als in anderen Städten. Denn die Bewohner haben ein Gespür für das Prekäre der Situation entwickelt, sie wissen um die Unsicherheit und haben von Grund auf gelernt, mit ihr zu leben – während man dort, wo man sich sicher wähnt, allzu leicht bei auftretender Unsicherheit in Panik gerät und die falschen Maßnahmen ergreift.

Ein anderes Beispiel wäre Kleists Erzählung »Das Erdbeben von Chili«. Heinrich von Kleist schildert zum einen, wie sich die Menschen durch die Not des Erdbebens völlig verändern. »Der menschliche Geist selbst«, schreibt er, schien »wie eine schöne Blume aufzugehen, als ob die Gemüter seit dem fürchterlichen Schlage, die sie durchdröhnt hatte, alle versöhnt wären.« Die Utopie eines wahrhaft menschlichen Lebens wird in der Not wahr – für eine gewisse Zeit. Aber dann kommt es zur Normalisierung und mit ihr zur Wiederkehr der alten Vorurteile, der Mordlust, zu neuen Verbrechen. Die Moderne aber sucht Stabilisierungen, die gegen die Rückkehr solcher Atavismen gefeit machen.

6. Welchem Gesellschaftsspiel gehen Sie gerne nach?

Schwer zu sagen. Äußerst gern würde ich Billard zu fünft spielen – in der Regel tut man es ja zu zweit. Faszinierend an diesem Spiel ist die Kombination von Präzision und Kontingenz: man kann die Konstellation nach dem nächsten Stoß kaum vorhersagen, und das würde die Teilnahme von mehr als zwei Personen so spannend machen: es würde das Spiel über das oft so öde Schema von Gewinnen und Verlieren hinausheben. Welche Lösung einer vertrackten Situation würde eine Mehrzahl von Individuen sich ausdenken, erfinden? – Das ergäbe eine angeregte und anregende, eine gemeinsam erfinderische Gesellschaft.

7. In wessen Gesellschaft halten Sie sich bevorzugt auf?

Am liebsten in gemischten Gesellschaften. Zwar ist es wunderbar, mit einem Kollegen Dinge intensiv zu diskutieren, aber das würde ich nicht Gesellschaft nennen. Dafür sind mehr als zwei erforderlich und auch andere als wissenschaftliche Zwecke. Eher wäre an die Geselligkeit eines Ausflugs oder eines Abendessens zu denken. Gemischt heißt für mich zunächst einmal, geschlechtlich gemischt. In homogenen Gesellschaften fühle ich mich unwohl – und am meisten in reinen Männergesellschaften. Die Mischung von Geschlechtern, von Alter, von Berufsgruppen ist also das eine. Es sollte aber auch eine Art Parität der Teilnahme bestehen. Selbstdarsteller, die andauernd im Vordergrund stehen müssen und die andere nur als Folie benutzen, ruinieren den Gesellschaftscharakter. Ein lebendiger Verkehr des Gesprächs und Amüsements ist das schönste. Freilich ist es in unserer Partygesellschaft zunehmend schwierig geworden, eine solch bunte Gesellschaft von Gleichen, denen es auf das Gelingen eines Zusammenseins statt auf Selbstdarstellung ankommt, zu finden. Aber manchmal glückt es doch.

8. Welcher Gesellschaftsgruppe fühlen Sie sich zugehörig?

Der unscharf definierten Gruppe der Intellektuellen, also derer, die Fragen stellen, das Bewußtsein von Alternativen wachhalten und manchmal auch Orientierungsvorschläge unterbreiten.

9. Welche Person(en) von gesellschaftlicher Größe schätzen Sie?

Etliche. Als erste fällt mir der Verrückte ein, der Breschnew und Pinochet gegeneinander austauschen wollte, und dem André Glucksmann sein Buch »Die Meisterdenker« gewidmet hat. Oft haben Unbekannte die besten Einsichten. Aber ich kann auch bekannte nennen: Laurie Anderson beispielsweise oder Catherine David, oder den für viele unerträglichen – aber auch unvergleichlichen – Ludwig Wittgenstein. Sie haben, von einer sehr individuellen Position aus, ungewöhnliche Dinge entwickelt, die für viele wichtig wurden. Sie haben nicht eine der beliebten Mischmasch-Positionen eingenommen, sondern künstlerisch und intellektuell herausfordernde Positionen beharrlich verfolgt. Positionen aber auch, die sich dem gesellschaftlichen Disput stellten. Ich schätze es weniger, wenn man sich auf Sehertum und den Gestus des großen Unverstandenen zurückzieht.

10. Wie sieht für Sie die ideale Gesellschaft aus?

In ihr würden Menschen wie Menschen miteinander umgehen und auch der Natur Würde zuerkennen. Allem, was einem begegnet, würde ein Charakter von Freiheit zugesprochen oder zuerkannt, und entsprechend freiheitlich würde es behandelt (das ist übrigens eine alte Idee Schillers). Das ergebe in der Tat eine andere Gesellschaft – ich könnte sie stundenlang an einzelnen Phänomenen ausbuchstabieren. – Ein Traum von Gesellschaft.

11. Wollen Sie die Gesellschaft verändern?

Ja, auch wenn es heute unüblich geworden ist, dergleichen zuzugeben. Meine Beiträge sind freilich geringfügig. Meine wissenschaftlichen Publikationen sind das eine. Ich hatte immer das Glück, daß meine Arbeiten auch außerhalb meines Faches, der Philosophie, und außerhalb der akademischen Welt Resonanz fanden – bei Zeitgenossen aller Art, von Künstlern bis zu Sozialarbeitern. Meine Bücher halfen ihnen anscheinend, in ihrer eigenen Reflexion und Arbeit weiterzukommen. Das ist für mich das schönste – als Katalysator zu wirken, nicht als Vorschreiber. Eine Position, in der ich direkt gesellschaftsgestaltend gewesen wäre, hatte ich nie inne, und ich habe das auch nie gewollt. Ich ziehe die Anregerfunktion vor. Dann gibt es noch eine zweite Weise, auf die Gesellschaft einzuwirken, an der jeder teilhat, ich meine unseren alltäglichen Umgang miteinander. Da versuche ich, das meine zu tun, also so zu handeln, daß in diesem Umgang ein Stück einer besseren Gesellschaft wirklich wird. Man wird höhnisch fragen, was denn ein Atom im Weltmaßstab bewirken könne. Gewiß wenig – aber wenn das Weltganze aus Atomen besteht, ist der Beitrag des einzelnen Atoms nicht ganz unwichtig.

12. Wie sieht die Gesellschaft von morgen aus?

Ich kann natürlich nur eine Prognose geben und wage eine hoffnungs-
volle: die künftige Gesellschaft wird transkulturell sein. Was ich damit
meine, können wir vielleicht im Interview klären. Im Moment nur dies:
Wir sind es gewohnt, andere Menschen zu fragen, wo sie herkommen.
Man erwartet Nationalcharaktere, nicht Individuen. Mein Traum wäre, in
einer Welt zu leben, wo man nicht mehr so verführe, sondern wo man
die Menschen nur noch danach beurteilen würde, wie sie sind – nicht
wo sie herkommen.

3. Interview

Über postmoderne und transkulturelle Gesellschaft

Anthony Giddens sagt, daß wir nicht in eine neue Periode der Postmoderne eintreten, sondern daß wir uns auf eine Zeit zubewegen, in der sich die »Konsequenzen der Moderne« radikaler und allgemeiner auswirken als bisher. Martin Albrow geht einen Schritt weiter und postuliert, daß wir im »Globalen Zeitalter« leben. Was zeichnet die »postmoderne Gesellschaft« Ihrer Meinung nach aus?

Hoffentlich, daß die Leerheit solcher Begriffshülsen durchschaut wird. Ihre Ziele sind in erster Linie begriffspolitisch; diagnostisch taugen sie wenig – man müßte ja in jedem Fall erst einmal weitaus differenzierter angeben, was genau gemeint sein soll. Den Schlagworten als solchen ist das nicht zu entnehmen.

Und nun zur sogenannten »Postmoderne«. Das war der Schlüsselterminus der späten 70er und der 80er Jahre. Allerdings ist keineswegs alles überholt, was unter diesem Etikett gefaßt wurde. Lassen Sie mich zunächst sagen, was meiner Auffassung nach darunter zu verstehen ist. Jean-François Lyotard, der den Begriff »Postmoderne« zwar nicht erfunden hat, durch dessen Schrift das Thema aber allgemein in die Diskussion geriet, sah die modernen Gesellschaften durch einschneidende Differenzen charakterisiert: durch die Heterogenität von Sprachspielen, Diskursformen, Lebensformen, Gruppen. Die Unterschiede reichen bis an die Wurzeln, und zwar vertikal wie horizontal: Was sollte denn noch ein gemeinsamer Nenner zwischen der Kultur eines Arbeitermilieus, eines Villenviertels und der Alternativszene sein? Oder denken Sie daran, wie die Unterschiede von weiblicher und männlicher oder von heterosexueller und lesbischer oder schwuler Orientierung drastisch verschiedene Einstellungen zur Gesellschaft und divergierende Wahrnehmungen der Welt begründen können. Schon auf der Ebene der Selbstverständlichkeiten also herrscht radikale Pluralität – mit dieser Situation muß man heute rechnen. Lyotards Diagnose solcher Verschiedenheiten zwischen Orientierungen ist weitaus einschneidender und radikaler, als die älteren Ausdifferenzierungstheorien von Max Weber bis Jürgen Habermas es waren. Diesem Hervortreten radikaler Pluralität muß man sich stellen, es ist unausweichlich mit der Modernisierung verbunden und nicht mehr zurückzudrehen. Ebensowenig kann man dieser radikalen Pluralität noch mit den klassischen Mitteln der Moderne begegnen, die letztlich alle auf fiktiv gewordenen Einheitsbehauptungen beruhen. Man braucht neue Regeln für den Umgang der heterogenen Gruppen und Lebensentwürfe miteinander.

Gilt das auch für die Grund- und Menschenrechte?

Ein gute Frage. Im Grunde hat die Moderne mit dem Kanon der Grund- und Menschenrechte das Potential bereitgestellt, welches radikale Pluralisierung rechtfertigt. Es ist die Intuition der Menschen- und Grundrechte, daß jeder das Recht auf eigene kulturelle Orientierung hat und diese verfolgen darf, solange er dadurch nicht die gleichen Rechte der anderen gefährdet oder unterbindet. Zugleich meine ich, daß man, um mit der Pluralität zurechtzukommen, nichts anderes an der Hand hat – aber auch nichts anderes braucht. Allenfalls ein seinerseits radikalisiertes Verständnis dieser Rechte als Rechte zum Dissens. Gerechtigkeit muß heute Gerechtigkeit unter Dissensbedingungen sein. Vor Jahrzehnten hat man in der alten Bundesrepublik anläßlich von Grundrechtsdebatten gemeint, diese Rechte seien aus der christlichen Tradition geboren, seien also im Wesen christliche Grundwerte und entsprechend zu interpretieren. Das halte ich für eklatant falsch. Als solche Rechte anfingen, nicht mehr bloß dekorative Ideen zu sein, sondern geltendes Recht wurden, war die Intuition gerade die, daß sie transkonfessionell, transchristlich und transreligiös zu verstehen seien. Das auf die Kirchenväter zurückdrehen zu wollen, ist gegen den Geist dieser Rechte. Man muß sie heute möglichst formal, gleichsam nackt interpretieren. Das geschieht, wenn man sie als Rechte zum Dissens versteht – mit der oben genannten Einschränkung, daß Positionen auszuschließen sind, welche die Geltung dieser Rechte ihrerseits außer Kraft setzen wollen.

Ergeben sich aus einer solchen offenen und multikulturellen Ausrichtung der Gesellschaft nicht auch Gefahren?

Die Gefahr des Multikulturalismus – in den USA konnte man das seit langem beobachten – besteht darin, daß einzelne Gruppen sich so sehr auf ihre Unterschiedlichkeit kaprizieren, daß sie nur noch ihre Eigenheit zelebrieren und sich gar nicht mehr um ein Zusammenleben, um einen Austausch oder um Verständigung mit anderen Gruppen kümmern. Dieser Multikulturalismus führt zur Ghettobildung.

Wann ereignete sich der Übergang von der Moderne zur Postmoderne?

Gemeinhin wird angenommen, daß die Moderne zu einem bestimmten Zeitpunkt aufgehört und die Postmoderne dann angefangen hat. Aber so ist es nicht. Allein schon deshalb, weil es nicht die Moderne, sondern ganz unterschiedliche Modernen gab. Man kann mit Moderne beispielsweise die Moderne der neuzeitlichen Wissenschaft seit dem 17. Jahrhundert meinen. Ein anderer Typus von Moderne bezieht sich auf die Aufklärung, also das 18. Jahrhundert. Ein dritter Typus meint die technische Industrialisierung des 19. Jahrhunderts, ein vierter Typus die ästhetische Moderne des 19. und 20. Jahrhunderts. Das sind nicht nur unterschiedliche, sondern miteinander konfligierende Modernebegriffe. Nehmen Sie etwa Baudelaire als Beispiel: Sein ästhetischer Modernebegriff wendet sich genau gegen die damalige industrielle Moderne. Die Postmoderne kongruiert nun mit manchen Bestandstücken dieser Modernekonzepte, während sie sich anderen entgegensetzt. Sie kongruiert insbesondere mit den Avantgardebewegungen der Wissenschaften und der Künste des frühen zwanzigsten Jahrhunderts, und sie wendet sich gegen die Einheitssehnsüchte und -gebote der neuzeitlichen oder aufklärerischen Moderne. Denken Sie unter den wissenschaftlichen Avantgarden etwa an die Einstein'sche Relativitätstheorie, die von der Annahme eines einzigen, absoluten Raumes abzurücken und zur Relativität unterschiedlicher Bezugssysteme überzugehen gebot – da hat man den Gegensatz wie in einer Nußschale: Uniformität wird durch Diversität abgelöst.

Was sind denn dann die spezifischen Kennzeichen, das Neue der Postmoderne?

Mit »Postmoderne« meinen wir vor allem das Bewußtsein einer unaufhebbaren Pluralität, ein Bewußtsein, daß die Gesellschaft nicht mehr mit einem einzigen Modell erfaßt werden kann, weder von einem wissenschaftlichen noch von einem politischen Modell wie dem Sozialismus oder dem Kapitalismus. Neu ist, daß man diese Pluralität nun bejaht und sich ihr entschieden stellt, anstatt sie zu beklagen, zu leugnen oder sie eliminieren zu wollen. Anders gesagt: Einheitslösungen greifen nicht mehr. Das wußten übrigens – postmodern avant la lettre – schon Aristoteles oder Montaigne.

Mir scheint, daß sich das Denken der Postmoderne heute durchgesetzt hat, daß es gewonnen hat – auch wenn der Terminus »Postmoderne«, der ohnehin von Anfang an mißverständlich und unglücklich gewählt war, kaum noch benutzt wird. Die Auffassung, daß es kein Allheilmittel gibt, daß wir vielmehr unterschiedliche Modelle verfolgen und multipel operieren müssen – so die eigentliche Botschaft der Postmoderne – hat sich weitestgehend durchgesetzt. Auch klassische Anhänger der Moderne zeichnen heute von ihrer geliebten Moderne ein auffallend postmodern konturiertes Bild. Man könnte auch sagen: Die Pluralitäts- haben über die Einheitsmotive der Moderne die Oberhand gewonnen. In diesem Sinn meine ich, daß die Postmoderne die radikalisierte Einlösung eines – und ich meine: des besseren – Stranges der Moderne ist. Daher nannte ich mein Buch »Unsere postmoderne Moderne«. Wir leben noch in der Moderne, aber unsere Moderne läßt sich am besten mit den postmodernen Kategorien beschreiben. Die Rede von einer »zweiten Moderne« hingegen hat für mich (vielleicht unfreiwillig) zuviel Retro-Touch.

Ist nicht gerade nach dem Ende der bipolaren Weltordnung abzusehen, daß der Kapitalismus zurück zur Moderne führt, zurück zur Einheitslösung?

Gegenfrage: Meinen Sie wirklich, daß, was sich da abzeichnet, den Namen einer Lösung verdient? Ich befürchte eher, daß es zu Katastrophen führen wird. Aber lassen Sie mich nicht über die Zukunft spekulieren, sondern etwas Gegenwartsdiagnostisches sagen. Zumindest, scheint mir, ist die Haltung unter den neokapitalistischen Bedingungen anders als früher. Wer heute für Kapitalismus eintritt, vertritt ihn doch ohne die ehemaligen Glückshoffnungen: daß der Kapitalismus Arbeit für alle, Wohlstand für alle, Lebensglück für alle bringen werde. Diese utopisch-optimistische Perspektive ist dahin. Jeder weiß, daß viele unter die Räder kommen, vermutlich immer mehr; und wer auf Kapitalismus setzt, sucht sein eigenes Schäfchen ins Trockene zu bringen. Manche nennen das »neoliberal«.

Das postmoderne Denken radikaler Pluralität hat sich Ihrer Meinung nach also durchgesetzt. Man spricht aber doch auch vom Zeitalter der Globalisierung, die ein Zusammenwachsen der Weltregionen und somit eine Vereinheitlichung aller Werte bewirkt?

Mit Globalisierung meint man in der Regel einen Prozeß, der insbesondere aus der wirtschaftlichen Dynamik der Moderne erwachsen ist, und der den heutigen Weltzustand bestimmt. Wie Sie sagten, steht die Globalisierung im Gegensatz zur Postmoderne, denn diese setzt auf Pluralität, während Globalisierung Einheit schafft. Ich glaube allerdings, daß das Verständnis von Globalisierung ungenügend ist. Sie taugt nicht, um das zu beschreiben, was derzeit wirklich vor sich geht, denn was wir tatsächlich erleben, ist eine Gleichzeitigkeit von Vereinheitlichungs- und Differenzierungsprozessen. Die Globalisierungsdiagnose aber ist, nur die Vereinheitlichung sehend, viel zu einseitig. Um nur ein Beispiel zu nennen: Es scheint mir sehr aufschlußreich, was Stephen Greenblatt über die Rezeption von Videotechnologie in Bali geschrieben hat. Man möchte ja annehmen, daß gerade die Verbreitung westlicher Technologie eine Vereinheitlichung bewirkt, und zwar nicht nur auf der Ebene der Instrumente, sondern auch auf der der Inhalte. Greenblatt aber fand heraus, daß die Verwendung der westlichen Technologie in Bali in einem Stil erfolgt, den wir nie erwartet hätten, sie wird sozusagen eingebaut in die alten Stammesriten der Balinesen und dient deren Wiederbelebung. Greenblatt kommt zu dem überraschenden Urteil, daß wir Eurozentriker kein schlechtes Gewissen haben müssen. Die Balinesen machen einen sehr fröhlichen Gebrauch von den westlichen »Spielzeugen«, die sie sich auf ihre Weise aneignen, ohne sich um die westliche Standardverwendung zu kümmern.

Gibt es solche Untersuchungsergebnisse auch schon bezüglich des Internets?

Das Internet ist vielleicht ein noch besseres Beispiel. Es steht wie keine andere Technologie oder Institution für Globalisierung von Kommunikation. Dennoch ermöglicht dieses umfassende Kommunikationsmedium einen höchst individuellen Gebrauch. Vereinheitlichkeit besteht insofern, als die technischen Prinzipien und Erfordernisse weltweit dieselben sind – auch ist eine einheitliche Sprache verlangt, eben englisch. Aber es bleibt dem Nutzer überlassen, welche Informationen er sich aus dem Netz holt, welche Selektionen und Kombinationen er vornimmt. Weltweite Einheitlichkeit und Verbindung einerseits und hochgradige Differenzierung und Individualisierung andererseits gehen hier Hand in Hand. Unsere alten Denkformen sind ungeeignet, so etwas zu begreifen. Sie verstehen Einheitlichkeit und Differenz immer als Gegensatz – hier haben wir es jedoch mit einer ganz anderen Logik der Phänomene zu tun. Diese erfordert neue Kategorisierungen – nicht die recycelnden einer »zweiten Moderne«. Mit meinem Grundbegriff der »Transversalität« habe ich einen Vorschlag gemacht, wie Verbindung und Differenzierung in Zukunft zusammengedacht werden könnten. Es wird andere und vielleicht bessere Vorschläge geben, denn diese Figur zu denken – davon bin ich tief überzeugt – ist die Aufgabe der Zukunft.

Zurück zum Internet: Persönlich faszinieren mich »virtual communities«, die es mittlerweile überall in der Welt gibt. Es ist spannend zu beobachten, wie neue personale Kontakte, verbunden mit einer erstaunlichen Hilfsbereitschaft der Menschen untereinander, entstehen. Die Menschen dieser virtuellen communities sind ihren Internetpartnern näher als ihrem »realen« Nachbarn. Die zunächst nur elektronische Nähe führt erstaunlicherweise zu praktischer Hilfe und Solidarität, wie Howard Rheingold eindrucksvoll beschrieben hat: wenn ein Mitglied seiner community auf einer Reise verunglückte oder eine schlimme Krankheit bekam, taten die Mitglieder der Gemeinschaft organisatorisch und finanziell alles, damit die betreffende Person – selbst wenn sie inzwischen gar nicht mehr Mitglied war – die beste Hilfe und Therapie erhielt.

Dieses virtuelle Leben kann aber doch kein Ersatz für das reale Leben sein. Es ist nur ein Ersatz für fehlende menschliche Beziehungen.

Das wird häufig behauptet. Viele warnen, wie schlimm es sei, wenn die Menschen nicht mehr realen, sondern nur noch Cybersex hätten. Abgesehen davon, daß es so weit nicht kommen wird, und daß die virtuellen Beziehungen sich auch mit dem realen Leben verknüpfen – es ist eine spannende Erfahrung, jemanden, den man nur über das Internet kannte, in der Realität zu treffen – sind virtuelle Partnerbeziehungen sehr wichtig. Es gab sie immer. Denken Sie nur an unsere Vorbilder und Helden – von der Mythologie bis zum Kino. Warum sollte es sie nicht auch via Internet geben? Und was ist denn an unserer Realität so wundervoll, daß jemand dreist behaupten könnte, was nicht Teil davon sei, sei insuffizient? Platon, der nie recht hatte, könnte heute – angesichts einer zunehmend unerträglichen alltäglichen Realität – plötzlich doch noch recht bekommen. Oder meinen Sie etwa, ein Mensch, der einer ist, könnte unsere Realität noch ertragen oder gar schätzen?

Gibt es nicht auch genügend Gegenbeispiele, die eine Vereinheitlichung der Kulturen belegen? So verbreiten sich etwa amerikanische Produkte wie »Coca Cola« oder Nachrichtensender und Firmen wie »CNN« und »Disney« über die ganze Welt.

Das ist ja eben ein Teil der Scheußlichkeit. Andererseits sollte man diese Beispiele nicht überbewerten. Sie entscheiden ja nicht über die Identität der Menschen. Das Leben ist nicht dadurch tief bestimmt, daß man CNN und MTV sieht, Coke trinkt und bei Mc Donalds ißt. Das Leben ist viel stärker bestimmt durch die Umgebung, in der man aufwächst, durch die Optionen, die einem zur Verfügung stehen. Und die westlichen Produkte und Anschauungsweisen – in andere Kontexte verbracht – erhöhen die Zahl der Optionen, reduzieren sie nicht. Beispielsweise ist die Art, wie Partnerbeziehungen strukturiert sind, weltweit noch immer reichlich traditionell. Was tun nun Soap-operas? Sie konfrontieren andere Kulturen mit einem typisch amerikanischen Verhalten. Und was ist der Effekt? Westliche Intellektuelle sprechen von Medien- und Kulturimperialismus. Aber wie blind kann das doch sein! Denn in anderen Ländern können die aus unserer Sicht ganz scheußlichen Soap-operas geradezu emanzipatorisch wirken. Allein schon die Tatsache, daß die Menschen andere partnerschaftliche Optionen und Modelle vor Augen geführt bekommen, kann die Zwänge einer geschlossenen Gesellschaft lockern. Die Menschen werden in die Lage versetzt, ihre gewohnten Verhältnisse, ihre Selbstverständlichkeiten, aus einem anderen Blickwinkel zu betrachten und in Frage zu stellen. Das muß keineswegs darauf hinauslaufen, daß die westlichen Modelle nun einfach übernommen werden, aber der Spielraum der Optionen steigt – und das ist, wo es sich um einen Schritt von null zu zwei oder drei handelt, ein beträchtlicher Vorteil.

Wie kommt »Transkulturalität« zustande? Ist das ein Resultat von Globalisierung und Migration?

Das Konzept der Transkulturalität habe ich entwickelt, als ich mir die Frage stellte, wie die kulturelle Verfassung von Individuen zu beschreiben sei. Tendenziell wird diese nämlich von den meisten Theoretikern immer noch mit nationaler Identität gleichgesetzt. Das ist heute aber aus mindestens zwei Gründen nicht länger zutreffend. Zum einen leben heute weltweit in der Mehrzahl der Länder Angehörige auch aller anderen Länder dieser Erde, es findet also eine starke kulturelle Durchmischung statt. Zum anderen erfahren wir dank der Kommunikationsmedien täglich über andere Länder und Sitten weitaus mehr, als man früher in Wochen oder Monaten erfahren konnte – neben den Kommunikationsmedien wären hier natürlich auch die modernen Verkehrsmittel zu nennen. Das Neuartige ist somit, daß die Quellen, aus denen heutige Individuen ihre kulturellen Muster und Vorlieben beziehen, keineswegs mehr einfach national sein müssen, sondern hochgradig international sein können. Der Angebotssatz ist gemischt, und was daraus für jemanden dominant wird, kann von Individuum zu Individuum – auch zwischen solchen, welche die gleiche Schulbank gedrückt haben – variieren. Kulturell also, das ist das Entscheidende, können und werden Menschen derselben Nationalität künftig verschiedener sein als je zuvor. Und dadurch natürlich auch – das ist die positive Kehrseite – international umgangsfähiger miteinander.

Ich wende mich gar nicht dagegen, daß jemand eine spezifische, regionale Identität pflegt: als Sachse, Rheinländer, Badenser, Mecklenburger etc. Ich sage nur, daß die Selbstverständlichkeit des Aufwachsens in ei-

nem wohldefinierten regionalen oder nationalen Kulturkontext dahin ist.
Ich betrachte die Freiheit, den kulturellen Akzent selbst wählen und sich
seine eigene kulturelle Heimat schaffen zu können, als sehr positiv.

**Welche Chancen für die Gesellschaft ergeben sich aus diesen neuen
Freiheiten?**

Transkulturalität bedeutet Anschlußfähigkeit. Zwischen den transkulturellen Lebensformen bestehen nicht nur Unterschiede, sondern es gibt
immer auch eine Reihe gemeinsamer Elemente und Überlappungen: eine
Schnittmenge von Gemeinsamkeiten, die Kommunikation und Austausch
ermöglichen. Nach dem alten Kulturmodell hingegen sollte Kultur immer
national und dabei ganz anders sein als die der Nachbarn, die konstitutiv
Anwärter auf einen Titel wie »Erbfeind« waren. Der Vorteil der transkulturellen Formation liegt darin, daß sie von sich aus Anschlußfähigkeit und
Kommunikation ermöglicht. Faktisch haben die meisten von uns, insbesondere die Jüngeren, Erfahrungen mit solch transkulturellen Netzen.
Ich bewundere an der Generation der Zwanzig- und Dreißigjährigen, wie
selbstverständlich sie sich zwischen den Ländern bewegen und mit Menschen anderer Herkunft kommunizieren können.

**Nun kann man aber doch gleichzeitig sehen, daß es Kräfte in der Ge-
sellschaft gibt, welche diesen transkulturellen Weg verhindern, indem
sie auf Integration und Konsens hinweisen, keine Konflikte zulassen,
auf Uniformität und Systemerhaltung beharren. Wird die Transkulturalität diesem Druck standhalten können?**

Drei Bemerkungen. Natürlich gibt es Widerstände gegen alles, was neu
ist, und gerade wenn das Selbstverständnis von uns Menschen auf dem
Spiel steht, sind die Widerstände groß. Ich glaube gar nicht so sehr, daß
die Menschen aus gutem Willen etwas Neues und Besseres schaffen.
Sie tun es, wenn Prozesse so verlaufen, daß ihnen keine andere Wahl
bleibt, als sich zu verändern. Immanuel Kant hat vom Menschen gesagt,
er sei aus zu krummem Holz geschnitzt, als daß je etwa ganz Gerades aus
ihm werden könnte. Aber der Druck objektiver Prozesse nötigt die Menschen über längere Zeit hinweg, ihre Einstellungen und Auffassungen zu
ändern. Zweite Bemerkung: Historisch gesehen, ist das nationale Ver-

ständnis von Kultur ein Produkt des späten 18. und vor allem des 19. Jahrhunderts. Davor war die europäische Kultur jahrhundertelang international. Renaissance und Barock waren nichts spezifisch Französisches, Deutsches oder Italienisches, es gab sie überall. In Europa herrschte ein interkultureller oder transkultureller Kreislauf. Erst mit dem Aufkommen des Nationaldenkens, der Konstruktion von Nationen, ist es scheinbar selbstverständlich geworden, Kultur national zu definieren. Da dies aber erst vor etwa zweihundert Jahren geschah, kann diese Definition auch bald wieder verschwinden. Dritte Bemerkung: Kulturen, auch national ausgerichtete, sind nicht homogen. »Wir Deutsche« etwa sind in unserer kulturellen Formation und Erwartung hochgradig unterschiedlich. Zahllose Theoretiker sind längst zu der Auffassung gekommen, daß die homogene Kultur eine Fiktion war und bleibt. Einheitlichkeit ist nur in dem Sinne erforderlich, daß ein Zusammenleben möglich ist. Dafür kann das Erlernen der Landessprache nützlich sein. Auf einem elementaren Niveau heißt Integration, mit den anderen Menschen zurechtzukommen. Und da gehört Sprache natürlich dazu. Es ist wie beim Autoverkehr: man muß die Regeln kennen, sonst kracht es.

Transkulturalität setzt voraus, daß die Gruppen um mich herum anerkannt werden – »Anerkennung von Minderheiten«, wie Axel Honneth schreibt. Sieht Transkulturalität als ersten Schritt auch eine Anerkennung auf rechtlicher Basis vor? Müssen wir nicht von einer Errungenschaft des Nationalstaates wie der Staatsbürgerschaft Abschied nehmen?

Ich finde es skandalös, daß in Deutschland die doppelte Staatsbürgerschaft nicht zugelassen wird. In der Bundesrepublik herrscht immer noch Blutsrecht (ius sanguinis). Deutsch ist, wer von deutschen Eltern stammt, egal wo er geboren wird. Andere Länder, Frankreich etwa, verfahren nach dem Recht des Bodens: Franzose ist, wer auf französischem Boden geboren wird, egal von welchen Eltern. Ich bevorzuge dieses ius solis – es fördert die Integration in sehr viel stärkerem Maße. Man könnte aber auch an ein Konzept denken, welches beide Aspekte kombiniert – vielleicht wird man in Europa dazu übergehen. – Im übrigen braucht es Staaten u.a. zur Garantie der Rechte, auch der Anerkennungsrechte. Aber das muß nicht durch Nationalstaaten geschehen, es kann auch durch Internationalstaaten erfolgen. Was aus den Staaten, wie wir sie heute kennen, in absehbarer Zukunft werden wird, gehört zu den spannendsten Fragen.

Helmut Willke
Die Wissensgesellschaft

»Wissen ist der Schlüssel
zur Gesellschaft«

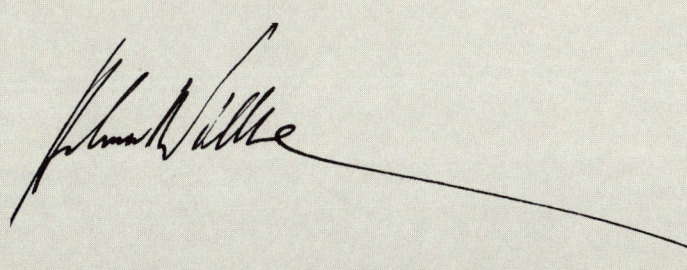

H elmut Willke, geboren 1945, ist Professor für Soziologie an der Universität Bielefeld. Seine Hauptarbeitsgebiete sind System-, Staats- und Steuerungstheorie sowie Wissensmanagement. Darüber hinaus berät er Unternehmen, Bildungsinstitutionen und politischen Parteien. Für seine wissenschaftlichen Arbeitsvorhaben erhielt er 1993 den von der Deutschen Forschungsgemeinschaft verliehenen Leibniz-Förderpreis.

»Unser Wissen über Gesellschaft ist noch am Anfang«, sagt Willke und fügt erklärend hinzu, daß »wir die unglaublichsten Energien und Ressourcen verwenden, um den entferntesten Spiralnebel zu verstehen«, aber nur »einen Bruchteil dieser Anstrengungen darauf ausrichten, die Gesellschaft, in der wir leben, einigermaßen zu verstehen«. Helmut Willke, der mit seinen Büchern zur Mehrung des Wissens über Gesellschaft beigetragen hat, beklagt einen »halsbrecherischen Mangel an gesellschaftstheoretischem Wissen«.

Willke gilt als Bürgerschreck, der in seiner Trilogie zur Staatstheorie nicht mit überraschenden Thesen geizt. So sagt er etwa, daß durch die zunehmende Wissensbasierung der Staat seine Kompetenz verliere, was eine Revision der Politik zwingend nötig mache. Die Regeln des politischen Spiels seien neu zu schreiben. Willke bricht damit mit den bestehenden Vorstellungen gesellschaftlicher Konstruktion. Seine Kritik am Unvermögen der Politik ist geleitet von der Vision einer gerechteren Form der Gesellschaft.

Ausgewählte Buchveröffentlichungen:

Helmut Willke: Entzauberung des Staates.
Überlegungen zu einer gesellschaftlichen Steuerungstheorie.
Athenäum Verlag, Königstein/Taunus 1983

Helmut Willke: Ironie des Staates.
Grundlinien einer Theorie des Staates polyzentrischer Gesellschaft.
Suhrkamp Verlag, Frankfurt/M. 1992

Helmut Willke: Supervision des Staates.
Suhrkamp Verlag, Frankfurt/M. 1997

Helmut Willke: Systemisches Wissensmanagement.
Lucius & Lucius Verlag, Stuttgart 1998

1. Konzept

Im Zuge der beschleunigten technologischen Dynamik zieht die Epoche der Wissensgesellschaft herauf. Zu diesem Befund kommt Helmut Willke, der in seinem 1997 veröffentlichten Buch »Supervision des Staates« das Konzept einer Wissensgesellschaft ausformuliert. Die staatliche Politik verweist er dabei in ihre Schranken.

Von einer Wissensgesellschaft ist nach Willke dann zu sprechen, wenn alle Funktionsbereiche der Gesellschaft wissensabhängig und auf die Produktion von neuem Wissen angewiesen sind. Dies ist seiner Ansicht nach in den hochtechnisierten, ausdifferenzierten Gesellschaften bereits der Fall. Wissen sei von entscheidender Bedeutung für Aufbau, Struktur und Zielsetzung von Unternehmen und Organisationen, bestimme die Arbeitsweise und den Wert eines Produktes.

Auffällig sei, daß nicht nur das Wissenschaftssystem Wissen produziere und wissensbasiert operiere, sondern daß geradezu alle Funktionssysteme der Gesellschaft für ihre Reproduktion eigenständig Wissen erzeugen und nutzbar machen. So wie das Wissenschaftssystem seien auch das Wirtschafts-, Politik-, Kultur-, Rechts- und Gesundheitssystem auf bestimmtes Wissen angewiesen, um überhaupt funktionieren zu können.

Die Wissensgesellschaft sei dadurch gekennzeichnet, daß kein Teilsystem in den Vordergrund tritt. Die Gesellschaft der entfalteten Moderne ist deshalb – wie Willke betont – nicht hierarchisch, sondern »heterarchisch« gegliedert: alle Teilsysteme operieren gleichberechtigt nebeneinander und genießen aufgrund der wechselseitigen Abhängigkeit Autonomie. Die Vorrangstellung der Politik zweifelt Willke entschieden an.

In der Wissensgesellschaft würden die produzierten Güter nicht mehr nach dem zu ihrer Herstellung benötigten Material oder der geleisteten Arbeitszeit bewertet, sondern nach dem erforderlichen Wissen. Die »eingebaute Expertise« bestimme den Wert eines Produktes. Der Preis eines Computers oder Autos richte sich danach, was an Wissen benötigt wird, um ein derartiges Produkt überhaupt erst herstellen zu können. Ähnlich verhalte es sich mit dem Gesundheits- oder Rechtssystem, wo fachliches Wissen oder eingeforderte Kompetenz über die Höhe der Rechnung entscheide.

Da sich nach Willke auf allen Ebenen der Gesellschaft das Wissen ständig verändert, erneuert, erweitert oder allgemein komplexer wird, sei Wissensaneignung zum kategorischen Imperativ einer wissensabhängigen

Gesellschaft geworden. Kontinuierliches Erlernen neuer Wissensbausteine sei zwingend notwendig, um den neuen Wissensanforderungen der Organisationen und Unternehmen gerecht zu werden. Längere Ausbildungszeiten, fortlaufende Um- und Weiterbildungsprogramme müßte man in Kauf nehmen.

Gerade an den global vernetzten Finanz- und Devisenmärkten zeige sich die hohe Nachfrage an relevantem Wissen. Aufgrund der Virtualisierung ökonomischer Transaktionen werfe dort Wissen erheblich höhere Investitionsrenditen ab als Kapital.

Die zunehmende Aufbereitung, Verbreitung und Nutzung von Wissensinhalten hat nach Willke zum Aufbau einer neuen leistungsfähigen wissensbasierten Infrastruktur geführt. Willke spricht von »Infrastrukturen zweiter Ordnung«, die sich von den »Infrastrukturen erster Ordnung« (Straßen- und Schienen-, Energie- und Telefonnetze) dadurch unterscheiden, daß sie schneller, umfangreicher und effektiver den globalen Austausch von Informationen und Wissen ermöglichen. Dabei denkt Willke vor allem an die computergestützte Kommunikations- und Informationstechnologie. Deren wesentliche Leistung bestehe darin, daß Daten, Informationen, Wissensbestände und Expertise global zur Verfügung gestellt werden und zudem kostengünstig zu benutzen, auszutauschen und zu verwenden seien.

Die globalen Kommunikationsnetze bringen nach Willkes Beobachtung die Steuerung politischen Handelns sowie die nationalstaatliche Entscheidungskompetenz zunehmend in Bedrängnis. Politik und Staat seien angesichts der globalen Vernetzung und den daraus erwachsenen Aufgaben und Problemen schlicht überfordert. Das bedeute keineswegs das Ende der Politik, wohl aber das Ende der klassischen Aufgaben der Politik.

Die neuen Aufgaben der Politik sind nach Willke im Kontext der heraufziehenden Wissensgesellschaft zu sehen. In der wissensbasierten, polyzentrisch geordneten Gesellschaft werde der Politik keine zentral plazierte Rolle eingeräumt. Ihr Aufgabenfeld liege vielmehr in der Vermittlung zwischen den verschiedenen Funktionsbereichen der Gesellschaft. Der Politik kommt nach Willke die Aufgabe eines Supervisors zu, der private und öffentliche Interessen zu verschränken versteht, Wissen für alle kostengünstig verfügbar macht, Rechtssicherheit, Wettbewerbsgleichheit und Vertragsfreiheit ermöglicht und letztlich die Überlebensfähigkeit miteinander vernetzter, wissensabhängiger Gesellschaften garantiert.

2. Fragebogen

1. Sehen Sie sich selber als Gesellschaftstheoretiker, Gesellschaftskritiker, Gesellschaftsarchitekt oder lediglich als geselliger Zeitgenosse?

Ich sehe mich als den Versuch der Verbindung all dieser Momente, wobei der Schwerpunkt sicherlich auf Gesellschaftstheoretiker und Gesellschaftskritiker liegt. Erst daraus folgt für mich die Chance, auch als Gesellschaftsarchitekt zu arbeiten. Ob ich ein geselliger Zeitgenosse bin, weiß ich nicht, will ich aber hoffen.

2. In welcher Gesellschaft leben wir eigentlich?

Wir leben in einer Übergangsgesellschaft wie eigentlich immer. Wir leben in der Übergangsphase von der tayloristisch geprägten Industriegesellschaft mit den Produktionsfaktoren Land, Kapital und Arbeit, zu einer Wissensgesellschaft, in der die Produktionsfaktoren Wissen und Expertise dominant sind.

3. Worin sehen Sie die Stärken und Schwächen dieser Gesellschaft?

Das läßt sich nicht mehr so klar beantworten, weil es nämlich nicht mehr »diese« Gesellschaft gibt, sondern, wie ich eben sagte, eine Gesellschaft im Übergang. Die Stärke der Wissensgesellschaft ist, daß die bisherigen Klassen- und Schichtunterschiede, die sehr stark auf Kapital beruhten, überlagert und zunehmend aufgebrochen werden durch Unterschiede, die in Bildung und Erfahrung liegen. Erfahrung ist deshalb wichtig, weil Expertise und Wissen immer in Erfahrung eingebettet sein müssen.
Die Schwäche dieser Gesellschaft liegt darin, daß es ihr nicht gelingen wird, alle Menschen zu Arbeits- und Lebensformen zu verhelfen, die einer Wissensgesellschaft angemessen sind. Das heißt, wir werden eine große Schicht von Menschen haben, die mit dieser Gesellschaft nicht zurechtkommen wird.

4. Welche Rolle spielen Sie in der Gesellschaft?

Ich als Person spiele die Rolle eines Vordenkers. In meiner Funktion als Lehrer spiele ich eine paradigmatische Rolle, weil die Rolle von Lehrern und von Personen, die Lehren und Lernen gewissermaßen kontinuierlich betreiben, zu einer Standard- und Grundrolle in dieser Gesellschaft geworden ist.

5. Welche Gesellschaftsromane haben Sie fasziniert?

Gesellschaftsromane, die ich sehr stark für meine Arbeit nutze, und die ich als Lehrstücke einsetze, sind »Robinson Crusoe« von Daniel Defoe einerseits und dann vor allem auch »Utopia« von Thomas Morus und »1984« von George Orwell.

6. Welchem Gesellschaftsspiel gehen Sie gerne nach?

Mich fasziniert das Zusammenspiel von sozialer Aktivität und einem körperbetonten individuellen Beitrag zu dieser Aktivität. Fußball ist körperbetonter und erlaubt mehr Aggression als zum Beispiel Volleyball, während Basketball besonders attraktiv ist, weil es aus einer Kombination von Taktik und Technik besteht. All das wirkt auf die sozialen Beziehungen zwischen Teammitgliedern und den Teams ein.

7. In wessen Gesellschaft halten Sie sich bevorzugt auf?

Bevorzugt, zumindest aber am häufigsten, halte ich mich in der Gesellschaft meines Funktionssystems auf. Das heißt in der Gesellschaft von Wissenschaftlern, wozu ich natürlich die Studenten und die Nachwuchswissenschaftler zähle. Das ist sicherlich die primäre Bezugsgruppe, mit der ich zu tun habe. Aber da ich vor zwölf Jahren aus diesem Elfenbeinturm ausgebrochen bin und seither sehr kontinuierlich auch Unternehmensberatung betreibe, bekomme ich zunehmend Zugang zu anderen Facetten von Gesellschaft.

8. Welcher Gesellschaftsgruppe fühlen Sie sich zugehörig?

Es gibt eigentlich keine Gesellschaftsgruppen. Es gibt Gruppen in der Gesellschaft, das sind im strengen Sinne durch Mitgliedschaft definierte soziale Systeme. Aber wenn man Gesellschaftsbereiche, Funktionssysteme oder Teilbereiche von Gesellschaft meint, dann fühle ich mich sicherlich vorrangig der Wissenschaft zugehörig. Inzwischen habe ich aber auch interessante Bezüge zu all jenen Bereichen, die gezwungen sind, sich durch die umfassenden gesellschaftlichen Veränderungen selbst zu transformieren, also Wirtschaft, Verbände, Kirchen und die Wissenschaft selbst als Veränderungsprojekt.

9. Welche Person(en) von gesellschaftlicher Größe schätzen Sie?

Ich glaube, daß ich in dieser Frage eine verzerrte Perspektive habe, weil ich sagen muß, daß mich am meisten Wissenschaftlerinnen und Wissenschaftler beeindrucken. Die den Wissenschaftlern eigene Arroganz gegenüber Politikern teile ich insofern, als daß ich von den meisten Politikern denke, sie besitzen keine besondere Größe, sondern sind durch fehlgeleitete Karrieren und Anreizsysteme an ihre Position gekommen. Es gibt aber Ausnahmen, und deshalb schätze ich solche Personen besonders hoch. Paradebeispiele sind Willy Brandt und Nelson Mandela, die sich beide gegen bestimmte Grundthemen und Grundlogiken des Politischen durchgesetzt und Veränderungsprozesse in Gang gebracht haben, die normalerweise von der Politik nicht geleistet worden wären, die aber gesellschaftlich dringend notwendig waren.

10. Wie sieht für Sie die ideale Gesellschaft aus?

Diese Frage ist berechtigt, weil ich als Wissenschaftler eine Vorstellung von der idealen Gesellschaft haben sollte. Meine Vorstellung geht dahin, daß das Problem der Arbeit, ein Grundproblem aller bisherigen Gesellschaften, gelöst wird. Wenn es gelingen würde, durchaus mit der Idee der Wissensgesellschaft, intelligente Lösungen zu finden für die Frage, wie trotz unabdingbarer und unvermeidlicher Schichtung die destruktiven und inhumanen Aspekte von Armut abgebaut werden können, dann hätte ich eine ideale Gesellschaft vor mir.

11. Wollen Sie die Gesellschaft verändern?

Definitiv ja, wobei mir klar ist, daß ich nur ein kleines Sandkörnchen in einem riesigen Sandsturm bin. Wenn ich sage, ich will die Gesellschaft verändern, weiß ich, daß tausend und Millionen anderer Veränderungsprozesse im Gange sind, daß eine große Mixtur von Selbstveränderungsprozessen, Selbstorganisationsprozessen, intensionalen, individuellen, politischen und globalen Veränderungsprozessen abläuft, auf die ich als Individuum überhaupt keinen Einfluß haben kann. In dem riesigen Zusammenhang von Veränderungsprozessen kann ich nur einen kleinen Impuls setzen.

12. Wie sieht die Gesellschaft von morgen aus?

Kein Mensch kann das wissen, aber wir können erwarten, daß der Umbau von industriellen hin zu wissensbasierten Strukturen, zur Globalisierung, Digitalisierung und Wissensbasierung, die Grundzüge der Gesellschaft von morgen kennzeichnen wird. Die Trennung von Kopf und Körper, von Geist und realem Menschen, wird stärker als bisher Möglichkeiten aber auch Konflikte schaffen. Wir sehen schon heute, daß die starke Notwendigkeit von Bildung, Ausbildung, Schulung, kontinuierlicher Fortbildung junge aber auch erwachsene Menschen über Jahre hinweg zu Kopfarbeit zwingt. Mit der Konsequenz, daß die anderen Seiten des Menschen, also sich bewegen, sich austoben, körperlich aktiv sein, sich mit realen Menschen und Gegenständen auseinandersetzen, zu kurz kommt. Diese Entkörperlichung und Virtualisierung des Lebens wird mit den Chancen und neuen Möglichkeiten zugleich Deprivationen und Verluste schaffen, deren Konsequenzen wir noch nicht kennen.

3. Interview

Von der Industriegesellschaft zur Wissensgesellschaft

Im Widerstreit zur Industriegesellschaft schälen sich immer deutlicher die Konturen einer Wissensgesellschaft heraus. Was aber genau zeichnet diese aus?

Man muß bei solchen neuen Konzepten natürlich sehr aufpassen, daß sie nicht zum Schlagwort verkommen. Das kann man nur verhindern, indem man die einzelnen Momente genau bezeichnet, von denen man annimmt, daß sie das Besondere der Wissensgesellschaft ausmachen. Um wirklich beweisen zu können, daß wir im Umbruch von der klassischen, tayloristischen Industriegesellschaft zur Wissensgesellschaft sind, lassen sich zumindest drei oder vier sehr konkrete Momente bezeichnen.

Zum einen ist das ein Umbau, der auch die Industriegesellschaft tragenden Einrichtungen, nämlich der Organisationen und Unternehmen. Am besten läßt sich das natürlich an der Wandlung von klassischen Industrieunternehmen tayloristischen Zuschnitts hin zu »intelligenten Unternehmen« zeigen. Das sind Unternehmen, die sich intern neu organisieren, restrukturieren und auf Geschäftsprozesse umstellen, deren Ergebnis nicht Massenware und Massenartikel, sondern wissensbasierte, sehr stark individualisierte und mit Dienstleistungen kombinierte Produkte sind. Das nennen wir ein intelligentes Unternehmen.

Der zweite Aspekt ist eine mit dem Umbau der Unternehmen verbundene Veränderung der Arbeit. Wir haben nicht mehr primär eine repetitive, relativ anspruchslose Arbeit im tayloristischen Sinne, sondern zunehmend Wissensarbeit, die nicht mehr in der Umformung von Material und der Verwendung von Rohstoffen besteht, sondern in der Umformung und Verarbeitung von Symbolen und Wissenselementen zu neuen Wissensprodukten.

Ist Wissensarbeit denn so neu? Haben nicht auch Sokrates und Aristoteles Wissensarbeit verrichtet?

Der Unterschied liegt darin, daß diese ersten Wissensarbeiter keine Organisationen gebraucht haben. Heutige Wissensarbeiter sind unabdingbar an entsprechende arbeitsteilige Organisationen gebunden, die ihnen die Möglichkeit bieten, in unterschiedlichen sozialen Vernetzungen, in einem Team, in einem Projekt oder in global vernetzten Organisationen, eine zusammengesetzte Wissensarbeit zu verrichten, um sehr komplexe, anspruchsvolle Produkte herzustellen. Nur so verstehe ich den Begriff eines Wissensarbeiters im modernen Sinne.

Um es anschaulicher zu machen: Kein einzelner Mensch kann heute einen Kommunikationssatelliten herstellen oder auch nur eine Videokamera oder einen Pentium-Chip. Eine entsprechende Organisation kann das, und präzise in diesem Sinne ist heute eine Organisation mit entsprechender Wissensarbeit intelligenter als jedes Individuum, als jeder einzelne Mensch.

Damit wären wir übrigens beim dritten Konzept, das eine Wissensgesellschaft ausmacht: dem Ergebnis der Wissensarbeit, welches ich als intelligentes Produkt, intelligente Dienstleistung, »eingebaute Intelligenz« bezeichnen möchte. Das meint eigentlich etwas sehr einfaches. Nämlich daß die Komponenten, die den Mehrwert eines Produktes oder einer Dienstleistung schaffen, nicht mehr im Material, im Zusammenbau oder in dem dazu notwendigen Land oder der menschlichen Arbeitskraft liegen, sondern ganz eindeutig und vorrangig in der eingebauten Expertise. Also zum Beispiel ein Pentium-Chip hat Materialkosten, die schlicht zu vernachlässigen sind. Der Mehrwert, den dieser Chip, ein Kommunikationssatellit, eine Hochleistungskamera oder ein Tonbandgerät schafft, liegt in der eingebauten Intelligenz und in der eingebauten Expertise. Gleiches gilt auch zunehmend für Dienstleistungen. Bei den klassischen professionellen Dienstleistungen, bei Rechtsanwälten, Ärzten, Lehrern, Wissenschaftlern und Forschern war das schon immer so. Heute gründen sich auch viele scheinbar normale Dienstleistungen auf Wissen und Expertise. Wir haben zum Beispiel Spezialisten für den Hochhausbau, für Fahrstühle, für Reparaturen von Computern, für die Wartung von Netzwerken in Firmen und viele mehr, die alle im präzisen Sinne Wissensarbeiter sind. Sie verrichten intelligente Dienstleistungen, die kontinuierliches Lernen und ein Anpassungsvermögen an neue Situationen und Probleme erfordern.

Das heißt der Anteil der Wissensarbeit und der Anteil an »eingebauter Intelligenz« wird stetig steigen?

Im Übergang zur Wissensgesellschaft werden Standardprodukte und -dienstleistungen auf Wissen basiert. Es ereignet sich eine Veränderung der ökonomischen Gesamtstruktur, weg von einfachen hin zu komplexen, wissensbasierten Produkten und Dienstleistungen.
Nehmen wir beispielsweise ein Auto. Rund 20 Prozent seines Mehrwertes setzt sich schon heute aus Software und integrierten Schaltkreisen, also aus Computerbestandteilen zusammen. In wenigen Jahren wird der Anteil auf über 40 Prozent steigen. Auch ein normales Standardprodukt wie ein Auto wird in ganz wenigen Jahren fast zur Hälfte aus Hightech-Komponenten bestehen. Das zeigt sehr deutlich die Veränderungen ganz normaler Produkte hin zu wissensbasierten Produkten mit eingebauter Intelligenz.
Die reinen Materialkosten werden bei den wissensbasierten Produkten immer weiter sinken. Sie liegen heute, wenn man großzügig kalkuliert, bei fünf bis zehn Prozent. Die Produktionskosten eines 486er Computers lagen ungefähr bei 100 Dollar. Sein Verkaufspreis betrug dagegen knapp 500 Dollar. Das bedeutet eine Wissensrendite von 400 Prozent.
Auch Bücher waren von jeher Paradebeispiele für Wissensprodukte, denn der Hauptwert eines Buches ist natürlich nicht das Papier oder der Herstellungsprozeß, sondern das eingebaute Wissen.

Wo und von wem wird die »einfache Arbeit« verrichtet? Schließlich können nicht alle Produkte Wissensprodukte werden.

Darauf gibt es zwei klare Antworten. Die sogenannte einfache Arbeit wird in Regionen und Länder ausgelagert, in denen sich diese Arbeit noch ökonomisch rechnet. In dem Maße wie Arbeit durch »outsourcing« in andere Länder verlagert wird, sinkt bei uns die Möglichkeit, solche Arbeit anzubieten. Wir haben gar keine Chance mehr, Personen in den »einfachen« Bereichen zu beschäftigen, weil wir bei unseren Kosten und unserem sozialstaatlichen Umfeld niemals konkurrenzfähig sein können. Das bringt ein massives sozialpolitisches Problem ins Spiel.
Auf der anderen Seite sehen wir, daß diese anderen Gesellschaften, in die wir die Arbeit outgesourct haben, wie zum Beispiel Thailand oder natürlich Indien und China, daß deren Entwicklungsprozeß nach allen

bisherigen Erfahrungen sehr viel schneller verlaufen wird als angenommen wurde. Also etwa die Tigerstaaten Südostasiens – Korea, Taiwan, Singapur – sind selbst zu wissensbasierten Gesellschaften vorangeschritten, schneller als wir geglaubt haben. Man kann nur hoffen, daß genau das auch bei sehr großen und rückständigen Ländern wie Indien und China passieren wird.

Sie sagten, die Probleme bestünden darin, daß nur einem kleinen Teil der Bevölkerung Wissen vermittelt wird. Wie kann man dann von einer Wissensgesellschaft sprechen?

Ich sehe eine Dreiteilung des Arbeitsmarktes auf uns zukommen, und teilweise ist das auch schon eingetroffen. Im oberen Segment von rund 20 Prozent der arbeitsfähigen Bevölkerung in den entwickelten OECD-Gesellschaften haben wir die echten Wissensarbeiter, das heißt hochprofessionelle, hochkompetente Personen mit exzellenter Ausbildung, die global mobil sind und nicht die geringsten Sorgen haben, eine Anstellung zu finden. Diese Personen bleiben von staatlichen Regeln und Steuerungsansätzen völlig unberührt, denn sie können jederzeit in ein anderes Land gehen. Sie sind global nachgefragt und werden von staatlichen Politiken überhaupt nicht berührt.

Wir haben ein unteres Segment von ebenfalls 20 Prozent der Bevölkerung, das von der Wissensgesellschaft überfordert ist, weil es entweder nicht qualifikationsfähig oder -willig ist. Zehn Prozent Arbeitslose ist folglich noch längst nicht das Ende der Fahnenstange. 20 Prozent der Personen, sind für diese Gesellschaft verloren und haben keine Chance, sich auf die Anforderungen der Gesellschaft einzustellen. Daraus resultiert die sozialpolitische Konsequenz, daß dieser Personenkreis permanent auf Transferzahlungen angewiesen sein wird. Hier hat der Subventionsstaat eine genuine Aufgabe.

Schließlich gibt es ein großes Segment von bis zu 60 Prozent aller arbeitsfähigen Personen, das zunehmend professionalisiert wird. Erwerbstätige in diesem Segment bringen hohe Qualifikationen mit und müssen in der Lage sein, eine starke Dynamik zu entwickeln, das heißt, sie müssen sich permanent fort- und weiterbilden. An den Rändern dieser mittleren Gruppe wird es nach oben und unten eine hohe Fluktuation geben. Leute mit bestimmten Qualifikationen und Erfahrungshintergründen werden sehr rasch in die obere Schicht der Wissensarbeiter aufsteigen können, wenn ihre Qualifikationen plötzlich gefordert werden, weil zum Beispiel eine neue Technologie entsteht oder weil die Umstellung auf das Jahr 2000 plötzlich wieder Cobolprogrammierer erfordert usw.

Es kann aber durchaus geschehen, daß ganze qualifizierte Gruppen in das untere Segment abstürzen, weil sie wegen einer neuen Technologie, eines neuen Produkts oder eines neuen Programms nicht mehr benötigt werden. Nehmen wir einmal Banksachbearbeiter oder Versicherungssachbearbeiter, die durchaus qualifiziert sind und eine seriöse Lehre durchlaufen haben. Mit einem neuen Softwareprogramm, einer neuen Technologie oder mit der Umstellung auf Telebanking verlieren diese Berufsgruppen schlicht ihren Arbeitsplatz. Über Nacht sind ihre Qualifikationen nicht mehr gefragt. Diese Dreiteilung des Arbeitsmarktes wird also durch eine hohe Fluktuation und Dynamik an den Rändern gekennzeichnet sein.

Die These kommt der »nivellierten Mittelstandsgesellschaft« sehr nahe, von der der Soziologe Helmut Schelsky 1953 sprach.

Die Prozentzahlen sind ähnlich, ja. Nicht aber die Inhalte und die angesprochene Dynamik. Die 60 Prozent zählende mittlere Schicht der Wissensgesellschaft ist gerade nicht nivelliert, sondern sie ist eine hochgradig differenzierte, auf unterschiedliche Expertisen gegründete Schicht, die völlig unterschiedliche Ausrichtungen hat. Wir haben ganz enorme Unterschiede in diesem großen Block von 60 Prozent.

Sie sagten, eine Wissensgesellschaft wird erst dann richtig etabliert sein, wenn alle Teilsysteme gänzlich auf Wissen zurückgreifen müssen, um sich zu reproduzieren. Was soll man dann aber mit den 20 Prozent des unteren Segments tun, das, wie Sie sagen, für die Gesellschaft verloren ist? Hier bildet sich doch in ganz erheblichem Umfang sozialer Sprengstoff.

Lassen Sie mich zunächst noch einmal klären, was es überhaupt heißt, Arbeit sei wissensorientiert. Es wird oft gesagt, jede Arbeit beziehe sich auf ein bestimmtes Wissen. Wissensarbeit im Sinne von Arbeit in der Wissensgesellschaft hat aber eine ganz bestimmte Qualität. Es ist ein Wissen, das nicht nur einmal erworben wird, sondern das kontinuierlich aufgebaut und revidiert, neu aufgebaut und durch Erfahrung verändert wird. Wissen kann man nicht länger als feststehende Wahrheit betrachten, sondern als Ressource. Diese ist darauf angewiesen, komplementäres Wissen in unendlich vielen anderen Bereichen mit einzubeziehen und organisatorisch so zu verbinden, daß es zusammenpaßt. Das Wissen wird darüber hinaus nicht mehr autoritativ vom Ausbildungs- und Wissenssystem verwaltet, sondern in praktisch allen Bereichen der Gesellschaft erzeugt, wodurch das Wissenschaftssystem natürlich in eine völlig neue und wie ich meine sehr prekäre Lage kommt.

Die geschilderte neue Form von Wissen ist nun verantwortlich für die Problematik des unteren Segmentes des Arbeitsmarktes in der Wissensgesellschaft. Es ist ja nicht so, daß die betreffenden Personen kein Wissen hätten. Was ihnen fehlt, ist die Fähigkeit, sich auf die Herausforderungen einer kontinuierlichen Revision des Wissens einzulassen. Ihnen fehlt die Kompetenz zur Koordination unterschiedlicher Wissensmomente und deshalb sind sie zu der spezifischen Arbeit, die in der Wissensgesellschaft zu leisten ist, nicht in der Lage. Tatsächlich bringt das einen Sprengsatz in die Gesellschaften hinein.

Gibt es Möglichkeiten diesen Sprengsatz zu entschärfen?

Lediglich dem Etzioni'schen Modell des Kommunitarismus traue ich zur Zeit zu, die Probleme in den Griff zu bekommen. Das ist das Modell eines gemäßigten Kommunitarismus, das weniger provinziell und hinterweltlerisch ist als der radikale Kommunitarismus. Bei Amitai Etzioni kann man lernen, daß es durchaus auch andere Formen von Tätigkeiten, wenn man so will von Arbeit gibt, die zum Beispiel kommunen-, gemeinde-, gemeinwohl-, aber nicht gewinnorientiert sind. Hier tut sich ein ganz anderer Bereich von Tätigkeiten auf, der wichtig werden kann, wenn er entsprechend genutzt wird. Ein dezentraler, selbstorganisierter Bereich, auf der Ebene von Kommunen oder Regionen. Ich sehe durchaus eine Chance für eine sinnvolle Tätigkeit in diesem Sektor des Arbeitsmarktes, auch wenn, und das muß man sehr klar sagen, niemand seinen Lebensunterhalt mit diesen Tätigkeiten verdienen kann. Die Leute in diesem Bereich sind also nicht selbstreproduktionsfähig im ökonomischen Sinne, deshalb brauchen sie Transferzahlungen.

Hier kommt also wieder der Staat ins Spiel. In diesem Bereich behalten Politik und Staat offenbar ihre Bedeutung.

In diesem Bereich behält der Staat seine Bedeutung oder bekommt sie vielleicht erst. Der Staat und die Politik haben nur dort ihre Berechtigung, wo sie eine für die Gesellschaft genuine Gemeinwohlleistung erbringen. Die traditionellen Kollektivgüter haben sich aufgelöst, insbesondere im Infrastrukturbereich: Schienen-, Straßen- und Telekommunikationssysteme sind dereguliert, privatisiert oder entstaatlicht worden. Jetzt entstehen neue Notwendigkeiten für Kollektivgüter auch und gerade in der Wissensgesellschaft. Diese Güter werden vermutlich nicht mehr alleine von der Politik erzeugt, sondern von hybriden Kooperationsformen. Es sind also keine reinen Kollektivgüter, sondern kolaterale Güter, Güter, zu denen die Politik einen Teil beisteuert, während andere gesellschaftliche Gruppen komplementäre Teile beitragen. Diese Form von Sozialpolitik ist ein Paradebeispiel dafür, daß die Politik, um die Gesellschaft überlebensfähig zu halten, um soziale Sprengsätze zu entschärfen und um die Integration der Gesamtgesellschaft zu leisten, eine eigenständige, genuine Aufgabe hat.

Das bringt ein ganz neues Problem ins Spiel, nämlich die Frage: Was sind eigentlich die dann noch relevanten Solidargemeinschaften?

Wir müssen uns klar machen, daß die großen Leistungen des Interventions-, Sozial- und Wohlfahrtsstaates darin bestehen, daß er in der zweiten Hälfte des 19. Jahrhunderts klar definierte Sozialgemeinschaften schuf. Er reagierte damit auf die Zerstörungen und Verelendungen, die der frühe Kapitalismus angerichtet hatte. Zwangssolidargemeinschaften für Invalidität, Alter, Krankheit usw. wurden eingerichtet, die der Staat in Form von Zwangsversicherungssystemen, also überindividuellen Risikoeinlagen, organisierte.

Heute haben wir das große Problem, daß sich nationalstaatliche Grenzen und territorial definierte Solidargemeinschaften durch die Globalisierungsdynamik auflösen. Die Politik und die Nationalstaaten haben immer weniger einen regulativen Zugriff auf die Sozialgemeinschaften, weil diese jederzeit in irgendwelche andere Gemeinschaften ausweichen können oder sich als eigene private Solidargemeinschaften definieren. Ein Beispiel dafür ist etwa das Krankenversicherungssystem. Wie soll ein nationales Krankenversicherungssystem überleben, wenn es billiger ist, im Ausland die Versicherungsleistung einzukaufen. Gleiches gilt in zunehmendem Maße auch für die Altersversorgung und für Rentensysteme. Diejenigen, die es sich leisten können, die Expertise und Information haben, werden durch eine Kombination von Zwangsversicherung und gut zahlender Rentenfonds ihr eigenes privates Absicherungspaket schnüren.

Das führt präzise zu der Frage: Auf welche Solidargemeinschaften kann man heute setzen, und wie kann man diese abgrenzen. Die Antwort findet sich auf zwei Ebenen, die nur im Zusammenspiel funktionieren. Zum einen kommt den sozialen Nah-Umwelten und Gemeinden eine neue Rolle und Bedeutung zu. Gemeinde darf natürlich nicht im traditionellen Sinne verstanden werden. Als Gemeinde bezeichne ich in diesem Zusammenhang eine Institution, in der durch attraktive Anreize bürgerschaftliche Rechte mit Pflichten verknüpft werden.

Auf der zweiten Ebene finden sich marktwirtschaftlich organisierte Solidargemeinschaften. Diese Ebene ist notwendig, weil nur der Markt ein funktionales Äquivalent zu bisherigen Zwangsgemeinschaften und staatlich organisierten Solidargemeinschaften sein kann.

Spielen der Staat und die Politik denn noch eine Rolle?

Wir müssen eine adäquate und seriöse Analyse der Veränderung der Rolle der Politik vorlegen, sonst kommt man zu schiefen und sehr irrealen Einschätzungen sowohl der Möglichkeiten des Marktes wie auch der Möglichkeiten des lokalen Umfeldes. Hier sehe ich die Gefahr eines fehlgeleiteten Kommunitarismus, der schlicht übergeht, was die wirkliche Leistung der Politik sein kann. Den Neoliberalen auf der anderen Seite ist vorzuwerfen, daß sie nur noch auf den Markt setzen und nicht sehen, wie groß die Leistung der Politik sein kann und sein muß.

Kann eine Supervision des Staates aus dem Dilemma helfen?

Um das sagen zu können, muß man sich die politische Entwicklung in Kontinentaleuropa seit den 70er Jahren vor Augen führen. Sie vollzog sich in drei Schritten. Als Resümee der 70er Jahre konstatiere ich zunächst eine Entzauberung des Staates. Die großen staatsorientierten Reformprojekte dieser Zeit sind gescheitert, die Idee der Durchführbarkeit staatlich erzwungener Reformen hat sich als Illusion herausgestellt. Deutlich radikaler macht sich der zweite Schritt aus: die Dekonstruktion des Wohlfahrtsstaates als Reaktion auf die Auflösung nationalstaatlicher Grenzen. Der Wohlfahrtsstaat ist nicht mehr zu halten. In Konstellationen, in denen die Staaten als große Regulierungseinheiten untereinander in Wettbewerb stehen, können sie durch die Dynamik der Globalisierung gegeneinander ausgespielt werden. In dieser Situation setzt die Revision des Wohlfahrtsstaates ein. Wir haben hier das Modell einer Ironie des Staates, das den Staat zurückführt auf das, was er zu leisten in der Lage ist, das ihm die Rolle eines »Überregulators« der Gesellschaft nimmt und ihn in ironischer Distanz zur Dynamik der Gesellschaft bringt. Erst wenn dieser Schritt getan ist, kann eine neue Rolle definiert werden; das ist die Supervision des Staates.

Und wer übernimmt die Rolle des Supervisors?

Die Politik. Die Supervision des Staates ist eine Reaktion auf die Herausforderungen der Industriegesellschaft durch die Wissensgesellschaft. Wenn die ganze Basis des traditionellen Nationalstaates, der Industriegesellschaft und damit die entsprechende Rolle der Politik wegbricht, kommt die Supervision ins Spiel. Eine Wissensgesellschaft, die auf einer völlig anderen Kernressource aufbaut, nämlich nicht auf Arbeit, Kapital und Land, sondern auf Virtualität, Wissen und Expertise beruht, fordert die Politik, sich zu verändern. Die Grundidee ist, daß die Politik in einer supervisorischen Rolle das Zusammenspiel der völlig unterschiedlichen Teilbereiche – der Organisationen, der Akteure und Systeme der Gesellschaft – in Betracht zieht und eine Beobachterrolle einnimmt. Solcherart wäre sie in der Lage, Konflikte, Unstimmigkeiten und Gefahren in der Gesellschaft zu entdecken, also deren Zukunftsfähigkeit insgesamt im Blick zu haben.

Wie kann man Supervision einsetzen, um unterentwickelten Regionen der Welt auf die Sprünge zu verhelfen?

Es gibt ja bereits eine ganze Reihe von erstaunlich globalen Einrichtungen wie zum Beispiel die UNO. Die UNO hat durchaus eine supervisorische Rolle, etwa bei regionalen Konflikten, weil sie wie eine Konzernleitung lokale oder regionale Konflikte aus einer völlig anderen, einer Kosten-Nutzen-Perspektive betrachtet. Sie ist nicht involviert, nicht in der Engstirnigkeit des jeweiligen Konflikts befangen und kann deshalb nüchtern urteilen und Aktionen abwägen. Einen noch deutlicheren globalen Charakter hat die Weltbank. Bei all der gegenwärtigen Kritik spielt sie eine ganz zentrale supervisorische Rolle. Die Tätigkeiten von Nationalstaaten können nicht isoliert nach der jeweiligen nationalökonomischen Logik ablaufen, Politik muß im Weltmaßstab koordiniert und supervisiert werden, und das leistet die Weltbank.

Es gibt also auf globaler Ebene durchaus supervisorische Einrichtungen. Nun kommt es darauf an, den nationalen Politiksystemen, die massiv an Einfluß und Bedeutung im nationalstaatlichen Kontext verlieren, im Zusammenspiel globaler Kontexte eine supervisorische Rolle zu geben. Dabei stehen wir noch ganz am Anfang, und es ist noch nicht erkennbar, in welche Richtung sich die Dinge entwickeln werden.

Erweitert die Supervision die Demokratie?

Ja, ich denke, daß eine Selbststeuerung der autonomen Subsysteme unerläßlich ist. Supervision funktioniert nicht als übergeordnetes und vorrangiges System, das den Menschen sagt, was sie zu tun haben. Das war beim wohlfahrtsstaatlichen System leider der Fall. Jedenfalls für eine hoch entwickelte Wissensgesellschaft wäre das der falsche Ansatz. Die autonomen Teilbereiche haben die Expertise und nicht die Politik, die lokalen Intelligenzen sind höher entwickelt als irgendeine zentrale Intelligenz. Wir haben ein verteiltes Wissen, und die Supervision soll nicht eine übergeordnete Perspektive ins Spiel bringen, sondern Integration leisten.

Welche Leistung haben Konzernleitungen, hat das strategische Management und die Führungsebene von großen Institutionen noch zu erbringen? Es sind doch die dezentralen Zentren selbständiger Geschäftseinheiten, die die eigentliche Expertise, den eigentlichen Erfahrungshintergrund haben.

Die spezifische Leistung der Führungsebenen ist die Modernisierung und zukunftsgewandte strategische Ausrichtung der dezentralen Einheiten. Es stellt sich dabei immer das Problem, daß, wenn Marketing, Forschung, Entwicklung und Produktion zusammenkommen, nur schwerlich eine gemeinsame Basis gefunden, ein wirklich gemeinsames Produkt hergestellt werden kann. Wirtschaftskonzerne haben gelernt, diese Hürde zu überwinden, da sie ansonsten nicht leistungs- und konkurrenzfähig wären. Auch Gesellschaften haben diesen Lernprozeß in vielfältiger Hinsicht bereits hinter sich, die europäische Integration ist ein Paradebeispiel. In dem gleichen Maße wird es früher oder später auf globaler Ebene Interaktionen geben. Die Öffnung des Westens für den Osten und auch die Auseinandersetzung, Annäherung, Abstoßung, und wieder Auseinandersetzung zwischen dem Westen und den islamischen Gesellschaften stellen Bestandteile eines allmählichen Lernprozesses dar. Die Politik kann dabei von den Unternehmen lernen, von deren Know-how und Expertise profitieren.

Eine positive Zukunftsaussicht.

Zumindest wissen wir, was wir vermeiden müssen. Die meisten Staaten haben erkannt, daß wir unseren gemeinsamen Untergang verhindern müssen. Das grundlegende Ziel lautet deshalb, Modelle und Konzepte zu entwickeln, die genau das leisten.

Schlußbetrachtung

»Eine konsistente Gesellschaftstheorie steht noch aus«, sagte vor 30 Jahren Niklas Luhmann, der während seiner Lehr- und Forschungszeit als Professor für Soziologie darum bemüht war, eine solche zu erstellen. Doch ist es möglich, macht es Sinn, eine solche Gesellschaftstheorie zu entwerfen? Die Ironie der Frage »In welcher Gesellschaft leben wir eigentlich?« liegt gerade darin, daß es keine klare Antwort gibt und wohl auch nicht geben kann. Es liegt schlicht und einfach im Wesen von Gesellschaft, daß sie sich nicht kategorisieren und eingrenzen läßt, daß sie vielmehr immer undurchsichtiger und komplexer wird, sich ständig bewegt und wandelt. Und daran wird sich in Zukunft auch nichts ändern.

Es gibt Stimmen, die behaupten, es gäbe keine Gesellschaft (mehr), sondern allenfalls voneinander unabhängige Individuen. Daß die Gesellschaft im herkömmlichen Sinne nicht mehr existiert, im Familienverband, nach Klassen gegliedert oder in nationale Grenzen gesperrt, bedeutet aber nicht zwangsläufig, am Fortbestand von Gesellschaft zu zweifeln. Es geht auch nicht um die Frage, ob wir überhaupt noch in einer Gesellschaft leben. Es geht vielmehr um die Frage: »Was zeichnet »die Gesellschaft der Individuen«, so ein Buchtitel von Norbert Elias, heute aus?«

Dieses Buch hat weder die Absicht, die Gesellschaft wegzudiskutieren, noch sie heraufzubeschwören. Es versucht vielmehr, verschiedene Gesellschaftskonzepte vor- und gegenüberzustellen. Eines sei hiermit im Nachhinein noch betont: Die vorliegenden Gesellschaftskonzepte erheben nicht den Anspruch, eine konsistente Gesellschaftstheorie darzustellen. Die Gesellschaftsbegriffe und die ihnen zugrundeliegenden Gesellschaftskonzepte werfen aus einer ganz bestimmten Perspektive, mit einer ganz bestimmten Absicht und einer ganz bestimmten Fragestellung, einen Blick auf die Gesellschaft, indem sie entweder den wirtschaftlichen, politischen, rechtlichen oder kulturellen Rahmen menschlichen Zusammenlebens zu untersuchen, zu beschreiben und zu erklären versuchen.

Die Gesellschaft als »strukturell verknüpftes Ganzes« zu sehen und erschöpfend zu beschreiben war auch den Klassikern der Sozialwissenschaft Karl Marx, Emile Durkheim, Georg Simmel, Max Weber oder Talcott Parsons nicht vergönnt. Auch wenn sie vielleicht den Anspruch erhoben haben, umfassende Aussagen über die Gesellschaft zu machen, ist es ihnen nicht gelungen, diesen Anspruch zu erfüllen. Sie haben immer nur einen Ausschnitt gewählt, sind einem einzelnen Phänomen nachgegangen oder haben einen für sie in Frage kommenden Ansatz gewählt, um das Wesen der Gesellschaft zu beschreiben und zu erklären. Die sogenannten Klassiker sind alle zu unterschiedlichen Ergebnissen gekommen, die uns die Augen geöffnet haben für die sozialen Akteure sowie für die Faktoren, die eine Gesellschaft verändern.

Das Hauptmerkmal von Gesellschaft ist ihr Wandel. Durch den Wandel verändert sich Gesellschaft, löst sich von alten Strukturen, gewinnt aber gleichzeitig wieder eine neue Form. Wir können deshalb Clifford Geertz zustimmen, der von der »Übergangsgesellschaft« sprach, einer Gesellschaft, die sich im Übergang befindet, »von der modernen zur globalen Gesellschaft«, wie es Martin Albrow konstatiert, oder wie Daniel Bell sagt: »von der industriellen Produktions- zur postindustriellen Dienstleistungsgesellschaft«. Ulrich Beck wiederum würde von der Übergangsphase »der Industrie- zur Risikogesellschaft« sprechen, Gerhard Schulze »von der Klassen- zur Erlebnisgesellschaft«. Der Terminus »Interregnum« beschreibt oberflächlich vielleicht am treffendsten das Wesen der Gesellschaft, den Wandel in Raum und Zeit.

Wenn man diesen Übergang genauer analysiert, wird man feststellen, daß sich keine eindeutige Richtung bestimmen läßt. Vielmehr läuft alles auseinander, wird diffuser und widersprüchlicher. Die Phänomene des Übergangs sind ambivalent: globale Ausrichtung und gleichzeitig lokales Einnisten. Hier verliert der Nationalstaat an Bedeutung, dort feiert er seine Renaissance.

Das Buch legt den Schluß nahe, daß es in einer pluralistischen Gesellschaft immer mehrere Antworten auf eine Frage gibt. Deshalb müssen wir vorläufig schlußfolgern, daß wir in einer funktional differenzierten, desintegrierenden, risikobewußten, bürgerlichen, arbeitsdominierten, erlebnisorientierten, postindustriellen, wissensbasierten, multioptionierten, multikulturellen, transkulturellen, globalen Gesellschaft leben. Auch wenn damit noch immer nicht eine konsistente Antwort gegeben ist – sie wird sich auch nicht finden lassen – so haben wir vielleicht aber eine neue Einsicht in Gesellschaft gewonnen.

Armin Pongs

In welcher Gesellschaft leben wir eigentlich?

Gesellschaftskonzepte im Vergleich
Band 2

Aus der Reihe »Gesellschaft X«
herausgegeben von Armin Pongs

—— erscheint am 25.3.1999 ——

DILEMMA
VERLAG

Photo: Ethel Pongs

Armin Pongs, geboren 1968, studierte
Soziologie, Psychologie und Politikwis-
senschaft an der Ludwig-Maximilians-
Universität München. Er lebt in München
und arbeitet als freier Journalist und
Buchautor.